DIE LEBENSWEISE DER KÖNIGE

ABHANDLUNGEN
FÜR DIE KUNDE DES MORGENLANDES

IM AUFTRAG DER DEUTSCHEN MORGENLÄNDISCHEN GESELLSCHAFT
HERAUSGEGEBEN VON TILMAN NAGEL

L, 3

DIE LEBENSWEISE DER KÖNIGE

ADAB AL-MULŪK
Ein Handbuch
zur islamischen Mystik

Eingeleitet, übersetzt und kommentiert
von
RICHARD GRAMLICH

DEUTSCHE MORGENLÄNDISCHE GESELLSCHAFT

Harrassowitz Verlag · Wiesbaden 1993

Bibliografische Information der Deutschen Nationalbibliothek
Die Deutsche Nationalbibliothek verzeichnet diese Publikation in der Deutschen Nationalbibliografie; detaillierte bibliografische Daten sind im Internet über http://dnb.dnb.de abrufbar.

Bibliographic information published by the Deutsche Nationalbibliothek
The Deutsche Nationalbibliothek lists this publication in the Deutsche Nationalbibliografie; detailed bibliographic data are available on the internet at http://dnb.dnb.de

Informationen zum Verlagsprogramm finden Sie unter
http://www.harrassowitz-verlag.de

Harrassowitz GmbH & Co. KG, Kreuzberger Ring 7c-d,
D-65205 Wiesbaden, produktsicherheit.verlag@harrassowitz.de

Gedruckt auf alterungsbeständigem Papier.
ISSN 0567-4980

ISBN 978-3-447-04984-9

INHALT

Einleitung 1

0. Vorwort des Verfassers 13
1. Worauf das Fundament des Sufitums ruht 32
2. Die Wirklichkeiten der Sufis 39
3. Die Gepflogenheiten der Sufis 45
4. Die Andeutungen der Sufis 51
5. Das Kleid der Sufis 56
6. Die Tracht der Sufis 60
7. Der Anspruch der Sufis 65
8. Der Gottesdienst der Sufis 68
9. Die Wissenschaften der Sufis 74
10. Die besondere Eigenschaft der Sufis 78
11. Das Gewerbe der Sufis 83
12. Die Grundsätze der Sufis 87
13. Die Charaktereigenschaften der Sufis 91
14. Die Freigebigkeit der Sufis 95
15. Die Eintracht und Freundschaft der Sufis 99
16. Das Rechte der Sufis 104
17. Die Gespräche der Sufis 106
18. Der Disput und die Debatten der Sufis 108
19. Das Wählen der Sufis 111
20. Das Fallenlassen der Sufis 113
21. Das Reisen der Sufis 117
22. Die Heimatorte der Sufis 120
23. Das Sitzen der Sufis 122
24. Das Essen der Sufis 124
25. Die Annahme der Einladung durch die Sufis 126
26. Die Zwanglosigkeit der Sufis 128
27. Das Hören der Sufis 130
28. Das Finden der Sufis 134
29. Schlußwort des Verfassers 138

Literaturverzeichnis 143
Verzeichnis der Koranstellen 151
Namen und Wörter 152

EINLEITUNG

Das hier in deutscher Übersetzung vorgelegte Buch war noch vor wenigen Jahren unbekannt. Es lag, als Teil der Sammelhandschrift Nr. 83, im Zentralkonvent des Ḏahabīyaordens in Schiras. Īraǧ-i Afšār hat es erstmals vorgestellt (Yaġmā 18, 1344/1965, 251–254) und Fritz Meier hat es dann zusammen mit den übrigen Teilen der Handschrift ausführlich besprochen (*Ein wichtiger Handschriftenfund zur Sufik*, Oriens 20, 1967, 60–106). Schließlich wurde es in Band 37 der Beiruter Studien und Texte von Bernd Radtke herausgegeben (*Adab al-mulūk. Ein Handbuch zur islamischen Mystik aus dem 4./10. Jahrhundert*, Beirut–Stuttgart 1991). Erst dieser mit einer wohldurchdachten Einleitung und einem sehr wertvollen Wörterverzeichnis edierte Text macht eine Übersetzung und Bearbeitung erforderlich und sinnvoll.

Das Buch wird vom Herausgeber mit Recht als „ein Handbuch zur islamischen Mystik" bezeichnet. Als solches hat es seinen Platz neben den bekannten alten Handbüchern von Sarrāǧ, Kalābāḏī, Qušayrī, Makkī, Ǧullābī, hat aber einen durchaus eigenen Charakter. Sarrāǧs Werk ist eine eher nüchterne, sachliche Sammlung von systematisch aufgebauten Einzeltraktaten. Unserem Buch fehlt die Systematik. Qušayrīs Buch ist ein Schulungsschreiben für die Sufis „in den Ländern des Islams", stellt die großen Vorbilder vor, erklärt die sufischen Begriffe, erörtert die Hauptthemen der Sufik. Unser Autor wendet sich an weitere Kreise, greift nur wenige Themen heraus, erklärt seine Begriffe nur ausnahmsweise. Kalābāḏīs Schrift fällt als thematische, geordnete Zitatensammlung auf. Hier jedoch sind Zitate verhältnismäßig spärlich gesät. Mit Makkīs *Qūt al-qulūb*, das eher eine große Enzyklopädie der islamischen Frömmigkeit ist denn ein eigentlich sufisches Werk, läßt sich diese streng sufische Kleinschrift nicht vergleichen. Einigen von Ǧullābī behandelten Themenkreisen hat sich auch unser Autor zugewandt, von Ǧullābīs Interesse an besonderen sufischen Schulen und deren Gedankenwelt finden wir bei ihm jedoch nichts.

Das Anliegen des Buches wird vom Autor genannt. „Dieses Buch habe ich niedergeschrieben, damit es dazu verhelfe, daß die Verhaltensweisen der Sufis im Äußeren und Inneren bekannt werden."(29,1). Es richtet sich nicht nur an Sufis. Ausdrücklich werden auch „die Leute des Äußeren" als Adressaten genannt (29,1). Die Sufis sind fast überall verkannt. Man muß zeigen, wer sie wirklich sind. „Nachdem ich ... festgestellt hatte, daß die Schar, die man als Sufis bezeichnet, bei den Anhängern der Spekulation und den meisten anderen Leuten als minderwertig, tadelnswert und unwissend gilt ... , habe ich dieses Buch geschrieben und darin die Prinzipien, die Gepflogenheiten, die Lebensregeln, die Wirklichkeiten, die Observanz und die Andeutungen der Sufis ... erklärt." (0,22). Es geht mehr um Belehrung als um Verteidigung, obwohl auch diese, wie in den anderen Handbüchern, nicht fehlt. Denn es geht auch darum, „zu zeigen, daß die Sufis in ihren Überzeugungen und Absichten, ihrem Ruhen und Sichregen, ihren Wissenschaften und Andeutungen auf der Seite des Heiligen Buches und des Heiligen Brauches stehen" (29,3). Auf die Sunnatreue der Sufis wird bei vielen Gelegenheiten verwiesen.

Der Leser soll erkennen: die Sufis sind königliche Menschen. Sie sind die Könige des Diesseits und des Jenseits. „Denn sie sind frei von allen Dingen ... und unterwerfen sich nur Gott. Alle Dinge gehören ihnen." (0,23). Wie Könige leben sie glücklich und sorglos, da „ihnen nichts wichtig ist außer Gott" (0,22). Darum der Titel des Buches *Adab al-mulūk*. Der Autor würde es wohl billigen, wenn man frei übersetzte: Die Könige, wer sie sind und wie sie leben.

Die Sufis sind die schlechthin idealen Muslime. Sie folgen in allem dem Heiligen Buch und dem Heiligen Brauch (0,21; 6,1; 7,1; passim), sie sind „die gegen Neuerer und Irrlehrer gezückten Schwerter" (17,2). Sie besitzen ein höheres, göttliches (*ladunī*) Wissen (9,1; 29,3), das durch Gottes Eingebung (*ilhām*) mitgeteilt wird (9,1). „Die Wissenschaften der Sufis kann man sich weder durch äußerliches Forschen aneignen, noch durch Bücher, noch durch Studium. Sie sind ein Geschenk." (29,4). Ihre glänzenden Tugenden werden überall hervorgehoben. Ich verweise nur auf die summarischen Darstellungen in 0,22–27 und 29,4. Die Sufis sind die Boten zwischen Gott und den Jüngern (8,9), „Boten an die Freunde Gottes, ... seltener als der rote Schwefel. Sie sind die Großen, die Gelehrten, die Gottesdiener" (29,6).

Anders sieht es bei den Vertretern der anderen Wissenschaften aus: den Juristen, Traditionsgelehrten, Koranlesern, Koranauslegern und Philologen. Sie alle werden, mit wenigen Ausnahmen, in Bausch und Bogen verurteilt. Alle suchen das Diesseits, alle bereichern sich mit ihrer Wissenschaft, prahlen, wollen eine Rolle spielen, genießen das Leben, wollen sich beliebt machen. Sie sind Diesseitsgelehrte, nicht Jenseitsgelehrte wie die Sufis (0,11–20).

Man wird sich fragen dürfen, wie eine solche generelle Aburteilung neben der Idealisierung des Sufis, die ihn jedem Tadel entzieht, möglich ist, wenn man voraussetzt, daß der Verfasser bei der Wahrheit bleiben will. Der Vorgang ist denkbar einfach: Andere Gruppierungen werden von außen, in ihrer konkreten Wirklichkeit und darum mit allen ihnen anhaftenden Mängeln und menschlichen Schwächen gesehen, die Sufis nicht. Der Sufi wird nicht in seiner lebendigen Konkretheit und nicht als Angehöriger einer beobachtbaren Gruppe betrachtet, sondern rein begrifflich. Alle Vollkommenheiten werden in den Begriff – dessen Definition je nach dem gerade behandelten Thema alle Variationsmöglichkeiten zuläßt – hineingenommen, und alles Mangelhafte wird aus ihm ausgeschlossen. Und dann wird, mit Blick auf das wirkliche Leben, erklärt: Sufi ist, wer so ist. Alle anderen sind Nichtsufis oder falsche Sufis. Sufi ist nicht, wer als solcher auftritt und daher von außen, als Angehöriger einer Gruppe, als solcher angesehen wird, sondern der, der nach den

Idealen des Sufitums lebt. Die anderen, die sich als Sufis ausgeben, sind Pseudosufis, „falsche“ (0,28) Sufis. Rechtsgelehrte, Traditionsgelehrte und andere dagegen, die als solche bekannt und ausgewiesen sind, werden ohne weiteres als solche anerkannt, auch wenn sie von den Idealen ihres Berufes weit entfernt sind. Sie werden nicht als Pseudogelehrte ausgeschieden. „Die wirkliche Kennzeichnung der Sufis ist das, was ich ausgeführt habe. Wer davon abweicht, ist kein Sufi“, dekretiert unser Autor (1,7). Daß man auch den idealen Rechtsgelehrten beschreiben und dann dekretieren könnte, wer davon abweiche sei kein Rechtsgelehrter, kommt ihm (wie auch den anderen Verfassern sufischer Handbücher) nicht in den Sinn. Er müßte dann wohl von Juristen und Sufis das gleiche sagen: Sie sind „seltener als der rote Schwefel“.

Im Rahmen der gemeinsamen Ideale verweist der Autor auf die Mannigfaltigkeit des Sufitums. Die Wege Gottes sind ja „zahlreicher als die Sterne am Himmel“ (18,2). Die einen wollen daheim allein sein, die anderen gehen in Einöden, andere auf Berge, in Höhlen und Grotten, andere leben in Gemeinschaft (8,3). An Beispielen fehlt es nicht (8,4−9). Jeder hat seinen eigenen Zustand und spricht aus dem ihn beherrschenden Nu heraus. Darum gibt es Zufriedene, Geduldige, Genügsame, Dankbare, Gottvertrauende, Gedenkende (18,3). Auch die gleiche Tugend wird sehr unterschiedlich geübt. So gibt es verschiedene Formen der Armut auf Grund der jeweiligen Motivierung des Armen (1,4), Verzicht kann durch vielerlei Arten der Einschränkung verwirklicht werden (2,4). Gleiches gilt von anderen Tugenden.

Das *Adab al-mulūk* führt keine Tugendhierarchie vor, keinen mystischen Weg in seinem Verlauf und in seinen einzelnen Etappen. Standplätze und Zustände werden nicht geordnet aufgereiht, sie sind als solche kein Thema. Dem Verfasser geht es eher darum, in dem von ihm Ausgewählten jeweils die Tiefenstruktur zu zeigen. Das was innen ist, ist ihm wichtig. Denn „die Reise der Sufis verläuft im Innersten . . ., und die Tätigkeiten der Sufis gehen von der Erfahrung des Innersten aus. Was bei ihnen den Ausschlag gibt, ist das Innerste“ (8,1). „Die Wissenschaften der Sufis sind das Wissen des Inneren.“ (9,1). „Jedem Reisenden ist ein Zustand eigen, jedem Zustand ein Innerstes, jedem Innersten ein Beherrschendes, jedem Beherrschenden eine Wirklichkeit.“ (18,2). Der Tiefenstruktur der Psyche entspricht die Struktur der erstrebten Vollkommenheit. Denn „jedes Äußere hat ein Inneres und jedes Innere hat ein Innerstes und jedes Innerste eine Wirklichkeit“ (9,2). Das gilt im einzelnen. Dem Verzicht „eignen ein Äußeres, ein Inneres und eine Wirklichkeit“ (2,1). In der Fremdlingschaft gibt es Äußeres und Verwirklichung (7,2−4), in der Weisheit „ein Äußeres, ein Inneres und ein Innerstes“ (9,5). Zu unterscheiden sind „gewöhnliches Gottvertrauen, besonderes Gottvertrauen und Gottvertrauen durch Fallenlassen des Hinschauens auf das Gottvertrauen“ (10,2). Man spendet Güter mit dem Äußeren der Freigebigkeit, Eigenschaften mit ihrem Inneren, die eigene Seele mit ihrer Wirklichkeit (14,3). „Der äußere Gegenstand ihres Wählens ist die Niedrigkeit und die Demut, der innere Gegenstand ihres Wählens ist das Nichtwählen.“ (19,1). Zum Hören gehören Erscheinungsform, Innerstes und Wirklichkeit (27,4). Solche Tiefenstrukturen werden wiederholt festgestellt, wenn auch nicht immer näher erklärt.

Die Innenseite der Dinge kommt in „Andeutungen“ (*išārāt*) zum Ausdruck. Solche Andeutungen, die, generell gesprochen, „die Verwirklichung des nur Gott allein Wollens“ sind (4,1), lassen sich „nicht in (klare) Worte und Beschreibungen einfangen“ (2,7). Sie sind „den meisten Menschen verborgen“ (3,10), sie „übersteigen die (anderen) Andeutungen (alle)“ (4,5). Die Andeutung hat ihren Ursprung in Gott. „Gott deutet ihnen die Andeutung ... an, und sie nehmen die wirklichkeitshafte Andeutung von Gott entgegen.“ (4,2). Das darin verborgene Wissen ist „ein Gottesgeheimnis aus der Anwandlung des Übersinnlichen“ (29,3), das zu seinem Schutz absichtlich dunkel gehalten ist, damit es nur der begreife, für den es bestimmt ist. „Wenn das Wissen durch die verborgene Andeutung verdunkelt ist, begreift es einer, wenn Gott will, daß er es begreife. Wer nicht dafür bestimmt ist, hat daran keinen Anteil.“ (29,3).

In diesem Sinn kann vielerlei angedeutet werden. So etwa die „Verwirklichung des lauteren Verzichts und der Abstandnahme vom Schauen auf den Verzicht“ (2,7). Oder „das mit geistlichen Kämpfen und Selbstdisziplinierungen Gemeinte“ (3,10), der Nichterwerb (11,7), die Gutartigkeit (13,2; 13,4), die „in der Übereinstimmung mit Gott“ gründet (13,4), da sie eine nach Gottes moralischen Eigenschaften (*aḫlāq*) gebildete Eigenschaft (*ḫuluq*) ist. Oder das Bewußtsein, hienieden in einem Gefängnis zu leben (4,4). Ganz allgemein können Zustände und ihr Vollzug Gegenstand der Andeutung sein (12,9). Gefordert ist jedoch, daß die Andeutung wahr ist. Wenn einer sie vorbringt, „ohne daß die Wirklichkeit der Andeutung ihn vom Diesseits und allem darin abschneidet, ist seine Andeutung Vielgötterei und seine Behauptung Lüge“ (4,7).

Andeutungen werden gewöhnlich in Worten, oft in an sich klaren Worten, ausgedrückt, aus denen dann der Eingeweihte das dunkel Angedeutete herausliest. Sarrāǧ hat das an einigen koranischen Beispielen gezeigt (*Al-lumaᶜ* 91,20–92,17 / Kap. 46,5–6). Aber nicht nur Worte können andeuten. Das Kleid der Sufis (5,2) und ihr Flickenrock (6,2) bergen vielerlei Andeutungen. Die Farben des Rocks sind Andeutungen. Schwarz, Bleiglanzfarbe, Weiß, Blau: jede Farbe deutet auf eine andere innere Verfassung hin (6,4–5). Das Reisen der Sufis deutet an, daß sie Fremdlinge sind (7,2–6). Mit dem Sitzen im Kreis deuten die Sufis „die Eintracht, die Liebe, die Geschlossenheit und die Verbundenheit und die Verwirklichung der Vereinigung und die Zurückweisung der Trennung an“ (23,2). Einladungen verweisen andeutend auf Gottes Einladung in die Behausung des Heils (25,2). Alle Tätigkeiten der Sufis sind Andeutungen, sie „deuten alle ... auf Wahrheit hin“ (25,2).

Mag der Verfasser Tiefenstrukturen aufdecken oder aus den Gegebenheiten Andeutungen herauslesen, sein Anliegen darin ist das gleiche: es geht ihm um das Innere. Das gilt natürlich auch von anderen Handbuchverfassern. Doch bei keinem ist dieses Bemühen so augenfällig wie hier. Darin liegt, von Verschiedenheiten in der Thematik, in der Darstellung und manchem anderen abgesehen, das Besondere dieses Buches.

Der Autor von *Adab al-mulūk* ist unbekannt. Meier hat an drei Möglichkeiten gedacht: 1. Abū Manṣūr Maᶜmar b. Aḥmad al-Iṣfahānī (gest.418/1027). Naṣrullāh-i Pūrǧawādī hält seine Verfasserschaft für gesichert (*Du aṯar-i kuhan dar samāᶜ*. Maᶜārif 5, 3, 1367š., 291–366). 2. Abū ᶜAbdallāh Muḥammad b. Ḫafīf aš-Šīrāzī (gest. vielleicht 371/981–2). 3. Abū ᶜAbd ar-Raḥmān Muḥammad b. al-Ḥusayn as-Sulamī (gest. 412/1021). Zeitlich ist jeder von den dreien möglich, doch neben den Argumenten pro gibt es ebensogute contra. Radtke dachte auch an Abū Nuᶜaym al-Iṣfahānī (gest. 430/1038), kommt aber zu einem eher negativen Ergebnis. Mit guten Gründen schreibt er Abu l-Ḥasan (oder Abu l-Ḥusayn) ᶜAlī b. Ǧaᶜfar b. Dāwūd as-Sīrawānī dem Jüngeren, der – angeblich im Alter von 124 Jahren oder noch älter – im Jahre 396/1005 gestorben ist, eine größere Wahrscheinlichkeit zu. *Adab al-mulūk* wäre dann das Werk eines nahezu Hundertjährigen, der noch zum Bagdader Kreis um Ǧunayd Zugang gehabt hatte. Da sind Zweifel angebracht. Radtke kommt zu dem Schluß, daß das Werk in der zweiten Hälfte des 4./10. Jahrhunderts entstanden ist und vielleicht Sīrawānī zum Autor haben könnte. Daß mit den fünf Namen die begründbaren Möglichkeiten erschöpft sind, ist keineswegs gesagt.

Fritz Meier teilt mir mit, er halte es für möglich, daß der Verfasser des *Adab al-mulūk* den wahren Königstitel der Sufis den weltlichen Titeln der Būyiden entgegenstellen wollte. Das spräche dafür, daß das Buch zur Zeit der Būyiden im sog. Westen entstanden ist.

Den Titel Šāhanšāh (König der Könige) hatte sich mit einiger Wahrscheinlichkeit als erster schon der Gründer der Būyidendynastie ᶜImād ad-dawla ᶜAlī b. Būya (gest. 338/949) im Jahr 325/937 zugelegt, nachdem ihm 321/933 Iṣfahān und im Jahr darauf Šīrāz, das er zu seiner Residenz machte, in die Hände gefallen war. ᶜAḍud ad-dawla (gest. 372/983) ließ sich Malik und Šāhanšāh betiteln. Maqrīzī, *Sulūk* 1, 28,13–14, überliefert den Titel Al-Malik as-Sayyid Šāhanšāh al-aǧall al-manṣūr Walī an-niᶜam Tāǧ al-milla ᶜAḍud ad-dawla. Mehrere spätere Būyiden, beginnend mit Faḫr ad-dawla ᶜAlī (gest. 387/997), ließen sich Šāhanšāh nennen, Abū Kālīǧār al-Marzubān (gest. 440/1048) und Ǧalāl ad-dawla (gest. 435/1044) auch arabisch *Malik al-mulūk*.

Einzelheiten bei W. Madelung, *The assumption of the title Shāhānšāh by the Būyids and „The Reign of Daylam (dawlat ad-Daylam)“*. Journal of Near Eastern Studies 28 (April 1969), 84–108 und 28 (July 1969) 168–183.

Der Titel der Būyiden war nun aber für die meisten Anhänger der alten Orthodoxie, die den Königstitel nur Gott zuerkennen wollten, ein Ärgernis. Man konnte sich auf ein Prophetenwort berufen: „Als der schändlichste (*aḫnā*, Var. *aḫnaᶜ, aḫbaṯ, aġyaẓ, awḍaᶜ*) Name gilt am Tag der Auferstehung bei Gott der eines Mannes, der sich König der Könige nennt."

> Buḫārī, *Ṣaḥīḥ*, adab 114 / Houdas-Marçais, *Les Traditions Islamiques* 4, 205 / Ibn Ḥaǧar, *Fatḥ al-bārī* 13, 210–213. Dazu Muslim, *Ṣaḥīḥ* 3, 1688, ādāb 20–21; Abū Dāwūd, *Sunan* 4, 398, Nr. 4961, bāb fī taġyīr al-ism al-qabīḥ / ᶜAẓīmābādī, *ᶜAwn al-maᶜbūd* 13, 301, Nr. 4940; Tirmiḏī, *Al-ǧāmiᶜ* 5, 134, Nr. 2837, adab, bāb mā yukrah min al-asmāᵓ / Mubārakfūrī, *Tuḥfat al-aḥwaḏī* 8, 125–126, Nr. 2993; Aḥmad b. Ḥanbal, *Al-musnad* 2, 244 / 13, 48–49, Nr. 7325; 2, 315,24–25; Ibn Kaṯīr, *Al-bidāya wa-n-nihāya* 11, 299.

Daß nun aber der so verpönte Königstitel als religiöser Titel für die Sufis, wenn auch als Gegentitel, nicht mehr bedenklich sein soll, will nicht recht einleuchten. Vielleicht hat unser Autor grundsätzlich nichts gegen ihn einzuwenden, doch sieht er ihn nur bei den Sufis, nicht aber bei den weltlichen Herren, im wahren Sinn verwirklicht und in vollem Maß berechtigt. Wahrhaft Könige wären sie dann etwa so, wie die „Armen", nicht die Besitzer weltlicher Güter, wahrhaft Reiche sind. Oder das Königtum ist zwar eine an sich göttliche (und daher keine weltliche) Eigenschaft, zu der aber die Sufis, die sich der Beeigenschaftung mit den moralischen Eigenschaften Gottes – auch den königlichen – verpflichtet fühlen, Zugang suchen dürfen. Der Autor schafft hierin keine Klarheit. Er nennt Gründe für die Annahme des Titels, auf Gegengründe geht er nicht ein.

Wer der Autor ist, läßt sich auch unter diesen Voraussetzungen nicht erschließen. Vorläufig bleibt er noch unbekannt. Doch Zeit und Ort der Entstehung der Schrift – zweite Hälfte 4./10. Jahrhundert und islamischer „Westen" – lassen sich mit einiger Wahrscheinlichkeit bestimmen.

*

Der Inhalt der Schrift in kurzer Übersicht:

0. Einleitung. Über die Wissenschaften. Autorität ist, wer sein Wissen verwirklicht, vom Wissen verurteilt wird, wer es nicht verwirklicht. Rechtsgelehrte, Traditionsgelehrte, Koranleser, Koranausleger und Philologen verwirklichen ihre Wissenschaft nicht, wenige ausgenommen. Sie sind Gelehrte des Diesseits. Sie machen Geschäfte, häufen Besitz an, scheffeln Geld, prahlen, suchen die Gunst der Herrschenden, streben nach Führerschaft, verhalten sich im Essen, Trinken, Lustgenuß, Sitzen, Reden wie die große Masse. Nur die Sufis halten sich an das Heilige Buch und den Heiligen Brauch. Sie sind Könige, weil vom Diesseits unabhängig, niemandem untertan außer Gott, keiner Sache versklavt. Gott allein genügt ihnen. Nur ihn fürchten sie, nur auf ihn

hoffen sie. Sie hassen, wie Gott, das Diesseits, messen sich selbst keine Bedeutung bei. Sie sind die Kenner des Herzens und der inneren Regungen. Nur sie bekennen Gott in reinem Eingottglauben. Zweitursachen ziehen sie nicht in Betracht, ihr Gottesdienst ist aufrichtig, ehrlich. Alles haben sie Gott anheimgestellt. Sie lassen Gott die Wahl treffen, das Selbstwählen haben sie aufgegeben.

1. Die Armut. Sie ist das Fundament des Sufitums und ihr Adel. Vorbilder sind der Prophet, Abū Bakr, ᶜAlī, die Schattenläubler. Motive für die Armut. Äußere Armut und innere Wirklichkeit der Armut. Tadelnswerte Armut.

2. Der Verzicht. Äußerlich ist er Abkehr vom Diesseits, innerlich Verzicht auf alles, was von Gott ablenkt. Warnungen vor dem Diesseits. Grade im Verzicht. Verzicht auf den Verzicht.

3. Der Kampf gegen die Seele und ihre Lüste. Die Seele als Feind. Eigenschaften der Seele, ihre Herkunft, ihre Anmaßung, ihr Zorntrieb.

4. Das Wollen. Der Sufi will nur Gott, nicht Diesseits, nicht Jenseits, nicht Lohn, nicht Gabe. Alles außer Gott wird ausgeschlossen und vergessen. Der Sufi sieht sich in den Gefängnissen des Diesseits, des Leibes und des Lustverlangens, selbst das Jenseits gilt ihm, der nur Gott will, als Fessel.

5. Die Wollkleidung. Wolle trugen Adam, Mose, Jesus, alle Propheten, die Schattenläubler. Motive für das Wolletragen: der religiöse Nutzen, Liebe zu den wolletragenden Vorbildern, Verzicht und Selbsterniedrigung, Züchtigung des Leibes, Kampf gegen Hochmut und Augendienerei, Ausdruck der innerlichen Betrübnis.

6. Der Flickenrock. Er ist das Kleid des Propheten und der Großen der Heiligenhierarchie. Man trägt ihn aus Not, oder weil man nicht auf andere schaut oder um mit den verschiedenen Farben der Flicken Wirklichkeiten anzudeuten. Schwarz deutet Heimsuchung an, auch Macht und Autorität. Bleiglanzfarbe verweist auf Leid und Traurigkeit, Blau auf Sehnsucht und Trauer. Šiblī und sein Flickenrock. Ǧunayds Lob auf die Flickenrockträger. Ḫayr al-Aqṭaᶜs Erfahrung mit einem Flickenrockträger.

7. Fremdlingschaft. Der Sufi ist, wie der Prophet, auf Erden ein Fremdling. Fremdsein durch Fernsein von daheim, vom eigenen Zustand, von seinesgleichen. Innere Entfremdung von allem außer Gott.

8. Bewahrung des Innersten. Der Sufi hat Gott, den Überwacher des Innersten, vor Augen. Darum ist er um sein Innerstes besorgt. Er dient Gott im Innersten, äußerer Dienst ist Folge des inneren. Weil ihr Inneres ungleich ist, sind die Sufis im Äußeren verschieden: die einen ziehen sich daheim zurück, andere gehen in Wüsten, Gebirge, Höhlen, Ruinenstätten, andere leben in Gemeinschaft, andere wechseln. Beispiele dafür.

9. Das Wissen des Inneren. Es wird unmittelbar von Gott eingegeben, ist nicht erwerbbar, ist Gabe von Gott, in die kein Geschöpf Einblick hat. Das äußere Verhalten ist Folge des Wissens. Wissen und Weisheit.

10. Gottvertrauen. Der Sufi überläßt alles Gott. Gewöhnliches und besonderes Gottvertrauen und Gottvertrauen, ohne es zu sehen. Andere Abstufungen. Geschichte von Ibrāhīm al-Ḫawwāṣ und den gottvertrauenden Schlangen.

11. Nichterwerb. Verzicht auf Erwerbstätigkeit, um ganz frei zu sein für den Dienst Gottes. Für die Versorgung bürgt Gott. Verschiedenes Verhalten: vertrauend auf Gott warten, in der Not betteln, nicht betteln und Geduld üben, auf eine Anregung im Herzen hin betteln. Beispiele.

12. Geduld. Geduld in der Zurückhaltung von der Lust und in den Heimsuchungen. Die Sufis sind für die Heimsuchung geschaffen. Sie ertragen sie, sie suchen sie, in ihr bewähren sie sich. Formen der Heimsuchung.

13. Gutartigkeit. Sufitum ist Gutartigkeit. Sie gereicht nicht nur dem Gutartigen selbst, sondern auch den anderen zum Nutzen. Gutartigkeit als Aneignung der Moralqualitäten Gottes. Eigenschaften Gottes, die man sich nicht aneignen darf. Gutartigkeit gegen Fromme und Gottlose.

14. Freigebigkeit. Gott liebt den Freigebigen und haßt den Geizigen. Spenden der Güter, der Charaktereigenschaften, der Seele. Geiz und Sufitum schließen sich aus. Der Freigebige ahmt die Freigebigkeit Gottes nach.

15. Freundschaft und Eintracht. Freundschaft ist nicht erwerbbar. Sie ist vorzeitig, grundgelegt in der Urbekanntschaft der Geister, die sich hier wiedererkennen. Folge davon ist die Brüderlichkeit, wie Muḥammad sie zwischen den Medinensern und den mekkanischen Auswanderern gestiftet hat. Verwirklichung der Brüderlichkeit in der Liebe in Gott.

16. Das Rechte. Der Sufi hält sich an den Auftrag, das Rechte zu gebieten und das Verwerfliche zu verbieten. Motive sind: Gehorsam gegen Gott, Mitgefühl und Wohlwollen, Frieden stiften. Das kann auf Grund des Wissens oder aus religiöser Erregung geschehen.

17. Gespräche. Sie sprechen von ihrer Distanzierung von den Neuerern und der Verschiedenheit ihrer Lebensführung von der der Weltleute, ohne Rücksicht auf die Tadler.

18. Dispute. Die Sufis reden über Wissen, Wirklichkeiten, sufische Begriffe. Dabei zeigen sich ihre Verschiedenheiten, da bei jedem anderes vorherrscht: Liebe, Sehnsucht, Furcht, Hoffnung, Zufriedenheit, Geduld, Genügsamkeit, Dankbarkeit u.dgl. Unterschiedlichkeit bereichert und bewahrt davor, sich auf den anderen statt auf Gott zu stützen.

19. Demut. Die Sufis wählen die Niedrigkeit, nehmen die Wahrheit von jedem Beliebigen an. Sie verachten die Seele. Stufen der Demut.

20. Aufrichtigkeit. Grundprinzip: Nicht auf die Menschen schauen und nicht beachten, daß die Menschen auf einen schauen. Kampf gegen Neigungen der Seele, vor allem gegen Liebe zur Führerschaft. Aufrichtigkeit Erfahrender und Aufrichtigkeit Übender. Selbstverhüllung durch Verrücktheiten, gottlose Reden um der Aufrichtigkeit willen. Suchende und Gesuchte in der Aufrichtigkeit.

21. Reisen. Motive für Umherreisen: Selbstdisziplinierung, Verwirklichung der Fremdlingschaft, Gottvertrauen, Suche nach Wissen, Begegnungen und ähnliches.

22. Moscheen sind die Heimatorte der Sufis. Dort sind sie die meiste Zeit. Für sich bauen sie keine Häuser. Nachbarschaft zu Gott in der Moschee.

23. Sitzen. Sufis sitzen im Kreis. Bericht, daß der Prophet seine Gefährten so sitzen ließ. Kreis deutet Geschlossenheit, Verbundenheit, Eintracht an. Einer sieht den anderen, und dem Teufel wird der Weg versperrt.

24. Essen. Sufis essen nur der Not gehorchend, gesittet, selbstlos, nicht gierig. Die einen essen streng nach Plan, die anderen nur in Notzeiten, andere kümmern sich nicht darum und lassen sich von Gott allein ernähren.

25. Einladungen zum Essen sollte man annehmen. Für das dort Verzehrte wird man nicht zur Rechenschaft gezogen. Einladung verweist auf Gottes Einladung.

26. Zwanglosigkeit. Trotz Traurigkeit zeigt sich der Sufi vergnügt, fröhlich, lächelnd. Offene Hand, offenes Gesicht, offene Zunge, Offenheit aller Organe und Glieder zur Freude der anderen. Mit Zwanglosigkeit muß sich Kraft zur Selbstbeherrschung verbinden.

27. Hören. Erstes Hören ist Hören des Glaubens, dann Hören der Warnung und des Wortes Gottes. Durch den Herrn, durch den Zustand, durch das Wissen hören, jedes davon auf drei mögliche Weisen. Herzenshören, Geisteshören, Seelenhören. Bereitung für das Hören vor dem Hören und Bereitung durch das Hören. Kein Hören ohne Verzicht auf das Diesseits.

28. Finden. Kommt von Gott ohne Wie. Finden des Habens und des Antreffens. Nur über die Folgeerscheinungen des Findens darf man sprechen. Ursache der Bewegung: von der Seele her, vom Geist, vom Herzen, vom Innersten, aus Hilflosigkeit, aus Zwang, durch Gewolltsein.

29. Schlußwort. Das Anliegen des Buches: die Sufis und ihre Lebensweise bekannt machen. „Die Wahrheit" und damit zusammenhängende Begriffe.

Andeutungen und Allegorien dienen der verpflichtenden Geheimhaltung. Sufi ist nur der, für den das Wissen, der Heilige Brauch und der Verzicht Zeugnis geben. Wiederholung der Charakterisierung von Diesseitsgelehrten und Sufis. Nur Sufis können Eingebung Gottes, Einredung der Seele, Einsprechung des Engels, Einflüsterung des Teufels unterscheiden. Letztlich sind nur die Gelehrten, die Gotteserkenner, die Boten Gottes, die die seelischen Vorgänge in den anderen deuten können, als Sufis zu bezeichnen. Wer sich fälschlich als Sufi ausgibt, gegen den werden die Armut, die Betrogenen und seine eigene Behauptung beim Gericht auftreten.

*

Als Textgrundlage für die folgende Übersetzung dienten mir die Edition von Bernd Radtke und eine Photokopie der Handschrift Nr. 83 des Ḏahabīyakonvents von Schiras. Das Buch ist in einem flüssigen und gefälligen Stil geschrieben, manchmal jedoch etwas überladen mit sufischen Lieblingswörtern wie *maᶜnan / maᶜānin* und *ḥaqīqa / ḥaqāᵓiq*, die gelegentlich zu reinen Füllwörtern degenerieren. Man liest etwa *ḥaqīqat al-irāda*, wenn lediglich an *al-irāda* zu denken ist, u.dgl. Mit der arabischen Grammatik nahm es der Autor nicht allzu genau. Beispiele: Sehr oft fehlt das *fa-* am Anfang des Prädikatsatzes nach vorausgehendem *ammā*, oder es wird durch *wa-* ersetzt. Gegen die Kongruenzregeln wird vielfach verstoßen. Wiederholt kommt es vor, daß das Genus der Adjektive nicht zu dem der zugehörigen Substantive paßt. Das als Subjekt eines Nominalsatzes fungierende Demonstrativ- und Personalpronomen kongruiert oft nicht mit dem Prädikat. Andere Fehler: falscher Kasus, insbesondere nach *inna* und *kāna*, Plural statt Singular, feminine statt maskuliner Verbalform und umgekehrt, *yakūnū* statt *yakūnūna* u. dgl. Solche Freiheiten hindern den Autor nicht daran, auch einmal „supergenau" *wa-hunna ṣummātun* (S. 38,19) zu sagen. Ich habe, vielleicht mehr als nötig, versucht, die Dinge, soweit sinnvoll, zu berichtigen. Wo ich von der Edition – oder von beidem, der Edition und der Handschrift – abweiche, habe ich das vermerkt.

In meiner Übersetzung war ich bemüht, Textnähe mit lesbarem Deutsch zu verbinden. Die eingefügten Kommentare sollen vor allem Quellen und textliche Parallelen festhalten. Vollständig sind sie in keinem Fall. Die Kapiteleinteilungen sind dem Text entnommen, die Bezifferungen nicht. Die Überschriften sind nicht vom Inhalt, sondern vom Kapitelanfang her bestimmt. Ihre Ursprünglichkeit scheint mir zweifelhaft.

Schließlich möchte ich hier noch Herrn Prof. Radtke, der mir auch die Handschriftenkopie zur Verfügung stellte, für die wichtige Textedition meinen besonderen Dank aussprechen.

Richard Gramlich

DIE LEBENSWEISE DER KÖNIGE

Adab al-mulūk

IM NAMEN DES BARMHERZIGEN UND GNÄDIGEN GOTTES

Auf ihn vertraue ich. Mein Herr, gewähre
Vollendung in deiner Huld und Güte!

1. Lob sei Gott! Denn er hat die Auserwählten geläutert für die (diesseitige) Behausung und ihnen Einblick gewährt in die Wirklichkeiten der Geheimnisse und hat die Weisungen der Ermahnungen in ihrem Gedächtnis bewahrt. Er hat sie der Anhänglichkeit an Nichtgöttliches entrinnen lassen und über sie den Sprühregen der Lichter gesprengt. Er hat sie hingewiesen auf die Wirklichkeiten der Überlieferungen, hat ihnen die Brust aufgetan für das Bekenntnis der Einheit des Einen, Allgewaltigen und ihre Zunge Zwiesprache halten lassen mit dem Hoheitsvollen, Vergebungsreichen. Dann versah er sie mit dem Kennzeichen der Gottesfreunde und Frommen, machte sie zum Argument gegen die Bewohner der (diesseitigen) Behausung und erkor und erwählte sie nach den Propheten. Unter allen Geschöpfen zeichnete er sie aus mit dem ehrwürdigen Namen und dem subtilen Genannten, nämlich dem Erzgerechtentum (*ṣiddīqīya*), dessen Sinngehalte, Bestimmungen, Satzungen und Wirklichkeiten, die sichtbaren und die verborgenen, an den Vortrefflichen (? ich lese *al-fuḍalāʾi*), den Armen, die man als Sufis bezeichnet, offenbar geworden sind. Das Erzgerechtentum ist das, was Gott nach dem Prophetentum erwähnte (ich lese *ḏakarahū*), indem er sprach: *Diese sind (dereinst) zusammen mit denen, denen Gott Gnade erwiesen hat: den Propheten und den Erzgerechten* (Sure 4,69). Erzgerechtentum ist eine Bezeichnung für die Gesamtheit der Eigenschaften der Mystiker (*ahl al-ḥaqāʾiq*), die man Sufis nennt. Das ist ein Name, den Gott (nur) in der Gemeinde Aḥmads erscheinen ließ. Denn dieser ist unter den aus allen Menschen auserwählten (lies *al-muntaḫabīna*) Propheten der Bevorzugte, dessen Gemeinde den Vorzug hat vor allen übrigen Gemeinden. Gott gewähre den reichsten, gedeihenbringendsten, am besten der Erfüllung seiner Vorschrift, seiner zu gedenken, und dem, was er sich gegenüber zur Pflicht gemacht hat, dienenden Segen ihm und seiner Familie, den Guten, Reinen, und schenke ihnen Heil.

Schlechte Textüberlieferung. Ich lese *ṣallā llāhu ʿalayhi afḍala ... wa-sallama*. Vielleicht statt dessen *ʿalayhi afḍalu ... wa-salāmun* (oder *wa-s-salāmu*). Alles fraglich.

2. Alsdann befaßte ich mich mit den Verhaltensweisen und Prinzipien der Vertreter der religiösen Wissenschaft und der Verschiedenartigkeit ihrer Gepflogenheiten und der Ungleichheit ihrer Zielsetzung. Ich stellte fest, daß das Wissen eine Anzahl Zweige und Gebiete umfaßt. Für jedes dieser Wissensgebiete gibt es Kenner, die für eine Gattung der Wissenschaften zuständig sind. [2] Wenn sie dann auch verschiedene Ziele haben und unterschiedliche Methoden anwenden, so vereint sie doch die Wahrheit in einer einzigen Grundeinsicht und einer einzigen Wurzel. Jeder von ihnen hält sich an einen Zweig, der ihn zur Wurzel führt. Die Verschiedenheit der Wissenschaften gründet ja nur darin, daß sie viele sind und zahlreich (lies *ġazāratihā*). Das Wissen ist nämlich hoheitsvoll und macht seine Vertreter hoheitsvoll (lies *yuᶜizzu*) im Diesseits und im Jenseits. Wenn sich daher einer an die diesseitige Hoheit hält und sich auf das Diesseits und die Wonne der irdischen Lüste stützt, ist die diesseitige Hoheit der Lohn für sein Wissen in seinem gegenwärtigen Leben. Wenn sich aber einer an die jenseitige Hoheit hält und sich nach ihr sehnt und sich im Diesseits erniedrigt und auf es verzichtet, ist die jenseitige Hoheit der Lohn für sein Wissen in seinem künftigen Leben. Das aber ist eine Hoheit, die nicht vergeht, und eine Seligkeit, die kein Ende findet.

3. Nun gehört aber zu jeder dieser Wissenschaften eine Wirklichkeit.

> Zugrunde liegt das von den Sufis oft zitierte Prophetenwort: „Zu jeder Wahrheit gehört eine Wirklichkeit.“ Aus einem Bericht, worin sich der Prophet bei Ḥāriṯa b. Mālik (gefallen bei Badr 2/624) nach der Wirklichkeit seines Glaubens erkundigt. Siehe Ibn al-Mubārak, *Az-zuhd wa-r-raqāᵓiq* 106, Nr. 314; Ibn al-Aṯīr, *Usud al-ġāba* 1, 346; 1, 355–356; Ibn Ḥaǧar, *Al-iṣāba* 1, 289, Nr. 1478; Ḫarrāz, *Kitāb aṣ-ṣidq*, ed. Arberry 29 / Übers. 23; Kalābāḏī, *At-taᶜarruf* 107 / Arberry, *The Doctrine of the Ṣūfīs* 142; Sarrāǧ, *Al-lumaᶜ* 12–13 / Kap. 5,4; Qušayrī, *Risāla*, Kap. 31,2, Anm.; Ǧullābī, *Kašf ul-maḥǧūb* 37,17–19 / Übers. Nicholson 32–33; 38,18–39,11 / 33–34; 286,12–14 / 227; Ġazzālī, *Iḥyāᵓ* 4,215,9–12, kitāb al-faqr wa-z-zuhd, bayān faḍīlat az-zuhd / D 135.

Wer daher sein Wissen nicht verwirklicht, dem wird es (ich lese *fa-man lam yataḥaqqaq bihī ṣāra ᶜilmuhū*) zum Argument gegen ihn, und wer es verwirklicht, der wird zur Autorität in bezug auf das Diesseits und das Jenseits. Das ist der Lohn für sein Wissen und dessen wirkliche Verwirklichung.

4. Die Gelehrten, mit denen ich zunächst beginne, sind die Rechtsgelehrten. Sie sind die Führer der Religion, die Entscheidungen fällen über Tötungs- und Sexualfragen und Gutachten abgeben über die Wirklichkeit der Anordnungen Gottes bei seinen Geschöpfen. Mit diesen Anordnungen befassen sie sich, und über sie wissen sie gründlich Bescheid. Das ist ihre Wurzel, darin liegen ihre Erfahrungen.

5. Zu den Gelehrten zählen ferner:
Die Traditionsgelehrten. Sie sind die bezüglich ihrer Lehrinhalte glaubwürdigen Gewährsleute, die die Worte ihres Propheten im Gedächtnis bewahren und seine Überlieferungen von ihm her weitergeben. Sie sind die Erben der Propheten.

Nach dem bekannten Prophetenwort: „Die Gelehrten sind die Erben der Propheten." Siehe Aḥmad b. Ḥanbal, *Al-musnad* 4, 239,15–16; Tirmiḏī, *Al-ǧāmi*ᶜ 5, 48–49, Nr. 2682, ᶜilm, bāb mā ǧāʾa fī faḍl al-fiqh / Mubārakfūrī, *Tuḥfat al-aḥwaḏī* 7, 450–454, Nr. 2822; Abū Dāwūd, *Sunan* 3, 432, ᶜilm 1 / ᶜAẓīmābādī, *ᶜAwn al-maᶜbūd* 10, 72–74; Ibn Māǧa, *Sunan* 1, 82, Nr. 226, muqaddima 17; Ḫaṭīb al-Baġdādī, *Ar-riḥla fī ṭalab al-ḥadīṯ* 81–83, Nr. 5–7.

Sie bestätigen die Gesetze, bewahren die Vorschriften und legen die Wurzeln fest. Damit befassen sie sich, und darüber wissen sie gründlich Bescheid. Das ist ihre Wurzel, darin liegen ihre Erfahrungen.

6. Die Koranleser. Sie lernen den Koran auswendig und halten sich an das Wort des Barmherzigen. Sie studieren es und kennen seine Bestimmungen, seine Lesarten, seine Rezitation, seine Pausen und seine Ausspracheformen. Damit befassen sie sich, und darüber wissen sie gründlich Bescheid. Das ist ihre Wurzel, darin liegen ihre Erfahrungen.

7. Die Koranausleger. Sie kennen die Sinngehalte des Korans und seine Auslegung und wissen Bescheid über das Abrogierende und Abrogierte und das Eindeutige und Mehrdeutige. Sie zeigen den Leuten die Wirklichkeiten der Geheimnisse der Verse, und durch sie gewinnen die Menschen Nutzen. Mit diesen Dingen befassen sie sich, und über sie wissen sie gründlich Bescheid. Das ist ihre Wurzel, darin liegen ihre Erfahrungen.

8. Die Kenner der Lexikographie, der Literaturwissenschaften und der Grammatik. Sie legen den richtigen Sinn des wissenschaftlichen Vokabulars fest, kennen die Ableitungen und Bedeutungen, sorgen für den korrekten arabischen Ausdruck und arbeiten die Begriffsinhalte heraus. Alle Vertreter der Wissenschaften sind für die Klärung der Sprachgestaltungen und die genaue Festlegung der Begriffsinhalte auf sie angewiesen. Mit diesen Dingen befassen sie sich, und darüber wissen sie gründlich Bescheid. Das ist ihre Wurzel, darin liegen ihre Erfahrungen.

9. Zwar sind alle Vertreter der Wissenschaften in bezug auf die Wurzel vereint, in ihren formalen Bereichen aber sind sie getrennt. Jeder von ihnen hat eine Zugehörigkeit, die von der des anderen verschieden ist. Sie ist Straße (lies *maslakan*), Weg und Pfad zu Gott und ist in [3] den äußeren Formen unterschiedlich, in den Grundgehalten aber gemeinsam. Jeder von ihnen hält sich

an eine Zugehörigkeit (lies *bi-nisbatin*) in seinem Wissen und sondert sich durch dessen Inhalt von den anderen ab, jeder von ihnen ist ausschließlich für eine bestimmte Art von Wissen zuständig. Das ist sein Verhalten, das herrscht bei ihm vor, das erstrebt er.

10. Sodann sah ich, daß alle Gelehrten es versäumen, ihre Wissenschaft in die Tat umzusetzen, und sich damit zufriedengeben, sie zu erlernen und zu studieren, und die Wirklichkeiten ihrer Verpflichtung vergessen.

11. Ich erkannte: Alle Rechtsgelehrten verlegen sich auf die Sonderrechte der Wissenschaft. Sie scheffeln Geld, sind auf eine führende Stellung aus und gehen den Lüsten nach. Sie verlangen nach dem Diesseits und achten nicht auf die Wirklichkeiten der Rechtsgelehrsamkeit, indes der Erkorene spricht: „Wenn Gott jemandem Gutes will, macht er ihn gelehrt in der Religion und läßt ihn auf das Diesseits verzichten und die Laster seiner Seele erkennen."

Der erste Teil ist ein oft zitiertes Prophetenwort. Siehe Wensinck, *Concordance* 5, 190b; Munāwī, *Fayḍ al-qadīr* 6, 242, Nr. 9103–9104; ᶜAzīzī, *As-sirāǧ al-munīr* 3, 395; Nabhānī, *Al-fatḥ al-kabīr* 3, 247. – Als Prophetenwort verkündete Muᶜāwiya b. Abī Sufyān von der Kanzel: „Ihr Menschen! Keiner kann vorenthalten, was Gott gewährt, und keiner kann gewähren, was Gott vorenthält, und dem Eifrigen nützt sein Eifer nichts. Wenn Gott jemandem Gutes will, macht er ihn gelehrt in der Religion." Mālik, *Al-muwaṭṭa*ᵓ 2, 900–901, qadar 8.

Damit zeigte er auf, daß Gelehrtsein Einsicht in die Laster der Seele ist und Bekanntwerden mit den Wirklichkeiten des in ihr Verborgenen, den Feinheiten ihrer Bestimmungen und den Ursachen ihres Lustverlangens. Von al-Ḥasan al-Baṣrī wurde berichtet: „Man sagte zu ihm: ‚Du sprichst zu uns über Dinge, die wir von unseren Gelehrten nicht hören!' Er erwiderte: ‚Ach was! Habt ihr je einen Gelehrten gesehen? Gelehrter ist nur der, der auf das Diesseits verzichtet und nach (ich lese *fī*) dem Jenseits verlangt, eine tiefe Einsicht hat in seine Religion, ständig dem Dienst Gottes obliegt und sich nach der Begegnung mit Gott sehnt.'"

Nach Makkī, *Qūt al-qulūb* 1, 153,26–29 / Kap. 31,117 und Ġazzālī, *Iḥyā*ᵓ 1, 39,5–8 ist Ḥasans Gesprächspartner Farqad as-Sabaḫī (gest. 131/748–9), nach Abū Nuᶜaym, *Ḥilyat al-awliyā*ᵓ, 2, 147, Abū Bakr ᶜImrān b. Muslim al-Minqarī al-Baṣrī al-Qaṣīr, nach Ibn Saᶜd, *Aṭ-ṭabaqāt* 7, 1, 129,6–10, ein nicht näher vorgestellter Maṭar. Dazu Sarrāǧ, *Al-luma*ᶜ 17,13–15 / Kap. 8,1; Munāwī, *Al-kawākib ad-durrīya* 1, 98,14–15; Šaᶜrānī, *Aṭ-ṭabaqāt al-kubrā* 1, 26,8–10. Siehe auch Ritter, *Studien, I. Ḥasan al-Baṣrī* 32.

12. Es gibt zweierlei Gelehrte: den Gelehrten des Diesseits und den Gelehrten des Jenseits. Der Gelehrte des Diesseits wartet mit dem „Er sagte" und „Man sagte" auf. Der Gelehrte des Jenseits aber ist einer, der über den Koran

meditiert und für erlaubt hält, was darin erlaubt ist, und für verboten, was darin verboten ist, der nach dem in ihm Eindeutigen handelt und an das in ihm Mehrdeutige glaubt und über seine Verse nachsinnt. Er verbringt die Nacht wachend und den Tag dürstend und sehnt sich nach der Begegnung mit seinem Herrn. Das sind die Wirklichkeiten der Rechtsgelehrsamkeit. Nur wenige Rechtsgelehrte lassen sich auf sie ein oder halten sich von dem, was von ihnen abweicht, fern. Sie kommen dem Rechtsanspruch des Wissens nach, indem sie sich des Diesseits enthalten und mit einem hinreichenden Auskommen zufrieden sind. Das sind die wahrhaft Gelehrten. Für alle anderen ist ihr Wissen ein Argument gegen sie selber.

13. Weiter stellte ich fest, daß die Traditionsgelehrten sich mit dem bloßen Studium der Wissenschaften und der bloßen Niederschrift der Bestimmungen begnügen. Sie verlegen sich auf das Berichten und Studieren und Niederschreiben, so daß mancher von ihnen eine Menge Wissen anhäuft und viele Überlieferungen schriftlich niederlegt, ohne davon ein Ḥadīṯ in die Tat umzusetzen: er gibt sich damit zufrieden, es zu studieren und kennenzulernen, und kümmert sich nicht darum, danach zu handeln, so daß ihn die Arbeit, das zu schreiben, von vielen religiösen Pflichten abhält. Šuᶜba (b. al-Ḥaǧǧāǧ) hat gesagt: „Dieses Ḥadīṯ hält euch davon ab, Gottes zu gedenken und den Koran zu rezitieren und das Gebet zu verrichten! Habt ihr denn das Ziel schon erreicht?"

Variante bei Abū Nuᶜaym, *Ḥilyat al-awliyāᵓ* 7, 156.

Nur wenige von ihnen haben das Wissen aufgezeichnet und sich dann darauf verlegt, danach zu handeln. Sie sind Führer in der Religion und eine Leuchte, von der alle [4] Menschen Licht erhalten. Sie sind wahrhaft die Erben der Propheten. Für alle anderen ist ihr Wissen ein Argument gegen sie selber.

14. Sodann stellte ich bei den Koranlesern fest: Sie lernen den Koran auswendig und prahlen dann miteinander um die Wette, geben sich aber nicht damit ab, seine Sinngehalte kennenzulernen und nach ihm zu handeln, sondern machen mit ihm ein Geschäft. Darauf verlegen sie sich, damit man sage: „Der und der ist ein Koranleser, der schön rezitiert." Darum schmücken sie damit ihre Stimmen, lassen sie in ihren Gebetsnischen erschallen und machen ihre Art bei den Hörern beliebt. Dadurch kommen sie zu diesseitigen Gütern und beschaffen sie sich durch die Rezitation des Korans. Der Prophet hat gesagt: „Die zahlreichsten Heuchler meiner Gemeinde sind ihre Koranleser."

Nach ᶜAbdallāh b. ᶜAmr b. al-ᶜĀṣ (gest. 65/684–5 oder später) und ᶜUqba b. ᶜĀmir al-Ǧuhanī (gest. um 58/678). Aḥmad b. Ḥanbal, *Al-musnad* 2, 175 / 10, 161–164, Nr. 6633, 6634, 6637; 4, 151; 4, 155.

Einige wenige von ihnen halten Tag und Nacht am Koran fest. Sie halten für erlaubt, was darin erlaubt ist, und für verboten, was darin verboten ist, und verlegen sich darauf, ihn leise und laut zu rezitieren. Sie rezitieren für sich und hören und lauschen den Wirklichkeiten von Gebot und Verbot und Verheißung und Drohung, die darin enthalten sind. Das sind die Männer Gottes und seine Erwählten. Für alle anderen ist der Koran ein Argument gegen sie selber und ihr Widersacher am Tag der Auferstehung.

15. Bei den Koranauslegern, den Kennern der Sinngehalte des Korans, beobachtete ich, daß sie den Koran studieren, die Gunst der Herrschenden suchen und mit ihm die vergänglichen Güter des Diesseits gewinnen. Sie passen sich in den mehrdeutigen Stellen denen an, die willkürliche Meinungen vertreten, und decken die wirklichen Sinngehalte des Korans nicht auf, weil sie Angst haben, sie könnten bloßgestellt werden, da der Koran ihr Verhalten mißbilligt. Einige wenige von ihnen aber verzichten auf eine führende Stellung. Sie gereichen den Menschen zum Nutzen und erklären die Wirklichkeiten des göttlichen Gebotes. Sie sind Boten zwischen Gott und seinen Geschöpfen (lies *ḫalqihī*). Das sind die wahrhaft Gelehrten. Für alle anderen ist der Koran ein Argument gegen sie selber und ein Unheil.

16. Bei den Kennern der Literaturwissenschaften, der Lexikographie und der Grammatik stellte ich fest: Sie erlernen das, um sich in günstiges Licht zu rücken, und aus Selbstgefälligkeit. Sie prahlen und suchen damit das Diesseits, und sie erörtern Subtilitäten, führen große Reden und gehen aufeinander los. Der Prophet sagte: „Die Schlechtesten aus meiner Gemeinde sind die, die sich vom Luxus ernähren, die allerlei Speisen verzehren und vielerlei Kleider tragen und großsprecherisch daherreden."

Varianten bei Munāwī, *Fayḍ al-qadīr* 4, 129, Nr. 4772; 4, 154–155, Nr. 4859–4860; ders. *At-taysīr bi-šarḥ al-Ǧāmiᶜ aṣ-ṣaġīr* 2, 66; 2, 75; ᶜAzīzī, *As-sirāǧ al-munīr* 2, 355; 2, 366; Nabhānī, *Al-fatḥ al-kabīr* 2, 165; 2, 175–176. Siehe auch Makkī, *Qūt al-qulūb* 1, 257,24–25 / Kap. 32,378; Ġazzālī, *Iḥyāᵓ* 4, 229 / D 199.

Sie machen nämlich ihre Religion zu einem Mittel des Sprachvergleichs und Gegenstand des Begriffsvermögens und legen die Koranverse nach ihrem Gutdünken aus, und sie sind hinter sprachlichen Absonderlichkeiten her und verderben die Religion Gottes. Sie sind – abgesehen von wenigen, die Gott bewahrt hat – Irregeführte, sie stürzen sich mit ihren literarischen Kenntnissen, ihrem Urteilsvermögen und ihrem Gutdünken auf das, was ihnen zusagt, weichen vom sichtbaren Weg ab, nehmen auf sich, was Gott ihnen abgenommen hat, und gehen dem, was er ihnen auferlegt hat, aus dem Weg. Jeder von ihnen macht, was seinem Denkvermögen als das Richtigste erscheint, zum Gesetz und zur Glaubensrichtung und betrachtet sein Urteil als Gottesdienst und vergöttert, was seine Willkür sich zurechtlegt und sein Verstand und Denken sich zu eigen macht. Er wendet sich ab vom geraden Weg, fragt nach den dunklen

Geheimnissen auf ihm, spricht über das, was ihn nichts angeht (lies *yaʿnīhi*), und verläßt die Wirklichkeiten der Religion und des Religionsgesetzes. Er macht sich wirre Ideen in der Religion Gottes zu eigen und sucht mit seinen verderbten Auffassungen die Gunst der Herrschenden zu gewinnen, um sich dadurch zu bereichern und auf Grund des Gewonnenen eine führende Rolle zu beanspruchen. So gereichen ihm seine literarischen, lexikographischen und grammatischen Kenntnisse zum Verderben und Untergang. Nur wenige [5] von ihnen eignen sich dieses Wissen an, um damit den Ausdrücken den richtigen Sinn zu geben und den Inhalt der Überlieferungen dadurch zu begreifen. Sie werden in der Religion zur Autorität, die alle Vertreter der Wissenschaften aufsuchen, um ihre Wissenschaften genauer zu erfassen und ihr Vokabular zu verbessern. Alle anderen *schwanken in ihrem Zweifel* (Sure 9,45) und *irren umher in ihrer Widersetzlichkeit* (Sure 2,15 u.a.).

17. Das sind die Lebensweise, die Verhaltensformen, die inneren Wirklichkeiten und die äußere Erscheinung aller Gelehrten. In ihren Gepflogenheiten weichen sie voneinander ab, und jeder hält sich an ein äußeres Wissen und läßt dessen innere Wirklichkeiten außer acht. Sie sind gewiß aus der Allgemeinheit herausgenommen durch die Wissenschaften, die sie an die Öffentlichkeit bringen, und die Einsichten, auf die sie hinweisen, und ihnen ist unter den Menschen das Privileg des Wissens vorbehalten. Das alles zeigt, daß sie um der Wahrheit, der Würde und der Grundsätze der Wissenschaft willen von der Allgemeinheit abgesondert sind. Doch dann habe ich erkannt, daß sie im Essen, in der Kleidung, im Eingehen auf ihre Lüste, im Sitzen, Reden, Begehren und Prahlen und in allen ihren Verhaltensweisen sich wie die große Masse verhalten. Ja, sie gehen in ihren Gedanken und Gewohnheiten noch weiter als diese. Sie genießen die irdischen Güter, häufen Reichtümer an und verzehren das Verbotene. All das auf Grund der Sonderrechte und Umdeutungen, die sie sich nach eigenem Gutdünken zurechtgelegt haben. Durch Abū Hurayra wurde vom Propheten überliefert, er habe gesagt: „Setzt euch nicht zu jedem beliebigen Gelehrten, sondern nur zu einem, der euch von der Begehrlichkeit zur Furcht, vom Zweifel zur Gewißheit, vom Stolz zur Demut, von der Augendienerei zur Aufrichtigkeit und von der Feindschaft zum freundschaftlichen Ratgeben ruft.“

Überliefert von Šaqīq al-Balḫī (gest. 194/810). Abū Nuʿaym, *Ḥilyat al-awliyāʾ* 8, 72. Dazu Ibn Badrān, *Tahḏīb Taʾrīḫ Ibn ʿAsākir* 6, 327; Suyūṭī, *Al-laʾāliʾ al-maṣnūʿa* 212–213. Makkī, *Qūt al-qulūb* 1, 144,31–43 / Kap. 31,73, hält es für ein Wort von Ǧābir b. ʿAbdallāh (gest. vielleicht 78/697–8).

Wie sollte denn einer nicht zugrunde gehen, wenn er über seine Begehrlichkeit und sein Geldscheffeln nachdenkt und dabei seiner Behauptung nach ein Gelehrter ist? Und wie kannst du sein Wissen von ihm annehmen (ich lese *taqbalu*), wo er doch den Verzicht auf das Diesseits predigt, selber aber nicht verzichtet, und das Verlangen nach dem Jenseits predigt, selber aber kein Verlangen danach hat? Durch ᶜIkrima wurde von Ibn ᶜAbbās überliefert, er habe gesagt: „In der Endzeit wird es Gelehrte geben, die zum Verzicht auf das Diesseits aufrufen, aber nicht verzichten, und das Verlangen nach dem Jenseits wecken, aber nicht danach verlangen. Sie machen sich die Reichen zu Gefährten und halten die Armen von sich fern, sie sind engherzig bei den Geringen und weitherzig bei den Großen. Das sind die Gewalttätigen, die Feinde des Barmherzigen."

Variante bei Makkī, *Qūt al-qulūb* 1, 140,30–34 / Kap. 31,52, als Worte von ᶜAlī (ermordet 40/661), ᶜAbdallāh b. ᶜAbbās (gest. 68/687 oder später) und Kaᶜb al-Aḫbār (gest. 32/652–3). Nach Ġazzālī, *Iḥyāʾ* 1, 70,4–8, von Kaᶜb. Den letzten Satz schreibt Makkī, *Qūt* 1, 140,5, nur Ibn ᶜAbbās zu.

18. Früher waren die Gelehrten im Gegensatz zu ihnen (auf das Diesseits) verzichtend, (nach dem Jenseits) verlangend, für Gott fromme Werke verrichtend, traurig, betrübt, besinnlich, Tag und Nacht damit beschäftigt, für das Wissen wahrhaft Sorge zu tragen und nach ihm zu handeln. Von al-Ḥasan (al-Baṣrī) wurde überliefert, er habe gesagt: „Wenn früher einer das Wissen gesucht hat, zeigte es sich alsbald in seiner Demütigkeit, in seinem Auge, auf seiner Zunge, an seiner Hand und in seinem Verzicht."

19. Sodann beobachtete ich die Gelehrten unserer Zeit und betrachtete ihr Gehabe und ihre Gepflogenheit und stellte fest, daß ihre äußere Erscheinung der Überlieferung widerspricht. Zunächst schaute ich auf ihre Kleider. Sie entsprachen nicht dem Heiligen Brauch: die Ärmel und die Rockschöße waren lang, und das Tuch war fein, als handelte es sich um die Kleider von Gecken. Al-Fuḍayl b. ᶜIyāḍ sagte: „Fürwahr, gar viele von euren Gelehrten sind in ihrer Tracht dem Chosrau und dem Kaiser eher ähnlich als Muḥammad."

Mit Abū Nuᶜaym, *Ḥilyat al-awliyāʾ* 8, 92,12, ergänze ich am Schluß des Satzes: *minhu li-Muḥammadin*.

[6] Weiter stellte ich fest: Ihre Speisen sind mannigfaltig, sie sitzen mit den Reichen zusammen, um zu einer führenden Stellung zu kommen, sie wenden sich von den Armen ab, sie streben eifrig nach dem gemeinen Diesseits und seinen schändlichen Lüsten, sie verbringen die meiste Zeit mit Geldscheffeln und verschließen die Augen vor den Zweifelhaftigkeiten ihrer Lage. Nachdem ich das gesehen hatte, untersuchte ich viele ihrer Verhaltensweisen und Mittel und erkannte sie als dem Wissen widersprechend: als Verlangen nach dem Diesseits, Liebe zu ihm und Zusammenraffen von Diesseitsgütern. In der Überlieferung heißt es: „Die Liebe zum Diesseits ist die Quelle aller Sünden."

Mit kleineren Abweichungen als Prophetenwort und als Jesuswort überliefert. Siehe Aḥmad b. Ḥanbal, *Kitāb az-zuhd* 92; Ibn Abi d-Dunyā, *Ḏamm ad-dunyā* 21,3; Munāwī, *Fayḍ al-qadīr* 3, 368-369; ders., *At-taysīr bi-šarḥ al-Ǧāmiᶜ aṣ-ṣaġīr* 1, 492; ᶜAzīzī, *As-sirāǧ al-munīr* 2, 219–220; Nabhānī, *Al-fatḥ al-kabīr* 2, 68; ᶜAlī al-Qārī, *Al-asrār al-marfūᶜa* 179–180; ᶜAǧlūnī, *Kašf al-ḫafāᵓ* 1, 412–413.

20. Nur wenige von den Gelehrten unserer Zeit halten sich an das Wissen und studieren es gründlich und verlegen sich darauf, nach ihm zu handeln. Sie bleiben den zweifelhaften Dingen fern, sind mit einem genügenden Auskommen zufrieden und verharren beim Heiligen Brauch. Sie haben ihre Bleibe in den Winkeln der Erde und in den Außenbezirken des Landes, halten die Reichen von sich fern und machen sich die Armen zu Gefährten und sind mit ihnen freundschaftlich verbunden, da sie Fremdlinge sind und die Gottesleute Fremde sind in Zeit und Zeitenlauf. Sie sind der verbliebene Rest der Gelehrten, nur eine kleine Zahl. Alle anderen aber, die sich viel Wissen anmaßen, verlegen sich darauf, es im Gedächtnis zu tragen und aufzuzeichnen. Sie buhlen damit um die Gunst der Herrschenden und verzehren dadurch das Verbotene. Der Grund für ihr Verderben ist die Liebe zum Diesseits und zur Führerschaft. Ich schaute, und siehe, alles Unheil der Gelehrten ging darauf zurück.

21. Nun sammelte ich meine Gedanken und weitete meinen Blick (ich lese *bi-ṭarfī*) und stellte mit meinem Wissen und Verstehen Unterschiede fest, ich strengte mich an, der Sache auf den Grund zu gehen, und zog mit meinem Verstand Vergleiche. Ich hielt, soweit mein Wissen reichte, das Heilige Buch und den Heiligen Brauch vor Augen, und da sah ich niemanden – im Äußeren und Inneren, im geheimen und öffentlich, in Entschlossenheit, Absicht und Tat – sich enger an den Heiligen Brauch halten als die Schar derer, die man Sufis nennt. Ich habe mir über alle ihre Verhaltensweisen, die äußeren und die inneren, Gewißheit verschafft und herausgefunden, daß sie alle mit dem Heiligen Buch und dem Heiligen Brauch übereinstimmen – das gilt für die echten Sufis, die den ehrwürdigen Namen und das subtile Genannte für sich beanspruchen können –, und ich werde darlegen, wie sie das Heilige Buch und den Heiligen Brauch verwirklichen. Gott gibt das Gelingen für das Richtige. Zu ihm kommt man zurück, und bei ihm ist die Einkehr.

22. Nachdem ich nun gesehen hatte, daß man alle anderen Vertreter der Schulen unter den Gelehrten – die Rechtsgelehrten, die Traditionsgelehrten, die Korankenner und die Kenner der Literaturwissenschaft – gefragt hat, was sie bezüglich ihrer Wurzeln und ihrer Argumente für ihre Überzeugungen zu sagen hätten, und jeder von ihnen daraufhin auf Grund seiner Wurzel Argumente vorbrachte und nach seiner Methode und Absicht Beweise führte, und ich dabei festgestellt hatte, daß die Schar, die man als Sufis bezeichnet, bei

den Anhängern der Spekulation und den meisten anderen Leuten als minderwertig, tadelnswert und unwissend gilt – denn den Sufis eignen Zustände, die bei ihnen selber nicht vorkommen, und mystische Geheimnisse, die vor ihnen verborgen sind, und äußere Werke, die ihnen nicht zugänglich sind –, habe ich dieses Buch geschrieben und darin die Prinzipien, die Gepflogenheiten, die Lebensregeln, die Wirklichkeiten, die Observanz und die Andeutungen der Sufis und alles, was ihren Zwecken dient und mit dem Heiligen Brauch ihres Propheten übereinstimmt, erklärt. Ich gab ihm den Titel [7] „Die Lebensweise der Könige". Denn die Sufis verzichten auf alle diesseitigen Mittel.

Verbindung von Weltverzicht und Königtum auch sonst. So bei Muḥammad b. Wāsiᶜ (gest. 120/737 oder später). „Ein Mann bat Muḥammad b. Wāsiᶜ um eine Weisung. Dieser sagte: ‚Ich weise dich an, König zu sein im Diesseits und im Jenseits.' Der Mann fragte: ‚Wie komme ich dazu?' Er antwortete: ‚Verzichte auf das Diesseits!'" Abū Nuᶜaym, *Ḥilyat al-awliyāᵓ* 2, 350–351; Ibn Abi d-Dunyā, *Ḏamm ad-dunyā* 48; ᶜAṭṭār, *Taḏkirat al-awliyāᵓ* 1, 48,18–20. - Sunayd b. Dāwūd al-Miṣṣīṣī (gest. 226/840–1) berichtete: „Ich fragte Ibn al-Mubārak: ‚Wer sind die Menschen?' Er antwortete: ‚Die Gelehrten.' Ich fragte: ‚Und wer die Könige?' Er antwortete: ‚Die Verzichtenden ...'" Abū Nuᶜaym, *Ḥilyat al-awliyāᵓ* 8, 167. Dazu Makkī, *Qūt al-qulūb* 1, 153,24–25 / Kap. 31,117; Dīnawarī, *Al-muǧālasa* 47,1–4; Munāwī, *Al-kawākib ad-durrīya* 1, 132,26–27. Abu l-Ḥasan (oder Abu l-Ḥusayn) ᶜAlī b. Ǧaᶜfar b. Dāwūd as-Sīrawānī der Jüngere (gest. 396/1005), in Verbindung mit Armut, nicht mit Verzicht: „Die Armen sind die Könige des Diesseits und des Jenseits. Sie suchen in Eile nach der Ruhe." Anṣārī, *Ṭabaqāt uṣ-ṣūfīya* 484,12–13; Ǧāmī, *Nafaḥāt ul-uns* 272,13.

Sie sind Könige, sie fühlen sich wohl und glücklich, ihr Herz und ihre Seele sind vergnügt. Warum sollte man sie nicht mit Recht Könige nennen dürfen, wo ihnen doch nichts wichtig ist außer Gott, da ihnen ein wenig Diesseits genügt? Du siehst sie zerzaust und staubbedeckt und hast die Verwahrlosung in ihrem Äußeren vor Augen (ich lese *tašhadu*), als wären sie Verrückte, die von Geistesverwirrung getroffen wurden. In der Tat hat die Sufis etwas Ungewöhnliches getroffen, aber sie sind nicht verrückt. Sie haben am Gesandten Gottes ein schönes Vorbild, da er sagt: „Wenn einer nach mir fragt und es ihm Freude macht, mich anzuschauen, dann betrachte er einen Zerzausten, Bleichgesichtigen, einen auf dem Sprung, der keinen Ziegel auf den anderen gelegt hat und kein Rohr auf das andere. Man hat ihm eine Fahne aufgerichtet, entschlossen geht er auf sie zu. Heute ist die Trainingszeit, morgen der Sieg. Das Ziel ist das Paradies oder das Höllenfeuer."

Ibn al-Aṯīr, *An-nihāya fī ġarīb al-ḥadīṯ wa-l-aṯar* 2, 448. Dort 3, 99 als Ḥadīṯ Ḥuḏayfas. Danach wäre *wa-ġadan as-sibāqu* (morgen das Rennen) zu lesen. Entsprechendes in einer Kanzelrede Ḥuḏayfas: Abū Nuᶜaym, *Ḥilyat al-awliyāᵓ* 1, 281,4–5 (*as-sibāqu*); Ibn Abi d-Dunyā, *Ḏamm ad-*

dunyā 85,13–15 (*as-sibāqu*); Ibn Badrān, *Tahḏīb Taʾrīḫ Ibn ʿAsākir* 4, 100,15–17 (*as-sabqu*). Siehe auch *Lisān al-ʿArab* 1, 485a, s.v. šḥb; 4, 492a, s.v. ḍmr (*as-sibāqu*). Auch in einer Rede ʿAlīs. Šarīf ar-Raḍī, *Nahǧ al-balāġa* 1, 88 / Ibn Abi l-Ḥadīd, *Šarḥ Nahǧ al-balāġa* 2, 91 (dort *wa-ġadan as-sibāqu wa-s-sabaqatu l-ǧannatu wa-l-ġāyatu n-nāru*); Ibn Qutayba, *ʿUyūn al-aḫbār* 2, 235. – „Trainingszeit": die Zeit, in der die Pferde (vor allem durch vorsichtige Fütterung) für das Rennen vorbereitet werden.

Das hat uns Abū Bakr b. Ḥaṣṣān(?) berichtet: Ibrāhīm berichtete uns.

Die Namen sind nicht zu identifizieren. Am ehesten wohl Ibrāhīm b. Šaybān.

23. Warum sollte man sie nicht loben dürfen, wo sie doch die Kleider der Gecken abgelegt und die diesseitigen Ablenkungen von ihrem Herzen losgetrennt haben und in Sicherheit sind vor den Verderbnissen und Schlechtigkeiten des Diesseits und dessen Joch abgelegt haben. Die Diesseitsmenschen halten sich an das Diesseits, sie aber halten sich fern. Sie sind der Zerstreuung, der Prahlerei und dem Führendsein zugetan, sie aber wenden sich davon ab und sind den Wirklichkeiten der Dinge zugetan. Sie sind mit diesen Beschäftigungen ausgefüllt, sie aber sind nur mit Gott beschäftigt und fürchten sich nur vor Gott und hoffen auf niemanden sonst. Ihre Seele hat Ruhe gefunden, ihrem Herzen wurde Erquickung zuteil. Sie sind Könige im Diesseits und Jenseits, denn sie sind frei von allen Dingen und verehren nichts außer Gott und unterwerfen sich nur ihm. Alle Dinge gehören ihnen, sie aber sind von ihnen abgetrennt: das Diesseits kommt auf sie zu, sie aber kehren sich von ihm ab. Die anderen dienen dem Diesseits, ihnen aber wird (von ihm) Dienst erwiesen. Dem Diesseits wurde von Gott eingegeben: „Wer mir dient, dem sei Diener, wer dir dient, den mach zu deinem Diener!"

Ǧāḥiẓ, *Al-bayān wa-t-tabyīn* 3, 166; Ibn Qutayba, *ʿUyūn al-aḫbār* 2, 329; Ibn ʿAbd Rabbih, *Al-ʿiqd al-farīd* 3, 173,10–11; Munāwī, *Al-itḥāfāt as-sanīya* 84, Nr. 194.

Die Sufis sind Leute, deren Schmuck die Armut, deren Kleid die Geduld, deren Reittier die Zufriedenheit und deren Angelegenheit das Gottvertrauen ist. Gott allein ist ihnen genug. Sie leben nach dem Heiligen Brauch und halten sich in ihrem Innersten an den Dienst Gottes, um die Wirklichkeiten der Ehrfurcht zu wahren. Darum sind sie Könige in beiden Behausungen, Könige in beiden Wohnungen, Könige im Paradies. Abū Hurayra hat vom Propheten berichtet, er habe gesagt: „Die Könige des Paradieses sind lauter Zerzauste, Staubbedeckte, mit zwei Fetzen Bekleidete, auf die keiner achtet, denen Gott, würden sie ihn beschwören, ihren Schwur erfüllte."

Dazu Ibn Māǧa, *Sunan* 2, 1378, zuhd 4, Nr. 4115. – Meist ohne Hinweis auf das Königtum. Siehe Munāwī, *Fayḍ al-qadīr* 4, 15, Nr. 4401–4402; 2,

350, Nr. 2494; ders., *Al-kawākib ad-durrīya* 1, 10,29; ᶜAzīzī, *As-sirāǧ al-munīr* 2, 310; Nabhānī, *Al-fatḥ al-kabīr* 2, 130; Ibn Ḥaǧar, *Fatḥ al-bārī* 6, 234; Sarrāǧ, *Al-lumaᶜ* 16,11–12 / Kap. 7,2; Qušayrī, *Risāla*, Kap. 52,20 / Anṣārī, *Šarḥ ar-Risāla al-Qušayrīya* 4, 166; Rāzī, *At-tafsīr al-kabīr* 21, 87; Yāfiᶜī, *Našr al-maḥāsin* 10; ders., *Rawḍ ar-rayāḥīn* 36.

Das ist die Beschreibung der Sufis und des Königtums. Sie legt Zeugnis ab (ich lese *yašhadu*) über alles, was sie tun.

24. Zu den Wirklichkeiten des Königtums der Sufis gehört, daß sie mit Gott übereinstimmen im Haß auf das Diesseits, sich dessen Sklaverei entzogen haben und Gott ihr Herzblut opfern. Sie messen ihrem Ich neben Gott keine Bedeutung bei und hüten für Gott, was [8] in der Herzenstiefe ruht, als Geheimnisse. Das Königtum ist in ihnen verwirklicht, denn sie hören nur durch Gott, sehen nur durch Gott, greifen nur durch Gott und regen sich nur durch Gott. Vom Propheten ist überliefert, er habe gesagt: „Gott sprach: Mein Knecht sucht immerfort mit freiwilligen Mehrleistungen meine Nähe, bis ich ihn schließlich liebe. Und wenn ich ihn liebe, bin ich ihm Gehör, Gesicht und Hand: durch mich hört er, durch mich sieht er, durch mich greift er."

Mit verschiedenen Abwandlungen und Erweiterungen oft zitiertes Gotteswort. Buḫārī, *Ṣaḥīḥ*, riqāq 38 / Houdas-Marçais, *Les Traditions Islamiques* 4, 296 / Ibn Ḥaǧar, *Fatḥ al-bārī* 14, 125–133. Dazu Ǧunayd, *Kitāb al-fanāʾ*, in: ᶜAbdel-Kader, *The Life, Personality and Writings of al-Junayd* 33; Tirmiḏī, *Sīrat al-awliyāʾ* 1, 34,4–7; 94,2–3; Sarrāǧ, *Al-lumaᶜ* 59,17–19 / Kap. 30,4; 383–384 / Kap. 124,6; Qušayrī, *Risāla*, Kap. 2,18 / Anṣārī, *Šarḥ ar-Risāla al-Qušayrīya* 2, 89; Abū Nuᶜaym, *Ḥilyat al-awliyāʾ* 1, 4–5; Ǧullābī, *Kašf ul-maḥǧūb* 326,10–12 / Übers. Nicholson 254; Suhrawardī, *ᶜAwārif al-maᶜārif* 353,4 / Kap. 61,11; Maḥmūd-i Kāšānī, *Miṣbāḥ ul-hidāya* 405; Naǧm ud-dīn-i Rāzī, *Mirṣād ul-ᶜibād* 208–209 / Übers. Algar 219; 320–321 / Übers. Algar 315; Bāḫarzī, *Awrād ul-aḥbāb* 2, 240.

Das ist die Wirklichkeit der Liebenden, das sind die Verhaltensregeln der Sufis in ihren Tätigkeiten. Ihre Zustände sind aber zu erhaben, um geschildert, ihre Andeutungen zu erhaben, um beschrieben werden zu können. Sie scheuen zurück vor allem, was die Leichtfertigen versklavt, und fühlen sich geborgen bei Gott. Wenn sie fürchten, fürchten sie Gott, wenn sie hoffen, hoffen sie auf Gott, wenn sie bedürftig sind, bedürfen sie Gottes, wenn sie genug haben, haben sie an Gott genug, wenn sie gebunden sind, sind sie allein an Gott gebunden. Sie sind in allem, was sie bestimmt, anders als die Diesseitsmenschen. Sie sind die wahren Könige. Warum sollte es ihnen denn nicht zustehen, daß man sie Könige nennt, wo doch Gott gewisse Leute für weniger als das, was er ihnen verliehen hat, Könige genannt hat: für den Zierrat des Diesseits und seine Freuden? Er sprach: *Und er hat euch zu Königen gemacht und euch gege-*

ben, was er sonst keinem Menschen gegeben hat (Sure 5,20). Fürwahr, Gott hat den Sufis und Mystikern so viel Wonne des Innersten und Erquickung des Herzens geschenkt, daß sie darob alle anderen Besitztümer entbehren können.

25. Von Ibrāhīm b. Adham berichtete man, er habe gesagt: „Die armen Könige des Diesseits: wenn sie wüßten, was wir haben, würden sie gegen uns kämpfen."

Vollständiger: „Wir, bei Gott, sind die Könige! Die Diesseitsmenschen suchen die Ruhe im Diesseits: sie gehen fehl. Wenn sie wüßten, daß das Königtum das ist, was wir haben, würden sie mit dem Schwert gegen uns kämpfen." Yāfiʿī, *Našr al-maḥāsin* 237,12–13.

Ein Weiser sagte: „Verzichte auf das Diesseits, dann bist du ein König. Verzichte auf das Jenseits, dann bist du ein gekrönter König." Das Königtum im Diesseits setzt den Verzicht auf es voraus. Alle Dinge, auf die du verzichtest: du bist ihr Gebieter und Beherrscher (ich lese *fīhi ... amīruhū wa-mālikuhū*). Im Heiligen Bericht wurde zudem überliefert: „Gott spricht zum Garten Eden: Wohl dir, Ort der Wohnungen der Könige!" Gemeint ist: Ort der Wohnungen der Verzichtenden und Freigebigen.

26. Das ist (ich lese *fa-hāḏihī*) die Wirklichkeit der Zustände des Königtums. Ich habe sie beschrieben nach den Wirklichkeiten der Könige von höflichem Lebenswandel: der Sufis, die nach dem Heiligen Brauch wandeln, um dem wahren Dienst Gottes rechtschaffen zu obliegen. Ich werde noch darlegen, worin die Sufis bezüglich der Wurzeln und der Zweige durch die Betrachtung der Koranverse und der klaren Überlieferungen übereinstimmen. Sie sind ja Leute, die mit Einsatz und Eifer nach dem äußeren Wissen, den religiösen Pflichten, handeln. Darum gab Gott ihnen ein Wissen ohne Lernen, ein Rechtgeleitetsein ohne Führung und ein Kennzeichen für die wahre Gottesfreundschaft zum Erbe.

Nach einem in Kap. 4,1 zitierten Prophetenwort. Näheres dort.

Dadurch sind ihnen alle Mittel der Gottesfreundschaft bekannt. Sie suchen die Nähe zu Gott durch freiwillige Mehrleistungen in wirklichkeitshafter Gesinnung und ertragen, indem sie sich ihrem Ich entgegenstellen, standhaft die Widerwärtigkeiten. Gott ließ sie bei den Gesetzen seiner Religion verharren und ihre Glieder Werke des Gehorsams verrichten, er schmückte sie mit dem Wissen, machte sie gelehrt in der Religion und verlieh ihnen die Erkenntnis der Lasterhaftigkeiten der Seele. Sodann erzog er sie für seinen Dienst, damit sie die wahre Ehrfurcht erwiesen. Sie machten sich daran, die (von Gott) ablenkenden Zweitursachen zu meiden und die (von ihm) trennenden Anhänglichkeiten abzulegen, [9] und sie haben in ihrem erhabenen Wissen und glücklichen Leben nicht ihresgleichen. Im Gedenken Gottes finden sie Beseligung, über seine Huld freuen sie sich. Sie begnügen sich mit wenigen diesseitigen Gütern und erachten alle Mittel als Mangel. Sie tragen das Zeichen der Niedrigkeit, doch sie sind hochgestellt durch Gott. Wenn sie reden, reden sie auf Grund des Wissens, wenn sie schweigen, schweigen sie auf Grund des Wissens, wenn sie sich setzen, setzen sie sich auf Grund des Wissens, wenn sie aufstehen, stehen sie auf auf Grund des Wissens, wenn sie sich kleiden, kleiden sie sich auf Grund des Wissens, wenn sie essen, essen sie auf Grund des Wissens, wenn sie disputieren, disputieren sie (lies *tanāqarū tanāqarū*) auf Grund des Wissens, wenn sie zusammenkommen, kommen sie zusammen auf Grund des Wissens für das Wissen, wenn sie sich trennen, trennen sie sich auf Grund des Wissens. Alle ihre anderen Sitten und Gebräuche stimmen ebenfalls mit dem Wissen überein: alle ihre Glieder haben sie in den Dienst des Handelns nach dem Heiligen Brauch gestellt. Unter allen Menschen entsprechen sie am besten der Überlieferung, ja, sie sind die eigentlichen Anhänger der Überlieferung, denn all ihr Tun und Streben und Aufstehen und Sitzen und alle Zustände ihres Äußeren stimmen mit dem Heiligen Brauch überein und alle Bestimmungen

> Statt *ǧamīᶜa aḥkāmi* lies mit der Handschrift S. 10,6–7: *ǧamīᶜa ḥarakātihim wa-saᶜyihim wa-qiyāmihim wa-quᶜūdihim wa-ǧamīᶜa aḥwāli ẓāhirihim muwāfiqatun li-s-sunnati wa-ǧamīᶜa aḥkāmi.*

ihres Innersten mit der Beschreibung der aufrichtigen Gläubigen durch Gott in seinem teuren Buch. Denn sie sind die Kenner des Herzens, die Bescheid wissen über dessen Verhaltensweisen, Anwandlungen, Einfälle, erfahrene Einflüsterungen, Einblicke, Hinweise und verborgene Geheimnisse, und sie erkennen die Verschiedenheit der Anwandlungserfahrung durch die Schau des inneren Erlebens. Sie unterscheiden durch das Licht der Schau zwischen der Eingebung Gottes, der Einflüsterung des Teufels und den Einredungen der Seele. Darüber hinaus kennen sie die Weisen des Diesseits durch die Einblicke (*laḥaẓāt*), die Weisen des Jenseits durch die Einfälle (*ḫaṭarāt*) und die Weisen Gottes durch die Hinweise (*išārāt*). Das alles gehört zu der Rechtleitung, die ihrem Innersten zuteil wurde, so daß sie durch das Licht der Rechtleitung die Anwandlungen des Innersten unterscheiden können. Gott hat ja die Sufis mit etwas ausgezeichnet, womit er sonst niemanden ausgezeichnet hat – die Sufis sind nämlich mit den Zuständen des Herzens begabt und sind Besitzer des Herzens, und Gott sprach: *Darin liegt eine Mahnung für jemand, der ein Herz hat* (Sure 50,37) –: mit ihren Geheimnissen und ihren hohen Bestimmungen.

27. Weiterhin tragen die Sufis einen speziellen, von allen anderen Namen abgesonderten Namen. Zu ihren Wirklichkeiten gehört, daß sie über die äußeren Wissenschaften gründlich Bescheid wissen und sich ganze Nächte und während langer Zeit darauf verlegen, danach zu handeln. Sie steigen durch

Gottes Gnade immerfort in Aufrichtigkeit empor auf den Stufen und Standplätzen, so daß sie schließlich mit wahrer Erkenntnis die verborgenen Abgründe der Seele erkennen und die Bindungen ihrer Einredungen lösen und sich beim Auftauchen ihrer Gedanken an die Wirklichkeiten der Gotteswelt erinnern und wirklichkeitshaft von den verlockenden Genüssen ihrer Lust lossagen. Die Wirklichkeit der Schau Gottes läßt sie allen sinnlich wahrnehmbaren Dingen entwerden, und sie wenden sich, frei von allem Nichtgöttlichen, Gott zu, ohne etwas anderem den Vorzug zu geben und ohne eine Wahl zu treffen, die ihn hintansetzen würde. Warum sollten sie denn keine Sonderstellung einnehmen, wo sie doch zwischen sich und Gott keine Zwischeninstanz ließen, die sie nicht ausgeschieden, und keine Ablenkung, die sie nicht aus dem Weg geräumt hätten? Sie sind allein mit ihrer inneren Erfahrung und widmen sich beharrlich der Wirklichkeit ihres Wissens. Sie sind die Leute des reinen Eingottglaubens, [10] die durch die Entschlackung des Strebens (*taǧrīd al-hamm*) und das Entwerden gegenüber der sichtbaren Erscheinung auf Gott hinweisen und Gott allem Nichtgöttlichen vorziehen. Von Muǧāhid wurde berichtet, er habe gesagt: „Wenn die Paradiesbewohner zu Gott kommen, treffen sie bei ihm Leute auf Thronen an, die den Vorrang vor ihnen haben. Die Paradiesbewohner bleiben so lange dort, als Gott es ihnen erlaubt, dann gehen sie wieder zu dem zurück, was Gott ihnen bereitet hat. Später kommen sie nochmals und treffen sie im gleichen Zustand an wie zuvor. Sie wissen nicht, ob sie dauernd dort sind oder nicht. Doch jedesmal, wenn sie wiederkommen, treffen sie sie im gleichen Zustand an." Man fragte Muǧāhid: „Sind es Zeugen?" Er antwortete: „Es sind diejenigen, die Gott allem anderen vorgezogen haben."

28. Die Sufis, die echten und die falschen, erklären die Verwirklichung des Eingottglaubens, die Absage an die Zweitursachen und die Absonderung von den Dingen als ihr eigen. Doch die Beteuerungen der wahren Mystiker haben eigenschaftshafte Wirklichkeiten im Gefolge: Anstrengung, Beschäftigung der Glieder mit den Werken des Gehorsams, Absage an die Sinnengenüsse, Abtrennung der Anhänglichkeiten, Verzicht auf das Diesseits, Zurückhaltung von allen Diesseitsfreuden. Aber wehe den Anmaßenden, die auf den wirklichen Nurgottglauben (*taǧrīd*) hinweisen, indes sie mit Eigenmächtigkeit, Ergötzen am aufrührerischen Ich und ausgeprägten Leidenschaften behaftet sind! Wenn sich einer als Sufi vorstellt, ist es für ihn verboten, daß er sich unter den Einfällen der außergöttlichen Dinge still verhält und sein Herz sich auf anderes festlegt als die Liebe zu den Werken der Frömmigkeit (*birrīyāt*?). Daß die Einfälle und Einflüsterungen kommen und gehen und die Menschhaftigkeit erfahren wird, ist zwar nicht zu umgehen, aber sich neben Gott auf Nichtgöttliches zu stützen ist Vielgötterei. Abū Saᶜīd al-Ḫarrāz sagte: „Alle haben neben Gott noch ein Mittel außer den Sufis. Diese halten sich in allen ihren Angelegenheiten an ihren Herrn." Das (ich lese *tilka*) sind die Wirklichkeiten ihres Inner-

sten. Sie zeigen es nur dann, wenn sie überwältigt werden. Bei der Überwältigung aber gibt es keine feste Regel, denn sie ist der Nu Gottes, der von seinen Freunden sichtbar macht, was er will. Wenn daher einer diese Dinge auf Grund des Unterscheidungsvermögens und der Urteilskraft zum Ausdruck bringt, dann ist das nur ein leeres Behaupten und ein Sprechen, das auf der Verwirklichung der Seelenhaftigkeit und dem Begehren der Menschhaftigkeit beruht. Gott sprach: *Hat Gott euch Erlaubnis gegeben, oder erfindet ihr gegen Gott Lügen?* (Sure 10,59).

Im folgenden sind auf zwei Seiten des vom Herausgeber und mir benützten Abzugs der Handschrift kleinere Stücke am Rand ausgefallen. Soweit möglich, ergänze ich sie – ohne Gewähr. Ergänztes steht in eckigen Klammern, wo eine Lücke geblieben ist, stehen Punkte (. . .).

29. Die Sufis [hat Gott] vor den anderen Menschen und Rechtschaffenen mit dem Herzen und dessen Weisen [ausgezeichnet]. Die Sufis haben nämlich zwar die gleiche Einstellung, unterscheiden sich dann aber in den mystischen Wirklichkeiten und wenden sich Gott auf drei verschiedenen Weisen zu, die alle Hinwendung des Herzens nach der von diesem geforderten Einstellung sind. Sie sind drei Gruppen, nachdem sie die Grenzen der Selbstdisziplinierungen überschritten und die Wirklichkeiten der Anwandlungen erkannt haben, wenn sie auch den Leuten des Herzens und der Andeutungen das Ohr leihen. Die erste Gruppe: Sie wenden sich Gott durch das Wissen zu, [dann] erweisen sie sich bußfertig und unterwerfen sich durch die Verwirklichung (lies *bi-ḥaqīqati*) der Wahrheit und wenden ihr Herz von allen Dingen ab durch die Verwirklichung der Geduld, [den Kampf gegen] die Seele und äußerste Mühe und Anstrengung. Sie wenden sich Gott zu durch die Verwirklichung der Furcht und der verborgenen [Schau]. Gott sprach: [11] *Der den Barmherzigen im verborgenen fürchtet und mit bußfertigem Herzen* – das ist das Herz, das frei ist von allem [Nichtgöttlichen] – *zu ihm kommt* (Sure 50,33). Er wendet sich also bußfertig Gott zu *mit einem gesunden Herzen* (Sure 26,89; 37,84), in dem nichts ist außer Gott. Die [zweite] Gruppe: Sie wenden sich Gott zu durch die Verwirklichung der Verzückung, das Vergessen des Denkens an die beiden Behausungen, das Erheben der Augen und der geistigen Sehkraft (ich lese *wa-l-baṣīrati*) [und] äußerste [Mühe] und Anstrengung. Das Licht ihres Verzücktseins verbrennt alle Zeichnungen der Seele und bringt alle Spuren und [Einprägungen] zum Verschwinden, so daß das Herz für sich allein ohne Bindung übrigbleibt. Sie wenden sich Gott zu durch die Losschälung des Herzens und die Konzentration des Strebens allein [auf die Verwirklichung] des Eingottglaubens. Gott sprach: *Darin liegt eine Mahnung für die, die ein Herz haben* (Sure 50,37). Das sind die Herzbesitzer . . . Es sind die Anhänger des Eingottglaubens, die damit ausgezeichnet sind. Die dritte Gruppe: Sie sind Leute, die [bei] der Wirklichkeit [angelangt sind] und die Gott dann dort festgebunden hat, so

daß sie nicht mehr zurück können. Denn sie schauen die Gewißheit selber, indem [ihr Ich] und alles zum Entwerden gebracht wird. Gott macht ihnen nämlich eine Realität sichtbar und läßt so das Herz und das Gehör entwerden und [nur die geistige Sehkraft] bestehen. Darum schauen sie die Realität ohne ein Herz, auf das eine Beschreibung, und ohne ein Gehör, auf das eine Kennzeichnung zuträfe. Sie schauen Gott durch das Entwerden [des Herzens und des Gehörs]. Gott sprach: *Oder das Gehör darbietet und schaut* (Sure 50,37). Das ist die Verwirklichung des reinen Eingottglaubens – da gibt es kein [beschreibbares Herz und kein] erkennbares Gehör –, ja, es ist die Verwirklichung dessen, was Gott erreichen will. Gott hat sie allem sinnlich Wahrnehmbaren und [allem] Erkennbaren entrissen. Sie sind in der Gefangenschaft Gottes festgehalten und in der Fessel der Wirklichkeit festgebunden und gegen die Möglichkeit, die Geschöpfe zu sehen, abgeschirmt, so daß sie am Tag der Auferstehung als mit einer Beschützung (ich lese *li-ḥifẓin*) Betraute vor die Menschen treten. Das aber wird nicht durch Nachahmung oder Belehrung oder Testen verwirklicht, denn die Verzückung nachzuahmen ist Vielgötterei und das Testen auf dem Weg Gottes Unglaube. Da gibt es nichts als die Unfähigkeit. Aš-Šiblī hat gesagt (*basīṭ*):

> „Die Unfähigkeit, das Erreichen zu erreichen, ist Erreichen,
> Und das Schreiten auf den Wegen der Guten ist Vielgötterei."

Bi-l-iḫtiyāri ist fehl am Platz, aber doch vielleicht vom Autor. Anonym bei Ǧullābī, *Kašf ul-maḥǧūb* 21,9–10 / Übers. Nicholson 18. Dort jedoch *wa-l-waqfu* (und das Haltmachen) statt *wa-l-mašyu* (und das Schreiten). Der oft zitierte erste Halbvers wird allgemein Abū Bakr (aṣ-Ṣiddīq, nicht aš-Šiblī) zugeschrieben. Siehe Ġazzālī, *Iḥyāʾ* 4, 246,26–27 / E 44; ders., *Al-maqṣad al-asnā* 54,13–14; ders., *Ilǧām al-ʿawāmm* 12,11–13; Ibn al-ʿArabī, *Al-futūḥāt al-Makkīya* 1, 91–92 / 2, 84–85, Nr. 68 (auch Nr. 96); ʿAyn ul-quḍāt-i Hamadānī, *Tamhīdāt* 58,5–6. Bei Makkī, *Qūt al-qulūb* 2, 87,30–32, sagt Abū Bakr: „Lob sei Gott, der nur durch die Unfähigkeit, seine Erkenntnis zu erreichen, einen Zugang zu seiner Erkenntnis geschaffen hat." Entsprechend Sarrāǧ, *Al-lumaʿ* 36,9–10 / Kap. 16,1. Bei Qušayrī, *Risāla*, Kap. 45,8 / Anṣārī, *Šarḥ ar-Risāla al-Qušayrīya* 4, 48, wird Abū Bakr von Ǧunayd zitiert. Nach Muḥammad-i Munawwar, *Asrār ut-tawḥīd* 256, 11–13 / 1, 244,1–3, zitierte Abū Saʿīd-i Abu l-Ḫayr den Spruch als Prophetenwort.

Viele, die die Zeichen von Sufis tragen, gehen in der Nachahmung der Verzückung zugrunde. Aš-Šiblī pflegte unter der Übermacht seiner Verzückung zu sagen: „Ihr Leute! Es ist verboten, daß einer, dem das Paradies in den Sinn kommt, an meiner Versammlung teilnimmt."

Gewöhnlich überliefert in der Form eines Wortes von Šiblī (gest. 334/946) zu seinem Schüler Abu l-Ḥasan al-Ḥuṣrī (gest. 371/982): „Wenn dir vom

Freitag bis zu dem darauf folgenden Freitag, an dem du zu mir kommst, etwas anderes in den Sinn kommt als Gott, ist es dir verboten, vor mir zu erscheinen." Qušayrī, *Risāla*, Kap. 54,6, waṣīya / Anṣārī, *Šarḥ ar-Risāla al-Qušayrīya* 4, 210, 5–11. Dazu Ġazzālī, *Iḥyā*ᵓ 3, 74,27–28 / Zabīdī, *Itḥāf as-sāda* 7, 374; Šaᶜrānī, *Aṭ-ṭabaqāt al-kubrā* 1, 90,12–13; ᶜAṭṭār, *Taḏkirat ul-awliyā*ᵓ 2, 169,10–11; Suhrawardī, *ᶜAwārif al-maᶜārif* 89,15–16 / Kap. 16,13; Ibn Ḫaldūn, *Šifā*ᵓ *as-sā*ᵓ*il* 42,6–7; *Muǧmal-i Faṣīḥī* 2,58. Variante als Wort Ǧunayds zu Šiblī: „... dann komme nicht zu mir, denn du bringst es zu nichts." Šaᶜrānī, *Lawāqiḥ*, Kairo 1321, 19,13–14 / Kairo 1381, 44. Anders (von Šiblī): „Wenn dir der Gedanke an Gabriel und Michael in den Sinn kommt, treibst du Vielgötterei." Sarrāǧ, *Al-luma*ᶜ 398,6–8 / Kap. 121,9; Rūzbihān-i Baqlī, *Šarḥ-i šaṭḥīyāt* 234, Nr. 413.

Das hat er nur gesagt, weil sein Herz überwältigt war und sein Innerstes eifersüchtig und seine Verzückung wirklichkeitshaft. Wenn aber einer die Verzükkung nachahmt und Worte der Verzückung nach dem gewöhnlichen Sprachverständnis unter der Vorherrschaft der Seelenhaftigkeit und dem Urteil der Menschhaftigkeit äußert, dann erklärt er für verboten, was Gott erlaubt hat, und was er sagt, ist Vielgötterei. Damit hat er sich dem Verderben ausgesetzt. Nur vom Wissen darf er sich leiten lassen, die Verzückung hingegen kann nicht als Leitschnur dienen. Das Wissen ist eine Leitschnur. Und durch das Wissen ist er gefesselt an äußerste Mühe und Anstrengung, Ertragen von Mühsal, Eifer, Selbstdisziplin und Umsetzung in die Tat mit wirklichkeitshafter Aufrichtigkeit [12] darin. Gott [aber] zeichnet mit der Verzückung aus, wen er will. Es gehört zur Wirklichkeit der Verzückung, daß sie den Verzückten nicht in dem Zustand, [der Eigenschaft] und der Verfassung zurückläßt, die ihm vor seiner Verzückung eigen waren. Denn die Verzückung verwandelt. Wenn immer eine Verzückung jemanden nicht ändert und nicht von seinem Zustand [zur] Zunahme (ich lese *ila l-izdiyādi*) in den äußeren Werken des Gehorsams führt, dann ist das keine Wirklichkeit, da die Verzückung das Innerste wandelt und die Glieder infolge der Überwältigung des Innersten Werke des Gehorsams und gute Taten [vollbringen läßt]. Das Wesen des Sufitums läßt sich nicht mit den Wissenschaften erfassen, denn es ist [ein Zustand], auf den eine Selbsttätigkeit folgt. Seine Grundlage ist das, worin sich die Sufis in der Wurzel der Glaubensrichtung einig sind. So Gott will, werde ich [das] später erklären.

30. Allen Sufis eigen sind der Verzicht [auf das Diesseits und] das Verlangen nach dem, was bei Gott bereitsteht, der Kampf gegen die Seele, die Aufrichtigkeit im Handeln und die Ehrlichkeit im Innersten. Dazu [kommt] das Streben nach dem Wohlgefallen Gottes und die Furcht vor seinem Zorn. Was sie verkünden, ist das Meiden des von Gott Verbotenen, [die Enthaltung von] den Sünden gegen ihn, die Erfüllung der von ihm auferlegten Pflichten, das

standhafte Ertragen seines Entscheides, die Zufriedenheit mit seinem Ratschluß, das Vertrauen auf ihn in allen Angelegenheiten und die Ergebung in seinen Willen in allen seinen Fügungen. Dann kann einer das verwirklichen, indem er das Selbstwählen aufgibt und fest zur Wahl Gottes steht, damit Gott von ihm allen Dingen vorgezogen werde. Darin kommen sie bezüglich der Wurzel der Lebensführung und der Glaubensrichtung überein. Das alles findet eine Verwirklichung in der Übereinstimmung mit dem Heiligen Buch und dem Heiligen Brauch.

1

WORAUF DAS FUNDAMENT DES SUFITUMS RUHT

1. Das erste, worauf das Fundament des Sufitums im Hinblick auf das Wissen, das Suchen, die Fähigkeit zu unterscheiden und die äußeren Bestimmungen, die auf die Rechtleitung nach dem Erscheinen der Gottesfreundschaft folgen, ruht, ist die Tatsache, daß Gott seinen Propheten mit der Armut (*faqr*) ausgezeichnet und deren Adel kundgetan hat, da er sprach: *Das ist die jenseitige Behausung. Wir bestimmen sie für die, denen der Sinn nicht danach steht, auf der Erde mächtig zu sein und Unheil anzurichten. Das Ende fällt zugunsten der Gottesfürchtigen aus* (Sure 28,83). Und er sprach: *Diesen wird mit einem Obergemach (im Paradies) vergolten dafür, daß sie ausgehalten haben* (Sure 25,75). Man sagte: die Armut (ausgehalten haben). Von Ibn ᶜAbbās ist über Gottes Wort *Diejenigen, die aushalten, werden ihren vollen Lohn* (lies *aǧrahum*) *bekommen, ohne daß abgerechnet wird* (Sure 39,10) überliefert: „Der Vers wurde eigens für die Armen geoffenbart." Man fragte Ibn ᶜAbbās: [13] „Hältst du die Armen für schön geschmückt?" Er antwortete: „So hat es der Prophet gesagt: ‚Die Armut ist ein schönerer Schmuck am Gläubigen als ein schöner Zügel an der Wange des Pferdes.'"

Ibn al-Mubārak, *Az-zuhd wa-r-raqāʾiq* 199, Nr. 568, hat den Spruch, als Prophetenwort nach Saᶜd b. Masᶜūd al-Kindī al-Kūfī (Ibn Ḥaǧar, *Al-iṣāba* 2, 34; Ibn ᶜAbd al-Barr, *Al-istīᶜāb* 2, 602, Nr. 957; Ibn al-Aṯīr, *Usud al-ġāba* 2, 295–296), von ᶜAbd ar-Raḥmān b. Ziyād b. Anᶜum al-Ifrīqī (gest. 156/772–3 oder 161/777–8) überliefert. Als Prophetenwort nach Abū Yaᶜlā Šaddād b. Aws b. Ṯābit al-Ḫazraǧī al-Anṣārī (gest. 58/677–8): Munāwī, *Fayḍ al-qadīr* 4, 463, Nr. 5986; ders., *At-taysīr bi-šarḥ al-Ǧāmiᶜ aṣ-ṣaġīr* 2, 180; ᶜAzīzī, *As-sirāǧ al-munīr* 3, 37; Nabhānī, *Al-fatḥ al-kabīr* 2, 281 (jeweils falsch Saᶜīd b. Masᶜūd statt Saᶜd b. Masᶜūd); Kinānī, *Tanzīh aš-šarīᶜa* 2, 311–312. Dazu Makkī, *Qūt al-qulūb* 1, 243,5 / Kap. 32,311; Sarrāǧ, *Al-lumaᶜ* 47,17–18 / Kap. 24,1; 412 / Kap. 140,3; Ġazzālī, *Iḥyāʾ* 4, 191,3 / D 25. ᶜIrāqī, *Al-muġnī* 4, 191, hält den Spruch für ein Wort von ᶜAbd ar-Raḥmān b. Ziyād b. Anᶜum.

Man berichtete vom Propheten, er habe gesagt: „Das erste Geschenk an den Gläubigen ist die Armut."

Schwaches Ḥadīṯ nach Muʿāḏ b. Ǧabal (gest. 18/639) in der Form: „Das Geschenk an den Gläubigen im Diesseits ist die Armut." Munāwī, *Fayḍ al-qadīr* 3, 234, Nr. 3258; ders., *At-taysīr bi-šarḥ al-Ǧāmiʿ aṣ-ṣaġīr* 1, 445; ʿAzīzī, *As-sirāǧ al-munīr* 2, 158; Nabhānī, *Al-fatḥ al-kabīr* 2, 25. Auch Makkī, *Qūt al-qulūb* 1, 243,4 / Kap. 32,311; Ġazzālī, *Iḥyāʾ* 4, 191,13 / D 28.

Der Adel der Armut läßt sich nicht errechnen. Die Armut ist das Reittier der Propheten, der Erzgerechten und der Frommen und das, womit Gott die Guten erprobt und die Propheten und die Frommen schmückt

> Qušayrī: „Die Armut ist das Kennzeichen der Gottesfreunde, der Schmuck der Reinen und das, was Gott für seine auserwählten Frommen und Propheten ausersehen hat." *Risāla*, Kap. 40,2 / Anṣārī, *Šarḥ ar-Risāla al-Qušayrīya* 3, 231–233.

— sie ist es, über die und über deren Inhalte und äußere Formen die Sufis sprechen —, und sie ist die Erniedrigung der Seele und ihr Tod, dann ihre Hoheit und ihr Leben. Bei den Sufis gibt es bezüglich der Armut Andeutungen und Verhaltensregeln. Der Name Armut verbindet sie, die Zustände in ihr trennen sie, die Absicht in ihr unterscheidet sie.

2. Was die Wurzel (der Armut) betrifft, so besteht sie in (ich lese *fa-fī*) der Übereinstimmung mit dem Heiligen Brauch. Sie ist es, was das beste der Geschöpfe, Muḥammad, erwählte, worin er verharrte und was er allen anderen Zuständen vorzog. Und nachher der Erzgerechte, Abū Bakr der Herr der Erzgerechten insofern, als er sich schürzte und lossagte und im Wollmantel durch die Leute schritt und sich im Zeichen der Selbstentäußerung niedersetzte und für sich schließlich keinen Schutz zurückließ außer Gott und seinem Gesandten. Dann nach ihm ʿAlī b. Abī Ṭālib: er wandelte nach dem Heiligen Brauch des Gesandten und der Lebensweise seines Gefährten (Abū Bakr).

> Es könnte auch heißen: Er wandelte nach dem Brauch Abū Bakrs und der Lebensweise seines Herrn (Muḥammad).

Sodann liegt in dem, was der Prophet gewählt und was Gott ihm bezüglich des Eingehens auf das mit Gottes Wort *Die morgens und abends zu ihrem Herrn beten, indem sie (nur) sein Antlitz suchen* (Sure 6,52) Gemeinte befohlen hat, der Adel für sämtliche Armen. Die Sufis gehen auf den Heiligen Brauch ein, indem sie arm sind, um so zu sein wie die Leute der Schattenlaube (der Moschee von Medina). Gott hat nämlich seinen Propheten wegen gewisser Leute getadelt, denen die wirklichen Zeichen der Armut anhafteten: Ungepflegtheit, Blöße, übler Geruch,

> Dazu der Hinweis auf den Schafsgeruch der Wollträger. Abū Burda ʿĀmir b. Abī Mūsā al-Ašʿarī (gest. 103/721–2 oder 104/722–3): „Abū Mūsā sag-

te: Mein lieber Sohn! Wie wär's, wenn du uns gesehen hättest, als wir mit dem Gesandten Gottes zusammen waren und rochen wie die Schafe!" Aḥmad b. Ḥanbal, *Al-musnad* 4, 407, 18–20. Variante: „Mein Vater sagte: Hättest du uns gesehen, wenn wir mit unserem Propheten zusammen waren und in den Regen kamen, du hättest gedacht, unser Geruch sei Schafsgeruch. Wir trugen nur Wolle." *Al-musnad* 4, 419,11–13. Vgl. Abū Dāwūd, *Sunan* 4, 66, Nr. 4033, libās 6; Naysābūrī, *Al-mustadrak* 4, 187–188.

Hunger. Sie sind die Gruppe der Schattenläubler. Sie trugen Wolle, die Hitze tat an ihnen ihre Wirkung, sie rochen nach Schweiß. Die vornehmen Qurayšiten baten den Propheten, eine Versammlung für sie allein, ohne diese Leute, anzuberaumen. Der Prophet gab ihnen dafür seine Zusage. Er ließ ein Schulterblatt holen, um für sie die hierin getroffene Vereinbarung schriftlich festzuhalten,

Schulterblätter von Tieren dienten als Schreibtafeln. Der betagte Prophet ließ Schulterblatt und Tintenfaß zum Schreiben kommen. Ibn Saᶜd, *Aṭ-ṭabaqāt* 2, 2, 37,9–10. Auch „daß man den Beduinenkindern auf den Schulterblättern von Kamelen Unterricht erteilte" ist bezeugt. Abū ᶜAlī al-Qālī, *Al-amālī* 2, 5,2. Mehr im *Wörterbuch der klassischen arabischen Sprache* 1, 48b.

da ihm sehr daran lag, daß sie den Islam annähmen. Darum sandte Gott die Offenbarung herab: *Und weise die nicht zurück, die morgens und abends zu ihrem Herrn beten, indem sie (nur) sein Antlitz suchen* (Sure 6,52).

Nach Sarrāǧ hat Gott die Schattenläubler an mehreren Stellen erwähnt. Neben dieser Stelle weist er noch auf Sure 2,273 und Sure 18,28 hin. *Al-lumaᶜ* 132–133 / Kap. 61,1.

3. Das erste, worin sich die Sufis (dem Heiligen Brauch) angleichen, ist die Armut. Sie verwirklichen sie in ihren Grundprinzipien und erwählen sie zur Wurzel und Glaubensrichtung. Darüber hinaus erörtern sie ihre Wirklichkeiten. Denn Armut ist (zunächst nur) das mit ihrem Namen bezeichnete Äußere. Nach ihrer inneren Wirklichkeit aber gehen Armut und Reichtum im Namen auseinander und treffen sich in ihrer (wahren) Bedeutung. (Wahre) Armut ist Armut des Herzens, (wahrer) Reichtum Reichtum des Herzens. Der Prophet fragte nämlich Abu d-Dardāᵓ: „Meinst du, viel zu besitzen sei Reichtum?" Er antwortete: „Ja, Gesandter Gottes, es ist Reichtum." Er fragte: „Meinst du, wenig zu besitzen sei Armut?" Er antwortete: „Ja, es ist Armut, Gesandter Gottes." Der Prophet entgegnete: „So verhält es sich nicht. Reichtum ist vielmehr Reichtum des Herzens und Armut Armut des Herzens."

Vielfach verzeichnet ist das Prophetenwort: „Reichtum beruht nicht auf viel Besitz. Reichtum ist vielmehr Reichtum der Seele." Aḥmad b. Ḥanbal, *Al-musnad* 2, 243 / 13, 40, Nr. 7314; ders., *Kitāb az-zuhd* 398,15; Buḫārī,

> *Ṣaḥīḥ*, riqāq 15 / Houdas-Marçais, *Les Traditions Islamiques* 4, 281 / Ibn Ḥağar, *Fatḥ al-bārī* 14, 49–50; Muslim, *Ṣaḥīḥ* 2, 726, zakāt 120 / *Ṣaḥīḥ Muslim bi-šarḥ an Nawawī* 7, 140; Ibn Māğa, *Sunan* 2, 1386, Nr. 4137, zuhd 9; Munāwī, *Fayḍ al-qadīr* 5, 358–359; ᶜAzīzī, *As-sirāğ al-munīr* 3, 231–232.

4. Armut ist eine Bezeichnung, die viele Bedeutungen einschließt. Bei den Sufis gibt es diesbezüglich Andeutungen, Standplätze [14] und (verschieden motivierte) Bevorzugungen (der Armut). Manche erwählen die Armut wegen des Lohnes für die Armut, andere erwählen sie, um dem Heiligen Brauch zu entsprechen, andere erwählen sie, weil Gott (die Armut) für sie und seine Propheten und Reinen gewählt hat, wieder andere erwählen sie, damit ihr Herz ruhig, ihr Innerstes frei und ihre Abrechnung (am Gerichtstag) leicht sei. Ihnen ist hierin ein Bevorzugen, ein Wählen und eine Absicht eigen. Das alles sind Zustände der äußeren Armut. Die Wahl des Äußeren aber ist ein Zugangsuchen zur Wirklichkeit der besonderen Armut. Ihrem Wesen nach ist die Armut jedoch das Festhalten an Gott verbunden mit der Lossagung vom Nichtgöttlichen. Wenn immer der Arme an etwas Nichtgöttlichem hängt, ist er diesem gegenüber arm (= abhängig, bedürftig). Nicht bei jedem, der nach außen hin verwahrlost erscheint und zerlumpt und Mangel leidet und nur karge Mittel hat, trifft es zu, daß er ein lauterer Armer ist. Denn die Armut ist ein Geheimnis, das von Gott her über das Innerste des Menschen kommt und an ihm die innere Wirklichkeit nach Maßgabe dessen verwandelt, was von der ausschließlichen Beschäftigung der Herzenstiefe mit der Wirklichkeit des Eigentlichen (der Armut) nach außen erscheint und so den Betreffenden von allen ablenkenden Zweitursachen abschneidet und dem Blendwerk des vergänglichen Diesseits entfremdet. Bedenke doch, daß dem Propheten in der Wirklichkeit des Geheimnisses der Armut das Hinblicken verwehrt war! Gott ließ ihn keinen Blick auf den Zierrat des Diesseits werfen – obwohl sein Auge das kostbarste Auge war, das nur schaute, um sich mahnen zu lassen –, sondern hielt ihn davon fern, um die Anhänger der lauteren Armut zurechtzuweisen und zu verhindern, daß sie auf das schauen, was Gott haßt,

> „Gott hat nichts erschaffen, was ihm verhaßter ist als das Diesseits. Aus Haß auf es hat er es nicht angeschaut, seit er es erschaffen hat." Der Prophet nach Abū Hurayra. Munāwī, *Fayḍ al-qadīr* 255, Nr. 1780; ders., *At-taysīr bi-šarḥ al-Ğāmiᶜ aṣ-ṣaġīr* 1, 259; ᶜAzīzī, *As-sirāğ al-munīr* 1, 397.

und die Schönheiten des Diesseits sie beeindrucken und sie sich deshalb im gleichen Maß der lauteren Armut begeben. Doch der Prophet war sündlos und bewahrt. Gott sprach: *Und laß deine Augen ja nicht nach dem abschweifen, was wir einzelnen von ihnen als Glanz des diesseitigen Lebens zur Nutznießung gegeben haben, um sie damit einer Prüfung auszusetzen!* Danach sprach er: *Was dein Herr beschert, ist besser und hat eher Bestand* (Sure 20,131).

Was Gott beschert hat, sind die beseligenden Wirklichkeiten der Armut, die er (ihm) schenkte, so daß er neben ihr alle Glücksgüter des Diesseits vergaß. Dem Propheten waren so viele Wirklichkeiten der Armut eigen, daß er darob die Schlüssel zu den Schatzhäusern des Diesseits zurückwies

Daß dem Propheten „die Schlüssel zu den Schatzhäusern der Erde" gegeben wurden, ist vielfach bezeugt. Zahlreiche Stellen bei Wensinck, *Concordance* 2, 28b.

und die Armut, die Mittellosigkeit und den Hunger erwählte. Er sprach: „Zwei Tage hungere ich, und einen Tag esse ich mich satt."

Gegen die bekannte Überlieferung, nach der der Prophet jeweils einen Tag hungerte und einen Tag sich sättigte. Der Prophet nach Abū Umāma al-Bāhilī (gest. um 86/705): „Mein Herr hat mir angeboten, die Ebene von Mekka zu Gold zu machen. Ich sagte: ‚Nein, mein Herr! Vielmehr esse ich mich einen Tag satt und hungere einen Tag – oder ähnlich –, und wenn ich hungere, flehe ich zu dir und gedenke deiner, und wenn ich satt bin, lobe ich dich und danke dir.'" Aḥmad b. Ḥanbal, *Al-musnad* 5, 254,19–25; Tirmiḏī, *Al-ǧāmiᶜ* 4, 575, Nr. 2347, zuhd, mā ǧāᵓa fi l-kafāfi wa-ṣ-ṣabri ᶜalayh / Mubārakfūrī, *Tuḥfat al-aḥwaḏī* 7, 12–14. Diese Fastenmethode pries der Prophet als „das Fasten meines Bruders David". Vgl. Makkī, *Qūt al-qulūb* 1, 74,17–19 / Kap. 22,7; Ǧullābī, *Kašf ul-maḥǧūb* 58,17–18 / Übers. Nicholson 52; Suhrawardī, *ᶜAwārif al-maᶜārif* 232,16 / Kap. 40,3. Stellen bei Wensinck, *Concordance* 3, 461b; 5, 164b.

Das ist das Wählen des Propheten, des besten der Geschöpfe Gottes, mit der von Gott für ihn getroffenen Wahl. Kein Zweifel, daß die Armut, die von Gott für ihn getroffene Wahl ist. Die (äußere) Armut hat er wegen der Wirklichkeit der Armut gewählt, die ihm von Gott im voraus zubestimmt wurde.

5. An zweiter Stelle ist mit Armut das gemeint, wovor der Gesandte Gottes Zuflucht suchte und sprach: „O Gott, ich nehme Zuflucht zu dir vor der Armut."

„O Gott, ich nehme Zuflucht zu dir vor dem Unglauben und der Armut und der Pein des Grabes." Aḥmad b. Ḥanbal, *Al-musnad* 5, 36,17; 5, 39,19–20; 5, 44,14. Weitere Stellen bei Wensinck, *Concordance* 5, 186a. Oft und variierend als Teil einer längeren Anrufung.

Das ist die des Nichtgöttlichen bedürfende Armut des Herzens und der Glieder. Der Beweis dafür ist, daß der Prophet zweifellos einer war, dessen Gebet Erhörung fand, er aber vor der Armut Zuflucht suchte, obwohl er seine Lebensfreude in der Armut fand, seine Zeiten [15] der Behütung der Armut widmete und um die Wirklichkeit der Armut und das Versammeltwerden mit den Armen (ich lese *al-fuqarāᵓi*) (am Gerichtstag) betete.

Abū Sa^cīd Sa^cd b. Mālik al-Ḫudrī (gest. um 74/693): „Habt die Armen lieb! Ich habe nämlich den Gesandten Gottes in seinem Gebet sprechen hören: O Gott, laß mich arm leben und arm sterben und versammle mich in der Schar der Armen." Ibn Māǧa, *Sunan* 2, 1381–1382, Nr. 4126, zuhd 7. Dazu Tirmiḏī, *Al-ǧāmi*ᶜ 4, 577–578, Nr. 2352, zuhd 37 / Mubārakfūrī, *Tuḥfat al-aḥwaḏī* 7, 19–20, Nr. 2457; Ibn Kaṯīr, *Šamā*ᵓ*il ar-rasūl* 90; Munāwī, *Fayḍ al-qadīr* 2, 102, Nr. 1454; ders., *At-taysīr bi-šarḥ al-Ǧāmi*ᶜ *aṣ-ṣaġīr* 1, 207; ᶜAzīzī, *As-sirāǧ al-munīr* 1, 298; Nabhānī, *Al-fatḥ al-kabīr* 1, 233; Saḫāwī, *Al-maqāṣid al-ḥasana* 84–85, Nr. 166; Šaybānī, *Tamyīz aṭ-ṭayyib min al-ḫabīṯ* 22; Suyūṭī, *Al-la*ᵓ*āli*ᵓ *al-maṣnū*ᶜ*a fi l-aḥādīṯ al-mawḍū*ᶜ*a* 2, 325.

Wäre die Wirklichkeit der Armut das gewesen, wovor er Zuflucht suchte, dann hätte er nicht zwei Tage gehungert und sich einen Tag satt gegessen, und er hätte das Diesseits nicht verlassen, ohne je von Weizenbrot satt geworden zu sein.

ᶜĀᵓiša: „Der Gesandte Gottes hat sich nie an drei aufeinanderfolgenden Tagen an Weizenbrot satt gegessen, bis er starb." Muslim, *Ṣaḥīḥ* 4, 2281, zuhd 20. Varianten danach. Vgl. Buḫārī, *Ṣaḥīḥ*, aṭᶜima 27 / Houdas-Marçais, *Les Traditions Islamiques* 3, 668 / Ibn Ḥaǧar, *Fatḥ al-bārī* 11, 484. Dazu Wensinck, *Concordance* 1, 161b. Wie der Autor auch Sarrāǧ, *Al-luma*ᶜ 96,11–12 / Kap. 48,3.

6. Die tadelnswerte Armut hat der Prophet erklärt, indem er sprach: „O Gott, ich nehme Zuflucht zu dir vor einer Armut, die vergessen macht."

Aus einer langen bei Makkī verzeichneten Gebetsformel, die aus überlieferten Bitten zusammengestellt ist: „Ich nehme Zuflucht zu dir vor einem Reichtum, der maßlos macht, einer Armut, die vergessen macht, einer Leidenschaft, die zu Fall bringt, und einem Gefährten, der verführt." *Qūt al-qulūb* 1, 11,26–27 / Kap. 5,28. Der Prophet ermahnte: „Verrichtet eilends gute Werke! Habt ihr denn anderes zu erwarten, als eine Armut, die vergessen macht, oder einen Reichtum, der maßlos macht ... " Tirmiḏī, *Al-ǧāmi*ᶜ 4, 552, Nr. 2306, zuhd 3 / Mubārakfūrī, *Tuḥfat al-aḥwaḏī* 6, 592–593, Nr. 2408.

Und er sprach: „Die Armut ist beinahe Unglaube."

„Die Armut ist beinahe Unglaube, und der Neid kommt beinahe der Vorausbestimmung zuvor." Überliefert von Anas b. Mālik. Abū Nuᶜaym, *Ḥilyat al-awliyā*ᵓ 8, 253,13–16. Schwaches Ḥadīṯ. Dazu Saḫāwī, *Al-maqāṣid al-ḥasana* 311, Nr. 789; Munāwī, *Fayḍ al-qadīr* 4, 542, Nr. 6199; ᶜAzīzī, *As-sirāǧ al-munīr* 3, 74; Nabhānī, *Al-fatḥ al-kabīr* 2, 309; Ġazzālī, *Iḥyā*ᵓ 3, 184,1 / Zabīdī, *Itḥāf as-sāda* 8, 52,3 ff.; Tibrīzī, *Miškāt al-maṣābīḥ* 624, Nr. 5051 / Übers. Robson 3, 1049; Šaybānī, *Tamyīz aṭ-ṭayyib min al-ḫabīṯ* 119.

Und er äußerte sich über die Wirklichkeit der Armut in dem Bericht von Faḍāla b. ᶜUbayd: „Als der Gesandte Gottes mit den Menschen das Gebet verrichtete, sanken einige Männer aus ihrem Stand um vor Elend – es waren die Schattenläubler –, so daß die Beduinen sagten: ‚Die da sind verrückt!' Nachdem der Prophet sein Gebet beendet hatte, ging er zu ihnen und sagte: ‚Wenn ihr wüßtet, was bei Gott für euch bereitsteht, wünschtet ihr, noch elender und ärmer zu werden.'" Faḍāla b. ᶜUbayd sagte: „Ich war selber beim Gesandten Gottes."

Aḥmad b. Ḥanbal, *Al-musnad* 6, 18–19; Tirmiḏī, *Al-ǧāmiᶜ* 4, 583, Nr. 2368, zuhd 39 / Mubārakfūrī, *Tuḥfat al-aḥwaḏī* 7, 33–34, Nr. 2473.

7. Die lautere Armut ist eines der Geheimnisse Gottes, das er denen anvertraut, die ihn nicht verraten. Die verschiedenen Unterteilungen der äußeren Armut und die Mannigfaltigkeit ihrer Sinngehalte kann man nicht aufzählen. Alles in allem besteht ihr Grundstock aus drei Arten: dem Armen, der am Ich hängt: er hat niemals genug, dem Armen, der an den Dingen hängt: er hat genug, wenn sie vorhanden sind, und dem Armen, der an Gott hängt: er ist der lautere Arme. Die Sufis wählen die (äußere) Armut wegen des Lohnes für sie, der ihnen im Äußeren zuteil wird, sie gleichen sich in ihr dem Propheten und seinen Genossen an und halten sich an die Armut, um dadurch im Jenseits erhöht zu werden, obwohl sie im Diesseits um Niedrigkeit bemüht sind. Sie verlassen die Diesseitsmenschen, folgen dem Heiligen Brauch und ertragen die Widerwärtigkeiten und die Heimsuchung, um sich, von allen diesseitigen Anhänglichkeiten abgekehrt, Gott zuzuwenden. Das besagt in Wirklichkeit, daß sie aus dem Diesseits so hinausgehen, wie sie in es eingetreten sind. Aš-Šiblī sagte, als man ihn fragte, worin die Wirklichkeit der Armut bestehe: „Darin, daß du in beiden Behausungen neben Gott nichts Nichtgöttliches siehst (ich lese *tarā*)."

Demnach erklärte Šiblī: „Ich habe außer Gott nie etwas gesehen." Ǧullābī, *Kašf ul-maḥǧūb* 428,3 / Übers. Nicholson 330.

Das sind die Wirklichkeit und die Verhaltensweisen der Sufis. Wer davon abweicht, den kann man nicht mit Recht als wirklich arm bezeichnen. Von einem Weisen wurde erzählt, er habe gesagt: „Wer sich an das hält, was sich unterhalb des Gottesthrones befindet, ist kein Sufi." Wie dann einer, der sich an das Diesseits und seine Mittel hält und seinen Zierrat wählt und seinen Glanz! Die wirkliche Kennzeichnung der Sufis ist das, was ich ausgeführt habe. Wer davon abweicht, ist kein Sufi. Wenn er das aber von sich behauptet, dann ist seine Behauptung falsch und erlogen.

2

[16] DIE WIRKLICHKEITEN DER SUFIS

1. Die Wirklichkeit (*ḥaqīqa*) der Sufis ist der Verzicht (*zuhd*). Ihm eignen ein Äußeres, ein Inneres und eine Wirklichkeit. Das Äußere des Verzichts ist die Abkehr vom Diesseits und seinen Freuden und das Fernbleiben von seinen Schlechtigkeiten und Mitteln. Das Innere des Verzichts ist die Einung des Strebens, die Losschälung des Herzens und der Verzicht auf das, was von Gott ablenkt. Die Sufis haben sich für den Verzicht entschieden, da Gott den Menschen kundgetan hat, daß das Diesseits Spiel und Zerstreuung ist, indem er sprach: *Das diesseitige Leben ist nur Spiel und Zerstreuung und Flitter und gegenseitiges Prahlen und Großtun mit der Größe des Vermögens und der Zahl der Kinder* (Sure 27,20). Das zeigt den Tadel des Diesseits und derer, die es begehren an. Der Beweis für Gottes Tadel, am Ende des Verses, ist das Gleichnis, das er für das Diesseits geprägt hat, da er sprach: *Es ist wie bei einem reichlichen Regen. Die Pflanzen, die durch ihn wachsen, gefallen den Ungläubigen. Danach vertrocknen sie: man sieht sie gelb werden. Dann werden sie zu brüchigem Zeug. Im Jenseits aber gibt es eine schwere Strafe* (Sure 27,20). Gott hat also die das Diesseits Begehrenden getadelt. Verzicht ist das Gegenteil von Begierde. Daher verdient Lob, wer auf es verzichtet. Wer auf das Diesseits verzichtet, handelt für das Jenseits. Das Feld des Jenseits bestellt man im Verzicht auf das Diesseits, das Feld des Diesseits im Verzicht auf das Jenseits. Gott sprach: *Wenn einer das Feld des Jenseits bestellen möchte, geben wir ihm bei seiner Ernte noch etwas hinzu. Wenn aber einer das Feld des Diesseits bestellen möchte, geben wir ihm etwas davon, am Jenseits aber hat er keinen* (lies *wa-mā lahū*) *Anteil* (Sure 42,20). Wenn es über den Tadel der das Diesseits Begehrenden nur diesen Vers gäbe, so würde er gewiß genügen.

2. Der Prophet warnte vor dem Diesseits, indem er sagte: „Hütet euch vor dieser Zauberin! Sie versteht sich besser auf die Zauberei als (die Engel von Babylon) Hārūt und Mārūt.“

Die Quelle ist Ibn Abi d-Dunyā, *Ḏamm ad-dunyā* 28. Siehe auch Munāwī, *Fayḍ al-qadīr* 1, 187, Nr. 245; ders., *At-taysīr bi-šarḥ al-Ǧāmiᶜ aṣ-ṣaġīr* 1, 44; ᶜAzīzī, *As-sirāǧ al-munīr* 1, 61–62; Nabhānī, *Al-fatḥ al-kabīr* 1, 51. Entsprechend ein Wort von Mālik b. Dīnār. Ibn Abi d-Dunyā: „Er sagte:

,Hütet euch vor der Zauberin! Hütet euch vor der Zauberin, denn sie bezaubert das Herz der Gelehrten!' Er meint das Diesseits." *Ḏamm ad-dunyā* 14. Dazu Aḥmad b. Ḥanbal, *Kitāb az-zuhd* 319, 14–15; Ibn Qutayba, *ᶜUyūn al-aḫbār* 2, 362,6–7; Makkī, *Qūt al-qulūb* 1, 254,34 / Kap. 32, 364; Ġazzālī, *Iḥyāᵓ* 3, 200,10, bayān ḏamm ad-dunyā; Abū Nuᶜaym, *Ḥilyat al-awliyāᵓ* 2, 364,8–10; Ibn al-Ǧawzī, *Ṣifat aṣ-ṣafwa* 2, 205,4–5; Munāwī, *Al-kawākib ad-durrīya* 1, 155,22; ᶜAṭṭār, *Taḏkirat ul-awliyāᵓ* 1, 47,1 (zu korrigieren).

Der Prophet sagte: „Beschafft euch kein Landgut, da ihr danach das Diesseits begehrt!"

Aḥmad b. Ḥanbal, *Al-musnad* 1, 377 / 5, 201–202, Nr. 3579; 1, 426 / 6, 58, Nr. 4048; 1, 443 / 6, 121, Nr. 4234; Tirmiḏī, *Al-ǧāmiᶜ* 4, 565, Nr. 2326, zuhd 20 / Mubārakfūrī, *Tuḥfat al-aḥwaḏī* 6, 620–621, Nr. 3579; Naysābūrī, *Al-mustadrak* 4, 322; Makkī, *Qūt al-qulūb* 2, 297,20 / Kap. 48,38; Ġazzālī, *Iḥyāᵓ* 3, 228,1.

Durch Abū Mūsā al-Ašᶜarī wurde vom Propheten überliefert, er habe gesagt: „Wer sein Diesseits liebt, schadet seinem Jenseits, und wer sein Jenseits liebt, schadet (ich lese zweimal *aḍarra*) seinem Diesseits. Zieht daher das, was bleibt, dem vor, was vergeht!"

Aḥmad b. Ḥanbal, *Al-musnad* 4, 412,21–22. Dazu Munāwī, *Fayḍ al-qadīr* 6, 31, Nr. 8313; ders., *At-taysīr bi-šarḥ al-Ǧāmiᶜ aṣ-ṣaġīr* 2, 387; ᶜAzīzī, *As-sirāǧ al-munīr* 3, 318; Nabhānī, *Al-fatḥ al-kabīr* 3, 149; Šaybānī, *Tamyīz aṭ-ṭayyib min al-ḫabīṯ* 158. Mehrfach mit geringen Abweichungen anderen zugesprochen. Als Wort des Kalifen ᶜUmar: Aḥmad b. Ḥanbal, *Kitāb az-zuhd* 125–126; Abū Nuᶜaym, *Ḥilyat al-awliyāᵓ* 1, 50,1–3; Ibn al-Ǧawzī, *Taᵓrīḫ ᶜUmar b. al-Ḫaṭṭāb* 159 / *Manāqib amīr al-muᵓminin ᶜUmar b. al-Ḫaṭṭāb* 137. Als Wort von ᶜAbdallāh b. Masᶜūd (gest. 32/653) in *Ḥilya* 1, 138,4–5. Als Wort von ᶜAmr b. Murra (gest. 116–20/734–38) in *Ḥilya* 5, 95,20–21.

Und durch ᶜAbdallāh b. Masᶜūd: „Der Prophet sagte: Wer seinem Herzen die Liebe zum Diesseits zu trinken gibt (ich lese *man ašraba qalbahū ḥubba d-dunyā*), hängt an drei Dingen fest: einem Elend, dessen Plage nicht aufhört, einer Begierde, die nicht genug bekommt, und einer Hoffnung, die ihr Ziel nicht erreicht (ich lese *šaqāᵓin ... wa-ḥirṣin lā yabluġu ġināhu wa-amalin lā yabluġu muntahāhu*).

In anderer Form: „Wer das Diesseits liebt, hängt an drei Diesseitsdingen fest: einem Geschäft, das nicht zum Abschluß kommt, einer Hoffnung, die sich nicht erfüllt, und einer Begierde, die nicht aufhört." Zabīdī, *Tāǧ al-ᶜarūs* 5, 219,15–16; *Lisān al-ᶜArab* 7, 395a, s.v. lwṭ.

Das Diesseits sucht und wird gesucht. Wer das Diesseits sucht, den sucht das Jenseits, bis der Tod zu ihm kommt und ihn beim Kragen packt, und wer das

Jenseits sucht, den sucht das Diesseits, bis er seinen (ihm von Gott bestimmten) Unterhalt aus ihm vollständig erhalten hat."

Dazu Abū Nuᶜaym, *Ḥilyat al-awliyā*ᵓ 8, 120,2–7. – Als Jesuswort: „Wenn immer das Diesseits im Herzen eines Menschen wohnt, hängt es an drei Dingen fest: einem Geschäft, dessen Plage nicht aufhört, einer Armut, die das ihr Genügende nicht bekommt, und einer Hoffnung, die ihr Ziel nicht erreicht. Das Diesseits sucht und wird gesucht. Wer das Jenseits sucht, den sucht das Diesseits, bis er darin seinen Unterhalt vollständig erhalten hat, und wer das Diesseits sucht, den sucht das Jenseits, bis der Tod kommt und ihm beim Kragen packt." Ibn Abi d-Dunyā, *Ḏamm ad-dunyā* 13.

Der Verzicht auf das Diesseits bedeutet, daß der Leib Ruhe hat und (am Gerichtstag) [17] das Wiegen (der Taten) leicht ist und die Abrechnung kurz.

Ich vermute, daß der Ausdruck *ḫiffat al-mīzān* dem Autor im Hinblick auf das sich anschließende *qillat al-ḥisāb* durch Assoziation ins Schreibrohr kam, *mīzān* somit als ein ad hoc nach dem Muster *ḥisāb* gebildetes Verbalsubstantiv aufzufassen ist. Also: das leichte, unbeschwerliche (möglicherweise auch: das schnelle, kurze, rasch durchgeführte) Wiegen (oder Gewogenwerden). Leichtigkeit der Waage oder Waagschale (auf der in diesem Fall die bösen Taten liegen müßten) bzw. des Gewichts ist unwahrscheinlich: der Koran verbindet die leichte Waage (oder Waagschale) immer mit den Bösen (die oder deren Taten als zu leicht befunden werden), die schwere immer mit den Guten. Siehe Sure 7,8–9; 23, 102–103; 101,6–8.

3. Sodann ist der Verzicht in bezug auf die Sinngehalte und die Verhaltensnormen unterschiedlich (ich lese *yaḫtalifu*). Die Sufis verzichten auf das, was sie von Gott ablenkt. Denn sie verzichten auf das Diesseits, um mit dem Heiligen Brauch in Einklang zu stehen, und sie verzichten auf das Ich um Gottes willen. Daher entsagen sie den Annehmlichkeiten und Lüsten und sondern sich von den Dingen ab, indem sie, stolz sich darüber erhebend, auf sie verzichten. Kein Ding paßt zu ihnen, und sie passen zu keinem Ding. Man fragte aš-Šiblī, worin die Wirklichkeit des Verzichts bestehe. Er sagte: „Darin, daß du auf das Nichtgöttliche verzichtest."

Statt *inna z-zuhda* ist wahrscheinlich *an tazhada* zu lesen. „Man fragte aš-Šiblī, worin der Verzicht bestehe. Er sagte: ‚Darin, daß du auf das Nichtgöttliche verzichtest.'" Qušayrī, *Risāla*, Kap. 8,8 / Anṣārī, *Šarḥ ar-Risāla al-Qušayrīya* 2, 172,22–24. Dazu Yāfiᶜī, *Našr al-maḥāsin* 142,22–23. Gleiche Aussage Šiblīs über die Gewissenhaftigkeit: „Gewissenhaftigkeit ist, daß du dich von allem Nichtgöttlichen zurückhältst." Qušayrī, *Risāla*, Kap. 7,3 / Anṣārī, *Šarḥ* 2, 157,2; Yāfiᶜī, *Našr al-maḥāsin* 139,5.

4. Die Sufis sind in bezug auf die Sinngehalte des Verzichts untereinander verschieden. Sie haben sich in dem, was der (Begriff) Verzicht andeutet, auf

eine höhere Ebene begeben und sind im Hinblick auf seine Bedeutungen höher hinaufgestiegen und sind durch seine Verwirklichung von allen Zufallsgütern des Lebens (lies *al-ma^c^āyiši*) und den Nahrungsmitteln, denen der Leib der anderen Menschen seinen Bestand verdankt, abgeschnitten. Es gibt bei ihnen verschiedene Rangstufen und Klassen. Die einen verzichten auf das Diesseits und sind zufrieden, wenn sie gerade genug haben und ihre Blöße bedecken können. Andere schränken die Nahrung ein, halten sich zurück und sind sparsam und begnügen sich damit, zwei Tage zu hungern und einen Tag satt zu werden. Andere gestehen sich keine Nahrung zu, mit der man rechnen kann, und keine feststehenden Zeiten (zum Essen) und essen nur, wenn die Not es erheischt. Wieder andere nehmen vom Diesseits nur soviel (Nahrung) wie das Quantum vom verendeten (nicht rituell geschlachteten) Tier, das Gott dem (zu essen) erlaubt hat, der in einer Zwangslage ist.

> *Verboten hat er euch das Fleisch von verendeten Tieren ... Aber wenn einer sich in einer Zwangslage befindet ... trifft ihn keine Schuld.* Sure 2,173.

Wieder andere steigen in dem (mit dem Wort Verzicht) Angedeuteten noch höher hinauf und werden von Gott mit der Wirklichkeit des Verzichts gestärkt, so daß sie bis zu ihrem Tod weder Brot noch anderes, was die Menschen zu essen pflegen, verzehren.

5. So hat man von einem unserer Gefährten erzählt: Als er eine Eßlust verspürte, gelobte er Gott, im Diesseits kein Brot mehr zu essen. Jahrelang aß er keines, bis er starb.

> Das Prinzip: „Das Maß des Hungerns besteht darin, daß du nicht nach Brot verlangst, so daß du zwischen Brot und anderem keinen Unterschied machst. Wenn die Seele speziell Brot zu haben wünscht, hungert sie nicht, da sie im Auswählen begehrlich ist." Makkī, *Qūt al-qulūb* 2, 165,5–6 / Kap. 39,2. Ohne Angabe der Quelle übernommen durch Suhrawardī, *^c^Awārif al-ma^c^ārif* 160–161 / Kap. 28,8, und Bāḫarzī, *Awrād ul-aḥbāb* 2, 321,19–21.

Von Abū ^c^Abdallāh al-Maġribī wird berichtet, er habe dreißig Jahre lang nur von den Gräsern des Landes gegessen und nichts getrunken außer Wasser aus den Quellen.

> Qušayrī: „Viele Jahre aß er nichts, was eine menschliche Hand angerührt hatte, und er entnahm den Wurzeln der Gräser verschiedene Dinge, die zu essen er gewohnt war." *Risāla*, Kap. 1,38 / Anṣārī, *Šarḥ ar-Risāla al-Qušayrīya* 1, 169,2–5. Dazu *Risāla*, Kap. 42,6 / *Šarḥ* 4, 26,16–20; Munāwī, *Al-kawākib ad-durrīya* 1, 266,23; ^c^Aṭṭār, *Taḏkirat ul-awliyā^ɔ^* 2, 117,3.

(Ibrāhīm) b. Šaybān Abū Isḥāq berichtete mir: „Ich weilte drei Jahre bei seinem Grab. Nach drei Jahren schlief ich einmal bei seinem Grab ein. Ich sah ihn im Traum und fragte ihn etwas. Er antwortete mir und befahl mir, in die Heimat zurückzukehren. So begab ich mich mit seiner Erlaubnis wieder nach Qirmīsīn.“ Es berichtete mir (das) Abū Bakr aṭ-Ṭarasūsī: Ibrāhīm b. Šaybān erzählte uns (das) über (ᶜ*an*) Abū ᶜAbdallāh (al-Maġribī).

Der Isnād ist nicht befriedigend. „Über“, nicht „von“ Abū ᶜAbdallāh als einem Berichterstatter – wenn der Text in Ordnung und dieser Abū ᶜAbdallāh nicht ein anderer als al-Maġribī sein sollte. Das einleitende „Ibn Šaybān Abū Isḥāq berichtete mir“ besagte dann wohl: berichtete mir via Abū Bakr at-Ṭarasūsī. Oder (wenig wahrscheinlich) es muß am Schluß heißen: Es berichtete mir (das) *auch* Abū Bakr aṭ-Ṭarasūsī ...

6. Alles, was von Gott ablenkt, ist Diesseits. Man fragte al-Ǧunayd, was das Diesseits sei. Er antwortete: „Was dem Herzen nah ist und von Gott ablenkt, das ist das Diesseits.“

Abū Nuᶜaym, *Ḥilyat al-awliyāᵓ* 10, 274,3–4; Anṣārī, *Ṭabaqāt uṣ-ṣūfīya* 110,4.

Einer sagte: „Was der Seele für die Seele nah ist, das ist das Diesseits.“ Einer sagte: „Was einer Ablenkung nah ist, das ist das Diesseits.“ Einer sagte: „Alles außer Gott, woran der Mensch hängt, das ist das Diesseits.“ Verzicht ist Beseitigung der Begierden, Zurückweisung der Naturanlagen und ehrliches Sichwehren. Wenn einer sich an etwas hält, dann wird er ihm überlassen. Denn der Prophet sagte: „Wenn sich einer an etwas hält, wird er ihm überlassen.“

ᶜĪsā b. ᶜAbd ar-Raḥmān b. Abī Laylā: „Ich trat bei ᶜAbdallāh b. ᶜUkaym, dem Vater von Maᶜbad al-Ǧuhanī, zu einem Besuch ein, als er an einer Hautrose litt. Wir sagten: ‚Warum hängst du dir nicht etwas an?‘ Er erwiderte: ‚Lieber sterben als das! Der Prophet sagte: Wer sich etwas anhängt, wird ihm überlassen (*man taᶜallaqa šayᵓan wukila ilayhi*).‘“ Tirmiḏī, *Al-ǧāmiᶜ* 4, 403, Nr. 2072, ṭibb 24 / Mubārakfūrī, *Tuḥfat al-aḥwaḏī* 6, 238–239, Nr. 2152. Gedacht ist an ein Amulett oder ähnliches, dessen Macht bzw. Ohnmacht man überlassen wird. Dazu Aḥmad b. Ḥanbal, *Al-musnad* 4, 310,23–25. Verkürzt (und entsprechend gedeutet): Munāwī, *Fayḍ al-qadīr* 6, 107, Nr. 8599; ders., *At-taysīr bi-šarḥ al-Ǧāmiᶜ aṣ-ṣaġīr* 2, 411; ᶜAzīzī, *As-sirāǧ al-munīr* 3, 349; Nabhānī, *Al-fatḥ al-kabīr* 3, 179.

7. Zur Verwirklichung des Verzichts gehört, [18] daß man alles, woran man hängt, zurückweist und allem, was behindert, entsagt. Sodann erfüllt die Erkenner ein Verlangen (ich lese *raġbatun*) nach dem Verzicht im Verzicht. Bei den reifen Sufis gibt es Andeutungen bezüglich der Verwirklichung des lauteren Verzichts und der Abstandnahme vom Schauen auf den Verzicht, und sie haben eine eigene Auffassung über die Singehalte des reinen Eingottglau-

bens, worin sie den Verzicht des unter den Verzichtenden üblichen Verzichts entkleiden. Zur Wirklichkeit des Verzichts der Elite gehört, daß sie die Anhänglichkeit an das Nichtgöttliche ausschließen. Sie haben im Hinblick auf Gott den Anteil an beiden Behausungen und das Festhalten an deren Freuden vergessen. Von al-Ǧurayrī Abū Muḥammad hat man sogar berichtet, er habe gesagt: „Ich hatte einen rechtschaffenen Schüler, der im Rausch seiner Schülerschaft starb. Ich sah ihn im Traum und fragte ihn, was Gott mit ihm gemacht habe. Er sagte: ‚Meister! Er hat mir vergeben, mich mit der Krone der Huld gekrönt und bei der Hand genommen und ins Paradies geführt, und er hat mir die großäugigen Paradiesjungfrauen und die Schlösser übergeben.' Ich fragte ihn: ‚Hast du etwa dein Herz an eines dieser Dinge gehängt?' Er antwortete: ‚Nein Meister!' Ich sagte: ‚Hättest du dein Herz an eines dieser Dinge gehängt, man hätte dich gewiß bei diesem gelassen (lies *la-turikta*).'" Das ist die Wirklichkeit des Verzichts der Sufis auf beide Behausungen. Sie ziehen nichts Gott vor und begehren keine seiner Gaben neben ihm: sie sind mit Gott als Freund und Abrechner zufrieden und vergessen jeglichen Anteil an den beiden Wohnungen. Das sind die wahren Verzichtenden. Den Sufis sind bezüglich des Verzichts Wirklichkeiten und Andeutungen eigen, die sich nicht in Worte und Beschreibungen einfangen lassen.

3

DIE GEPFLOGENHEITEN DER SUFIS

1. Die Gepflogenheiten (*rusūm*) der Sufis sind: der Kampf (*muǧāhada*) gegen die Seele, die Absage an die Sinnengenüsse (*šahawāt*) und der Widerstand gegen das Lustverlangen (*hawā*). Gott sprach: *Diejenigen aber, die um unseretwillen kämpfen, werden wir unsere Wege führen* (Sure 29,69). Muǧāhid (b. Ǧabr) sagte: „Es ist der Kampf gegen die Seele (= gegen sich selber)." Man fragte den Gesandten Gottes: „Wer ist ein Glaubenskämpfer?" Er antwortete: „Wer um Gottes willen gegen seine Seele kämpft."

Der Prophet nach Faḍāla b. ᶜUbayd (gest. 53/673): „Glaubenskämpfer ist, wer um Gottes willen gegen seine Seele kämpft." Aḥmad b. Ḥanbal, *Al-musnad* 6, 20,10. Kürzer bei Tirmiḏī, *Al-ǧāmiᶜ* 4, 165, Nr. 1621, faḍāᵓil al-ǧihād 2 / Mubārakfūrī, *Tuḥfat al-aḥwaḏī* 5, 250, Nr. 2671. Variante: „Glaubenskämpfer ist, wer um des Gehorsams gegen Gott willen gegen seine Seele kämpft." *Al-musnad* 6, 22,9.

Von al-Ḥasan (al-Baṣrī) ist überliefert: „Als einmal Leute vom Kriegszug zum Propheten kamen, sagte er: ‚Seid willkommen! Gott schenke euch langes Leben! Ihr seid vom kleinen Glaubenskrieg zum großen Glaubenskrieg gekommen.' Sie fragten: ‚Gesandter Gottes, was ist der große Glaubenskrieg?' Er antwortete: ‚Der Kampf des Mannes gegen seine Seele und sein Lustverlangen um Gottes willen.'"

Dazu Makkī, *Qūt al-qulūb* 1, 187,21–22 / Kap. 32,46; Ǧullābī, *Kašf ul-maḥǧūb* 252,1–2 / Übers. Nicholson 200; Ibn al-Ḥāǧǧ, *Al-mudḫal* 3, 2.

2. Die Sufis kämpfen gegen ihre Seele, weil die Seele zum Widerstand gegen Gott auffordert und das liebt, worin [19] man Verderben und Untergang findet und sich mit Gott verfeindet. Gott sprach: *Hat denn der Mensch nicht gesehen, daß wir ihn aus einem Samentropfen geschaffen haben? Und gleich ist er ausgesprochen streitsüchtig* (Sure 36,77). Es heißt: „Gott gab David bezüglich der Seele ein: Sei ihr feind, denn sie ist entschlossen, mir feind zu sein!" Gott sprach: *Die Seele verlangt gebieterisch nach dem Bösen – soweit mein Herr sich nicht erbarmt* (Sure 12,53). Wer gegen sie kämpft und ihrem Lustverlangen widersteht, erkennt sie durch den Widerstand und erkennt ihr

Feindsein und ihr Sinnen. Die Seele kennt nur, wer ihr widersteht: durch den Widerstand erkennt er ihre Eigenarten. Ihr Wesen aber kennt allein ihr Schöpfer. Durch Abū Mālik al-Aš^{c}arī ist vom Propheten überliefert, er habe gesagt: „Dein schlimmster Feind ist deine Seele, die zwischen deinen beiden Körperseiten ist."

Dazu Sarrāǧ, *Al-luma*^{c} 12,4 / Kap. 5,2; Ǧullābī, *Kašf ul-maḥǧūb* 260,4–5 / Übers. Nicholson 206; Naǧm ud-dīn-i Rāzī, *Mirṣād ul-*^{c}*ibād* 173 / Übers. Algar 190.

3. Es ist Gepflogenheit der Sufis, für Gott gegen die Seele zu kämpfen und die Liebe zu Gott ihrem Lustverlangen vorzuziehen. Gott gab einem seiner Propheten ein: „Sei deiner Seele um meinetwillen feind und liebe mich, indem du sie befehdest! Seit ich sie erschaffen habe, hat sie mir Feindseligkeit erwiesen." Sie ist nämlich mit allerlei Eigenschaften erschaffen worden. Man sagt: Gott hat die Seele erschaffen und ihr verschiedenartige Eigenschaften zubestimmt: eine von den Eigenschaften der Engel, eine von den Eigenschaften der Ǧinn, eine von den Eigenschaften der Teufel, eine von den Eigenschaften der Wildtiere, eine von den Eigenschaften der Vögel und eine von den Eigenschaften des Viehs. Dann schuf er für sie eine von den Eigenschaften der Gewaltherrlichkeit. Durch diese wurde sie mit allen Eigenschaften bekannt. Dominiert nun bei jemandem die Eigenschaft der Engel, so herrscht bei ihm der Dienst Gottes vor, dominiert bei jemandem die Eigenschaft der Ǧinn und der Teufel, so herrschen bei ihm Ungehorsam und Hast vor,

Unrast gehört zur Natur der Seele. „Der Seele ist die Neigung zur Bewegung anerschaffen." Makkī, *Qūt al-qulūb* 1, 84,18 / Kap. 25,1. Sahl at-Tustarī: „Gott erschuf die Seele ruhelos, dann befahl er ihr zu ruhen. Das ist die Prüfung. Wenn er ihr mit der Bewahrung begegnet, ruht sie. Das ist eine Auszeichnung. Wenn er sie sich überläßt, ist sie durch ihre naturgegebene Art und Veranlagung ruhelos. Das ist die Gottverlassenheit." *Qūt al-qulūb* 2, 11,19–20 / Kap. 32,479. – Die Vorstellung, daß die Hast vom Teufel kommt, ist alt. Als Prophetenwort: „Die Bedachtsamkeit kommt von Gott, die Hast vom Teufel." Tirmiḏī, *Al-ǧāmi*^{c} 4, 367, Nr. 2012, birr 66 / Mubārakfūrī, *Tuḥfat al-aḥwaḏī* 6, 153, Nr. 2081; Munāwī, *Fayḍ al-qadīr* 3, 184, Nr. 3088. Dazu Saḫāwī, *Al-maqāṣid al-ḥasana* 151–152, Nr. 312. Anders: „Fürwahr, Bedächtigkeit (*tabayyun*) kommt von Gott, Hast vom Teufel. Geht also bedächtig vor!" Ibn al-Aṯīr, *An-nihāya fī ġarīb al-ḥadīṯ wa-l-aṯar* 1, 175. Als Wort von Ǧa^{c}far aṣ-Ṣādiq (mit Endreim): „Die Bedächtigkeit kommt vom Barmherzigen, die Hast vom Teufel." ^{c}Ārif Tāmir, *Al-ḥikam al-Ǧa*^{c}*farīya* 50. Pseudo-Ǧāḥiẓ widmet ein ganzes Kapitel dem „Tadel der Hast". Darin ein Anonymus: „Die Hast kommt vom Teufel. Laß dich ja nicht dadurch täuschen, daß du triffst, indes du es eilig hast, und sei ja nicht bekümmert, wenn du verfehlst, indes du langsam und sanft vorgehst." *Amal al-āmil* 67.

dominieren bei jemandem die Eigenschaften der Wildtiere, so herrscht bei ihm das Fremdheitsgefühl gegenüber den Geschöpfen vor, dominiert bei jemandem die Eigenschaft der Vögel, so herrschen bei ihm Hurtigkeit und Fortbewegung vor, dominiert bei jemandem die Eigenschaft des Viehs, so herrschen bei ihm Essen und Trinken vor. Dominiert bei jemandem die Eigenschaft der Gewaltherrlichkeit, so ist die Dummheit sein Standplatz, er widersetzt sich Gott, hat die Gottesdienerschaft aufgegeben und hat seinen Stand in der Widersetzlichkeit gegen Gottes Herrschaftlichkeit. Er wird der Seele überlassen. Die Natur der Seele ist seltsam, und ihre Sache ist seltsam. Ihre Eigenheiten kann nur erkennen, wer sich ihr widersetzt, und durch den Widerstand lernt er einige ihrer Eigenheiten kennen.

4. Man fragte einen unserer Gefährten nach der Wirklichkeit der Seele, und wie es zu ihrer Feindseligkeit gekommen sei und wie es mit ihr angefangen habe. Er antwortete: „Nachdem Gott die Seele aus dem Lehm erschaffen und ihr den Geist eingeblasen hatte, fühlte sie sich stark und schaute alsdann auf die Engel und ihre Unterwürfigkeit vor Gottes Herrschaftlichkeit. Da ereiferte sie sich für diese und begehrte [20] die Herrschaftlichkeit. Nun stellte Gott sie mit dem Niederfall der Engel vor ihr auf die Probe. Da wurde die Seele noch mehr aufsässig und dachte, das stehe ihr zu. Sooft Gott daher seine Geschöpfe mit einem Gottesgedenken und Gotteslob für seinen Dienst bestimmt, verstärken die Seelen darob ihre starrsinnige Widersetzlichkeit gegen das gottgefällige Handeln.

Textvorschlag: *kullu mā sta*ᶜ*bada llāhu* ᶜ*azza wa-ǧalla bihī ḫalqahū min ḏikrihī wa-madḥihī tazīdu n-nufūsu min-a l-birri bihī sti*ᶜ*nādahā.*

So hat es mit der Seele angefangen.“ Das ist die Wirklichkeit des Gotteswortes: „Seit ich sie erschaffen habe, hat sie mir Feindseligkeit erwiesen.“

Nach dem in Kap. 3,3 zitierten Wort.

5. Bei den Sufis gibt es über die Seele Wissenschaften, in denen sie verschiedener Meinung sind, und Verhaltensregeln, über deren Wurzeln ihre Auffassung geteilt ist (ich lese *taḫtalifu ... taftariqu*). Man sagt: Es gibt dreierlei Seelen: eine befehlende Seele, eine tadelnde Seele und eine beruhigte Seele. Die Wirklichkeit der Seele selber läßt sich nicht beschreiben. Denn die Wesensbestimmung (*ḏātīya*) der Seele verhält sich zum Körper wie die Wesensbestimmung des Geistes zu ihm. Man sagt: Die Wesensbestimmung der Seele ist das Lustverlangen und das Lustverlangen in der Seele ist wie der wehende Wind oder der heiße Luftzug.

6. Die Sufis weisen in ihren Erkenntnissen auf die Wirklichkeit der Seelen, die sich Gott widersetzen, hin. Sahl b. ᶜAbdallāh sagte: „Gott gab Mose ein: Mose! Ich habe kein Geschöpf erschaffen, das mir meine Herrschaft streitig zu

machen sucht, außer der Seele. Wenn du daher mein Wohlgefallen willst, dann widerstehe ihr! Die Seele ist wie der Schatten, der nicht vor dir wartet, wenn du ihm nachgehst. Wenn du dich aber von ihrem Lustverlangen abkehrst, geht sie dir nach, wie wenn du dich von einem Schatten, der dir nachgeht, abkehrst. Wer seiner Seele nachgeht, gleicht einem, der seinem Schatten nachgeht: er erreicht ihn nicht, solange seine Körpergestalt bestehen bleibt." Darin liegt ein Hinweis für die Klugen. Es ist ein Gegenstand für die Allegorie, nicht ein Gegenstand für die Erklärung. Gott verleiht das Hören, wem er will, und gewährt das Begreifen denen, die auf ihr Selbstwählen verzichten und es aufgegeben haben.

7. Die Seele besitzt verborgene Charaktereigenschaften und Charaktereigenschaften, die sich bei Überwältigungen zeigen. Die verborgenen eignen den Leuten des Verborgenen (= des Inneren des Menschen) – durch das Verborgene erkennt man die verborgenen und geheimen Dinge der Seele –, die sichtbaren sind das Aufwallen des Zornes und das Ichsagen (*an-nuṭq bi-l-anānīya*). Letzteres ist das, was Gott von Iblīs gezeigt hat, da dieser sagte: *Ich* (anā) *bin besser als er* (Sure 7,12). Der Zorn aber ist der Ort der Eigenschaft der Gewaltherrlichkeit. Er ist das Sichtbare von den Eigenschaften der Seele. Bei seinem ersten Aufkeimen vergißt man Gott und hat seinen Stand in den Eigenschaften der Herrschaftlichkeit. Ein Gotteserkenner hat gesagt: „Es gibt keine Seele, die Gott erschaffen hat, ohne daß sie sich in ihrem Inneren die Herrschaftlichkeit angemaßt hätte. Doch Gottes Huld und Güte und seine teure Rechtleitung und das Licht seiner Herrschaft hindern sie, darin zu verbleiben. Nur Pharao hat sie zum Ausdruck gebracht, da er sagte: *Ich bin euer höchster Herr* (Sure 79,24).

8. In ihrer naturhaften Veranlagung sind die Seelen alle gleich, aber Gottes Huld und seine Erwählung und Auszeichnung halten sie von ihren Charaktereigenschaften zurück. Wenn daher die Seele zornig wird, dann hab vor Augen, was sie im geheimen hegt! Denn sie stellt sich auf den Platz der Herren [21] und vergißt den Platz des Gottesdienertums. In der Überlieferung wird berichtet: „Mose sprach: ‚Herr, wann bist du mein?' Gott erwiderte: ‚Mose, wenn du nicht deiner Seele gehörst (= wenn du nicht dein bist).' Mose fragte: ‚Wann gehöre ich nicht meiner Seele?' Er antwortete: ‚Wenn du sie ganz und gar vergessen hast.'" Die Eigenschaften und Merkmale der Seele sind zahlreich und lassen sich nicht in Kennzeichnungen einfangen und nicht aufzählen. Die Seele ist nämlich aus der Erde geschaffen. In ihr findet sie ihren Lebensgenuß und durch sie ihre Freude, bei ihr fühlt sie sich geborgen, von ihr hat sie ihre Kraft. Der Geist aber wurde aus der Wesenswelt (*malakūt*) erschaffen und ist der Seele entgegengesetzt: er weiß sich geborgen in seinen Heimstätten und sehnt sich nach der Wesenswelt, hin zur Nähe der Engel.

„Die Seele ist staubhaft, aus dem Erdboden geschaffen, und neigt zum Staub hin, der Geist ist geisthaft, aus der Wesenswelt geschaffen, und strebt darum zur Höhe." Makkī, *Qūt al-qulūb* 1, 121,18–19 / Kap. 30,31.

Von Aḥmad b. Abi l-Ḥawārī wurde berichtet, er habe gesagt: „Ich sah einen Mönch in Dayr Ḥarmala. Der sagte: ‚Wir finden in unseren Büchern: Der Leib des Menschen ist aus der Erde geschaffen, sein Geist aus der Wesenswelt. Wenn er daher seinen Leib verweichlicht und ihn trinken, essen, schlafen und sich ausruhen läßt, ist er dem Ort zugewandt, aus dem er erschaffen wurde. Dann ist ihm nichts lieber als das Diesseits. Wenn er aber die Seele hungern, dürsten und wachen läßt und sie müde macht, verlangt er nach dem (anderen) Ort, aus dem er erschaffen wurde. Dann ist ihm nichts lieber als das Reich (*malakūt*) der Himmel.' Ich fragte: ‚Wenn er das tut, erhält dann die Seele schon jetzt gleich im Diesseits einen Lohn (ich lese, im Hinblick auf das folgende *nūrun*: *yuᶜaǧǧalu ... ṯawābun*)?' Er antwortete: ‚Ja, ein Licht, das sie sieht (ich lese *tarāhu*).' – Ich erzählte es Abū Sulaymān (ad-Dārānī), und es gefiel ihm."

In der weniger gestörten Überlieferung von Abū Nuᶜaym: »Ibn Abi l-Ḥawārī erzählte uns: „Ich fragte einen Mönch in Dayr Ḥarmala, während er von seiner Einsiedelei auf mich herabschaute: ‚Mönch, wie heißt du?' ‚Ǧurayǧ (= Gregorius)', antwortete er. Ich fragte: ‚Was hält dich in dieser Einsiedelei zurück?' Er sagte: ‚Ich bin darin aus den Lüsten des Diesseits ausgesperrt.' Ich entgegnete: ‚Wäre es denn für dich nicht das richtige gewesen, mit uns hier ins Land hinauszugehen und zu kommen und deiner Seele den Zugang zu den Lüsten zu versperren?' ‚Weit gefehlt!' versetzte er. ‚Was du beschreibst, ist Stärke. Ich aber bin schwach. Darum habe ich mich zwischen meine Seele und die Lüste gestellt.' Ich fragte: ‚Warum tust du das?' Er antwortete: ‚Wir finden in unseren Büchern: Der Leib des Menschen ist aus der Erde geschaffen, sein Geist aus dem Reich des Himmels. Wenn er daher seinen Leib hungrig, nackt und schlaflos läßt, verlangt der Geist nach dem Ort, von dem er ausgegangen ist. Und wenn er ihn essen, trinken, schlafen und sich ausruhen läßt, ist der Leib dem Ort zugewandt, von dem er ausgegangen ist. Dann ist ihm nichts lieber als das Diesseits.' Ich fragte ihn: ‚Und wenn er das tut, erhält er schon jetzt gleich im Diesseits den Lohn?' Er erwiderte: ‚Ja, ein Licht, das ihm vor Augen steht.'" (ich lese: *yuᶜaǧǧalu ... nūrun yuwāzīhi*.) Aḥmad sagte: „Ich erzählte es Abū Sulaymān. Darauf sagte er: ‚So ein Kerl! Wie erstaunlich ist er doch! Sie schmükken wirklich schön aus.'"« *Ḥilyat al-awliyāᵓ* 10, 5. Dazu Ḏahabī, *Siyar aᶜlām an-nubalāᵓ* 12, 88–89. Kurz bei Munāwī, *Al-kawākib ad-durrīya* 1, 199,23–25.

9. Die Erkenntnis der Seele gehört zur Gotteserkenntnis. Der Mensch, der Gott am besten kennt, kennt die Seele der Menschen am besten und ist ihr am meisten Feind und Widersacher. Von Abū Yazīd al-Basṭāmī erzählt man, er

habe gesagt: „Meine Seele hat sich mir in etwas widersetzt. Daraufhin habe ich ein Jahr lang kein Wasser getrunken."

Nach Makkī: „Man sagte einmal zu Abū Yazīd al-Basṭāmī: ‚Erzähle uns von der mystischen Schau, die dir von Gott gegeben wurde!' Da schrie er. Dann sagte er: ‚Ihr da! Es ist nicht gut für euch, das zu wissen.' Man sagte: ‚Dann erzähle uns vom härtesten geistlichen Kampf, den du in Gott gegen deine Seele geführt hast!' Er erwiderte: ‚Auch in das darf ich euch keinen Einblick geben.' Man sagte: ‚Dann erzähle uns, wie du als Anfänger deine Seele gezähmt hast!' Er sagte: ‚Ja. Ich habe meine Seele zu Gott gerufen. Doch als sie von mir entschuldigt sein wollte, verlangte ich von ihr, daß sie ein Jahr lang kein Wasser trinke und ein Jahr lang keinen Schlaf koste. Darin war sie mir treu.'" *Qūt al-qulūb* 2, 70,12–15 / Kap. 32,812. Dazu Ġazzālī, *Iḥyā*ᵓ 4, 345,13–17 / F 312; Bāḫarzī, *Awrād ul-aḥbāb* 2, 342,9–17; Munāwī, *Al-kawākib ad-durrīya* 1, 247,3–4. Bei ᶜAṭṭār ist angefügt: „Ich sagte: Seele, gib den Leib in den Gehorsam oder gib das Leben im Durst!" *Taḏkirat ul-awliyā*ᵓ 1, 156,12–15.

Das ist der höchste Grad des geistlichen Kampfes.

10. Bei den Sufis gibt es geistliche Kämpfe nach verschiedenen Verhaltensregeln, äußerlich und innerlich. Sie halten sich darin an den Heiligen Brauch. Denn als ein Mann zum Propheten sagte, er möchte in den Glaubenskrieg ziehen, sagte er: „Fang mit deiner Seele an und kämpfe gegen sie! Fang mit deiner Seele an und kämpfe gegen sie! Fang mit deiner Seele an und kämpfe gegen sie! Und solltest du sterben, so bist du ein Glaubenszeuge." Das sind die Gepflogenheiten der Sufis in Übereinstimmung mit dem Religionsgesetz und dem Heiligen Brauch. Den Sufis sind, bezüglich des mit geistlichen Kämpfen und Selbstdisziplinierungen Gemeinten, Andeutungen und Gedanken eigen, die den meisten Menschen verborgen sind. Dadurch überragen sie (ich lese *faḍalū*) die übrigen Rechtschaffenen und Leute des gottesdienstlichen Handelns und der Selbstbeherrschung unter den Gläubigen.

4

DIE ANDEUTUNGEN DER SUFIS

1. Die Andeutungen (*išārāt*) der Sufis sind die Verwirklichung des nur Gott allein (ich lese *mufridan*) Wollens (*irāda*). Das gehört zur Wirklichkeit von Gottes Wort: *Sie wollen (nur) sein Antlitz* (Sure 6,52; 18,28). Die Andeutungen der Sufis sind erhaben. Denn sie ziehen Gott allen [22] Zweitursachen vor, schneiden von ihrem Herzen alle Beziehungen ab, sind durch den Gedanken an Gott von allen anderen Gedanken abgelenkt und verehren Gott in der Herzenstiefe durch die Wirklichkeiten der Geheimnisse. Ihr erstes Ziel ist, das Äußere der Wissenschaften – das Gebot und das Verbot – gründlich kennenzulernen und sie mit äußerster Mühe und Anstrengung und aufrichtig und ehrlich in die Tat umzusetzen. Darum gab Gott ihnen ein Wissen ohne Lernen zum Erbe. Der Prophet sagte: „Wer nach dem handelt, was er weiß, dem gibt Gott das Wissen von dem, was er nicht wußte, zum Erbe."

> Von den Traditionsgelehrten nicht anerkannt. ᶜAlī al-Qārī, *Al-asrār al-marfūᶜa* 325, Nr. 450; ᶜAǧlūnī, *Kašf al-ḫafāʾ* 2, 347, Nr. 2542. Siehe auch Qurṭubī, *Al-ǧāmiᶜ li-aḥkām al-Qurʾān* 13, 364; Makkī, *Qūt al-qulūb* 1, 119,4–5 / Kap. 30,22; 1, 138,2 / Kap. 31,39; Sarrāǧ, *Al-lumaᶜ* 105,12 / Kap. 51,1. Von ᶜAbd al-Wāḥid b. Zayd (gest. nach 150/767) als anonymes Wort zitiert bei Abū Nuᶜaym, *Ḥilyat al-awliyāʾ* 6, 163,9–11. Variante als von ᶜAlī überliefertes Prophetenwort: „Wenn einer auf das Diesseits verzichtet, lehrt Gott ihn ohne Lernen (von anderen) und führt ihn ohne Führung (durch andere) und macht ihn sehend und nimmt die Blindheit von ihm." Abū Nuᶜaym, *Ḥilyat al-awliyāʾ* 1, 72,5–9. Dazu Munāwī, *Fayḍ al-qadīr* 6, 143, Nr. 8725; ders., *At-taysīr bi-šarḥ al-Ǧāmiᶜ aṣ-ṣaġīr* 2, 421; ᶜAzīzī, *As-sirāǧ al-munīr* 3, 362; Nabhānī, *Al-fatḥ al-kabīr* 3, 195.

Sie erfassen die Dinge und werden aufmerksam auf Wirklichkeiten,

> Zu lesen ist wohl *wa-nabihū ḥaqāʾiqa*, parallel zu *fa-faṭinū l-umūra*. Korrekt wäre: *fa-faṭinū li-l-umūri wa-nabihū li-ḥaqāʾiqa*.

die nur ihnen allein, alle anderen Geschöpfe ausgeschlossen, eigen sind. Sie vergessen durch das Angerührtsein (*wiǧdān*) ihres Herzens alles Erschaffene, ziehen Gott dem Nichtgöttlichen vor und deuten auf den reinen Eingottglauben hin. Sie suchen nämlich neben Gott keinen Lohn außer der Begegnung mit Gott und dem Schauen auf sein Antlitz.

2. Das ist die Andeutung der Sufis, die in beiden Welten neben Gott nichts wollen und sich nicht durch die Gabe vom Geber ablenken lassen. Sie stehen mit Gott wirklichkeitshaft in Einklang. Gott deutet ihnen die Andeutung der Nurgottgläubigen (*ahl at-taǧrīd*) an, und sie nehmen die wirklichkeitshafte Andeutung von Gott entgegen und sondern sich ab und machen sich bereit und frei, um Gott durch die Verwirklichung des (in der Andeutung) Gemeinten Antwort zu geben. Dadurch heben sie alle ablenkenden Erscheinungen auf und vergessen die gegenwärtige Behausung im Hinblick auf die Begegnung mit dem Einen, Allgewaltigen. Dann deuten sie, in Entsprechung zur Andeutung der Wirklichkeit, auf das Entwerden ihrer Lustanteile am Diesseits und Jenseits hin. Das verwirklicht sich (ich lese *taḥaqqaqa*) bei jemandem nur, wenn er sein Äußeres nicht auf die äußeren Übel des Diesseits eingehen läßt und nicht mit seinem Innersten dessen Wonne zugeneigt ist und seinen Herrn um nichts anderes bittet als um ihn und ihm nicht seinen Lohn und seine Gabe vorzieht. Wie könnte denn einer, der behauptet, er besitze den wirklichen Nurgottglauben, sich auf etwas anderes stützen als ihn? Und wie könnte er an irgend etwas hängen, während er behauptet, er weise die Dinge ab und schließe seinen Anteil am Diesseits und Jenseits, nur nicht den an Gott, aus?

3. Die Sufis deuten auf den Ausschluß der Zweitursachen beider Behausungen hin. Alles Hervorgebrachte und Erschaffene von den diesseitigen und jenseitigen Dingen, die man schön und lieblich findet, wurde nämlich zur Lust der Menschen erschaffen. Gott sprach: *Und es gibt darin, was die Seele begehrt und die Augen genießen* (Sure 43,71). Das ist eine Beschreibung des Lohnes seiner Freunde für die Bitterkeit der im Diesseits durchlittenen Beharrlichkeit im Widerstand gegen die Lüste, Verblendungen, Bosheiten und Verderbnisse der Seele. Sie sehen, daß ihre Lustanteile alle von Gott ablenken und daß die Lüste ihrer Seele darin gelegen sind, daß sie Verlangen hegt und sich auf das Diesseits stützt und darin das Leben genießt. Darum halten sie sich an Gott, schneiden die Ablenkungen ab und kämpfen gegen ihre Seele und widerstehen dem Lustverlangen. Sie sind überzeugt, daß die Seele zum Widerstand gegen Gott drängt, und verzichten daher auf alle ihre Lustanteile. Darum gibt ihnen Gott eine Wirklichkeit des Innersten zum Erbe. Dadurch vergessen sie alle Lüste der beiden Behausungen. So kommen sie in Gottes Gefängnis und Fessel. Sodann schauen sie im Licht der ererbten Gaben und der ihnen im voraus zubestimmten Rechtleitung auf das vergängliche Diesseits und seine gemeinen Sinnengenüsse [23] und sehen es, wie es tatsächlich ist: als ein Gefängnis für die Freunde Gottes. Darum verlassen sie seine Annehmlichkeiten und Wonnen, da diese Gefängnisbewohnern ja nicht zustehen, und geben die Umtriebe in der Suche nach ihm auf, da diese nicht im Bereich der Möglichkeiten von Gefesselten liegen.

4. Bei den Sufis gibt es in bezug auf den Inhalt des Begriffes Gefängnis Andeutungen. Denn die Sufis sind Gefangene, eingekerkert in Gefängnissen. Sie liegen in Fesseln, bis sie zu dem (lies *bi-man*) gelangen, der sie gefangen, eingesperrt und gefesselt hat. Das *erste* Gefängnis ist die diesseitige Behausung. Sie ist das Gefängnis des Gläubigen. Er ist in ihr eingesperrt bis zum Augenblick des Todes und der Entlassung aus dem Gefängnis. Der Prophet sagte: „Das Diesseits ist das Gefängnis des Gläubigen."

> „Das Diesseits ist das Gefängnis des Gläubigen und das Paradies des Ungläubigen." Muslim, *Ṣaḥīḥ* 4, 2272, zuhd 1; Tirmiḏī, *Al-ǧāmiʿ* 4, 562, zuhd 16 / Mubārakfūrī, *Tuḥfat al-aḥwaḏī* 6, 614, Nr. 2426; Ibn Māǧa, *Sunan* 2, 1378, Nr. 4113, zuhd 3; Aḥmad b. Ḥanbal, *Al-musnad* 2, 197,7–9 / 11, 88–89, Nr. 6855; 2, 323,9–10; 2, 389,12–14; 2, 485,3–5; ders., *Kitāb az-zuhd* 28,10–11; Naysābūrī, *Al-mustadrak* 4, 315,11–13; Ibn Abi d-Dunyā, *Ḏamm ad-dunyā* 2; Ibn ʿAbd Rabbih, *Al-ʿiqd al-farīd* 3, 172,21; Ibn al-Mubārak, *Az-zuhd wa-r-raqāʾiq* 211, Nr. 597; Sulamī, *Ṭabaqāt aṣ-ṣūfīya*, ed. Pedersen 24 / ed. Šarība 17; Abū Nuʿaym, *Ḥilyat al-awliyāʾ* 1, 198–199; 6, 350,16–19; 6, 353,4–9; 8, 177,20–25; Hayṯamī, *Maǧmaʿ az-zawāʾid* 10, 288–289; ʿAlī al-Qārī, *Al-asrār al-marfūʿa* 366, Nr. 547; Šaybānī, *Tamyīz aṭ-ṭayyib min al-ḫabīṯ* 80.

Von Dāwūd aṭ-Ṭāʾī erzählt man: Als er starb hörte man im Gebiet von Ḫurāsān einen Unsichtbaren rufen: „Dāwūd aṭ-Ṭāʾī ist aus dem Gefängnis entlassen worden!" In der gleichen Nacht ist er gestorben.

> Varianten bei Abū Nuʿaym, *Ḥilyat al-awliyāʾ* 7, 355,17–20; Qušayrī, *Risāla*, Kap. 1,8 / Anṣārī, *Šarḥ ar-Risāla al-Qušayrīya* 1, 99; ʿAṭṭār, *Taḏkirat ul-awliyāʾ* 1, 224,22–23.

Die *zweite* Gefangenschaft: die Gefangenschaft des Geistes im Körper. Der Geist sehnt sich im Gefängnis der Seele aus seiner Gefangenschaft nach der Wesenswelt, hin zur Nähe bei den Engeln und seinem Erschaffer. Er ist gefangen bis zum Augenblick der festliegenden Todeszeit. Die *dritte* Gefangenschaft: Das Herz ist im Lustverlangen (*hawā*) eingesperrt. Es sehnt sich aus seinem Gefängnis nach Gott. Das Lustverlangen ist sein Kerker und sein Gefängnis. Warum sollten sie denn nicht Gefangene sein, wo sie sich doch in Kerkern und Ketten befinden? (Das Wort) Gefängnis besagt also die von mir beschriebenen Gefängnisse.

5. Nun noch die Fesseln. Es sind die Wissenschaften vom Gebot und Verbot. Denn der Gläubige ist durch das Wissen gefesselt. An jedes Glied ist ihm vom Wissen eine Fessel gelegt, und an alle seine Sinne und Organe – die Fähigkeiten zum Sehen, Hören, Greifen, Gehen –, an jedes Glied eben, ist vom Wissen eine Fessel gelegt. Der Prophet sagte: „Dem Gläubigen sind Zügel angelegt."

„Dem Gottesfürchtigen sind Zügel angelegt.“ Sprichwort nach ᶜUmar b. ᶜAbd al-ᶜAzīz (gest. 101/720). Siehe Ibn Saᶜd, *Aṭ-ṭabaqāt* 5, 276,1–3; Abū Nuᶜaym, *Ḥilyat al-awliyā*ᵓ 5, 339,10–11; Maydānī, *Maǧmaᶜ al-amṯāl* 1, 190 / Freytag, *Arabum Proverbia* 1, 237, Nr. 85; Zamaḫšarī, *Asās al-balāġa* 559b.

Er hält nämlich seine Seele von den Abscheulichkeiten zurück und enthält sich standhaft der Sünden. Sprachlich gesehen ist Standhaftigkeit (*ṣabr*) die Zurückhaltung der Seele von dem, was sie will und gewohnt ist. Auf diese Weise bleibt der besonders ausgezeichnete Gläubige beim Wissen stehen, und sein Stehenbleiben ist die Verwirklichung seiner Einkerkerung und Fesselung. Vom Propheten ist überliefert, er habe gesagt: „Der Gläubige ist einer, der unentwegt (beim Wissen) steht.“

Übersetzung im Sinne des Autors. – „Der Gläubige handelt zögerlich und bedächtig (*al-muᵓminu waqqāfun mutaᵓannin*).“ Ibn al-Aṯīr, *An-nihāya fī ġarīb al-ḥadīṯ wa-l-aṯar* 5, 216.

Der unentwegt (beim Wissen) Stehende ist der, bei dem alle Zustände der Eingekerkerten verwirklicht sind (ich lese *taḥaqqaqa*). Er verbleibt in seinem Gefängnis, enthält sich seiner Lust und ist zufrieden mit seiner Fessel und seiner Gefangenschaft. Das ist in denen verwirklicht, die auf die Wirklichkeit des Nurgottglaubens hindeuten. Die Sufis deuten auf die eigentliche Lauterkeit hin. Jede Beschäftigung, durch die sie im Diesseits und Jenseits in Anspruch genommen sind, ist Gefängnis ihres Nu (*waqt*) und Gefängnis für das, worauf es ihnen ankommt. Einer von ihnen berichtete sogar von einem Sehnsuchtsvollen, [24] er habe gesagt: „Manche Paradiesbewohner nehmen im Paradies Zuflucht (lies *la-yastaġīṯu*) zu Gott vor dem Paradies wie die Höllenbewohner vor dem Höllenfeuer.“ Von (Ibrāhīm) al-Ḫawwāṣ wurde überliefert, er habe gesagt: „Das Gefängnis der Erkenner ist das Paradies.“

Unrichtige Zuschreibung oder Wiederaufnahme eines Wortes von Yaḥyā b. Muᶜāḏ ar-Rāzī (gest. 258/872): „Das Paradies ist das Gefängnis der Erkenner, so wie das Diesseits das Gefängnis der Gläubigen ist.“ ᶜAyn ul-quḍāt-i Hamadānī, *Tamhīdāt* 136,1–2. Bei Massignon, *Recueil* 27, wohl irrtümlich als Zitat aus Hamadānīs *Zubdat ul-ḥaqāyiq*. Nach Yaḥyā „sind die Asketen Fremdlinge im Diesseits, die Erkenner Fremdlinge im Jenseits“. Abū Nuᶜaym, *Ḥilyat al-awliyā*ᵓ 10, 60,15–16.

Das ist die Wirklichkeit der Sufis in ihren Geheimnissen. Ihre Andeutungen übersteigen die (anderen) Andeutungen (alle).

6. Das sind die Leute des reinen Eingottglaubens. Sie wollen Gott aufrichtig. Ihr Weg ist der schwierigste Pfad, denn sie wandeln auf dem Weg des gefährlichen Wagnisses und sagen sich los vom Diesseits und den Diesseitsmenschen. Al-Ǧunayd sagte: „Die Sufis sind Leute, die ihren Weg im gefährlichen

Wagnis gehen. Sie neigen nicht zu den Menschen und nicht zu den Ihren hin. Wenn sie blicken oder sich zur Seite neigen, werden sie am Schreiten gehindert. Dann sind sie hilflos."

7. Das sind der Weg, die Zustände und die Andeutungen der Sufis. Wenn einer das (für seine Person) andeutet, ohne daß die Wirklichkeit der Andeutung ihn vom Diesseits und allem darin abschneidet, dann ist seine Andeutung Vielgötterei und seine Behauptung Lüge. Zudem ist die wirkliche Entschlackung des Strebens (*taǧrīd al-hamm*) die Entschlackung des Äußeren und die Absage an alles Ablenkende. Wenn daher einer am Diesseits hängt und sich auf es stützt und sich mit ihm befaßt und dann den wirklichen Nurgottglauben als sein eigen ausgibt, dann heckt er gegen Gott Lügen aus. Gott sprach: *Hat euch Gott Erlaubnis gegeben, oder heckt ihr gegen Gott Lügen aus?* (Sure 10,59).

5

DAS KLEID DER SUFIS

1. Das Kleid der Sufis ist Wolle. Das ist das Kleid der Propheten. Der erste, der Wolle trug, war Adam, als er auf die Erde hinabgestürzt wurde.

> Ausführlich bei Maḥmūd b. ᶜUṯmān, *Firdaws ul-muršidīya* 283,6–11 (Adam und Eva werden von Gabriel in der Herstellung von Wollkleidern unterrichtet). Dazu Meier, *Ein Knigge* 503. Die gleiche Geschichte von Adam, der als erster ein Flickenkleid (*ḫirqa*) trug, bei Bāḫarzī, *Awrād ul-aḥbāb* 2, 28,21–23.

Aus Wolle waren die Kleider von Mose und Jesus und allen Propheten.

> „An dem Tag, an dem sein Herr mit ihm sprach, trug Mose ein Kleid aus Wolle, ein Obergewand aus Wolle, eine Mütze aus Wolle und Hosen aus Wolle. Seine Sandalen waren aus Leder von einem toten Esel." Tirmiḏī, *Al-ǧāmiᶜ* 4, 224, libās 10 / Mubārakfūrī, *Tuḥfat al-aḥwaḏī* 5, 410, Nr. 1788. – Zu Jesus: Meier, *Knigge* 503; Suhrawardī, *ᶜAwārif al-maᶜārif* 45,9–10 / Kap. 6,1 – Jesus als Flickenrockträger: Aḥmad al-Ġazzālī (gest. 520/1126) soll erzählt haben: „Als Jesus zum Himmel erhoben wurde, kamen die Engel zusammen und zählten die Flicken seines Flickenrocks (*muraqqaᶜa*): dreihundert Stück. Sie sagten: ‚Herr, war denn Jesus kein ordentliches Kleid wert?' Gott sprach: ‚Nein! Das Diesseits war nicht wert, ihm zu gehören.' Nun durchsuchten sie seine Tasche und fanden eine Nadel. Da sprach Gott: ‚Bei meiner Majestät! Wäre nicht die Nadel, so würde ich ihn in den Bezirk meiner Heiligkeit aufnehmen und ihm nicht nur den vierten Himmel zugestehen. Nur wegen einer Nadel ist er ausgeschlossen.'" Ibn al-Ǧawzī, *Kitāb al-quṣṣāṣ wa-l-muḏakkirīn* 105, Nr. 225. Dazu Ritter, *Das Meer der Seele* 201; Massignon, *Recueil* 97. – Die Propheten allgemein: „Die Propheten liebten es, Wolle zu tragen, die Schafe zu melken und auf Eseln zu reiten." Naysābūrī, *Al-mustadrak* 4, 187. Mose, Johannes, Muḥammad, Abel als Wolleträger bei Bāḫarzī, *Awrād ul-aḥbāb* 2, 29,1–2.

Das gehört zum Heiligen Brauch, denn der Prophet trug Wolle, sie war sein Kleid. Durch aš-Šaᶜbī wurde von ᶜUrwa b. al-Muġīra b. Šuᶜba von dessen Vater überliefert: „Ich sah den Propheten, während er ein Obergewand aus Wolle trug."

Mit der gleichen Überliefererkette bei Abu š-Šayḫ, *Aḫlāq an-nabī wa-ādābuh* 121.

Von Anas b. Mālik ist überliefert: „Der Gesandte Gottes predigte, während er ein Obergewand aus Wolle trug."

Ein ganzes Kapitel zur (übrigens umstrittenen) Wollkleidung des Propheten bei Abu š-Šayḫ, *Aḫlāq* 121–123. Siehe auch Muslim, *Ṣaḥīḥ* 1, 230, ṭahāra 79; Ibn Māǧa, *Sunan* 2, 1180, Nr. 3562–3564, libās 4; 2, 1111, Nr. 3348, aṭᶜima 49; Naysābūrī, *Al-mustadrak* 4, 188–189; Ǧullābī, *Kašf ul-maḥǧūb* 49,17 / Übers. Nicholson 45. „Der Prophet ritt auf einem Esel, flickte die Sandalen, besserte die Kutte aus und kleidete sich in Wolle." Munāwī, *Fayḍ al-qadīr* 5, 216, Nr. 7032; ders., *At-taysīr bi-šarḥ al-Ǧāmiᶜ aṣ-ṣaġīr* 2, 275; ᶜAzīzī, *As-sirāǧ al-munīr* 3, 170; Nabhānī, *Al-fatḥ al-kabīr* 3, 380. – Übrigens sind für Muḥammads Esel zwei Namen überliefert: „ᶜUfayr (svw. „Staubfarbchen". Aḥmad b. Ḥanbal, *Al-musnad* 1, 111,14–17 / 2, 166, Nr. 886; Buḫārī, *Ṣaḥīḥ*, ǧihād 46 / Houdas-Marçais, *Les Traditions Islamiques* 2, 302 / Ibn Ḥaǧar, *Fatḥ al-bārī* 6, 399; Muslim, *Ṣaḥīḥ* 1, 58, īmān 49) und Yaᶜfūr (Aḥmad b. Ḥanbal, *Al-musnad* 5, 238,12–15). Beide Namen bei Abu š-Šayḫ, *Aḫlāq* 152–153. – Aufforderung durch den Propheten, Wolle zu tragen, bei Ǧullābī, *Kašf ul-maḥǧūb* 49,16 / 45. Anders: „Tragt Wolle und schürzt euch und eßt den Bauch nur halb voll, dann geht ihr ins Himmelreich ein." Makkī, *Qūt al-qulūb* 2, 167, 34–35 / Kap. 39,12; Ġazzālī, *Iḥyāᵓ* 3, 79,8–9; Bāḫarzī, *Awrād ul-aḥbāb* 2, 326,19–20; Ṭabrisī, *Makārim al-aḫlāq* 132.

Sodann trugen die Gefährten von der Schattenlaube Wolle, als Gott über sie offenbarte: *Und weise die nicht zurück, die morgens und abends zu ihrem Herrn beten, indem sie (nur) sein Antlitz suchen* (Sure 6,52).

Hierzu Kap. 1,2. – „Der Gesandte Gottes befahl den Gefährten von der Schattenlaube: Tragt Wollkleider, aus drei Gründen: Ihr kostet dadurch die Süßigkeit des Glaubens in eurem Herzen, ihr erwerbt dadurch die Kürze der Hoffnung, ihr lernt dadurch den Weg des Jenseits kennen." Bāḫarzī, *Awrād ul-aḥbāb* 2, 29,14–15.

2. [25] Die Sufis tragen Wolle, um dem Heiligen Brauch zu entsprechen.

An den bereits erwähnten Bericht über Muḥammads Reiten, Flicken und Wolletragen, fügt Abū Ayyūb al-Anṣārī (gest. 52/672) an: „Und er sagte: Wer aber meinen Heiligen Brauch verschmäht, der gehört nicht zu mir." Abu s-Šayḫ, *Aḫlāq an-nabī wa-ādābuh* 122. Dazu Ṭabrisī, *Makārim al-aḫlāq* 131.

Weiterhin gibt es bei ihnen bezüglich ihrer Kleidung Andeutungen und Sinngehalte, die nur ihnen, sonst niemandem, eigen sind. Manche Sufis tragen die Wolle auf der Basis des Wissens, andere tragen sie auf der Basis des Fallenlassens (*isqāṭ*), andere tragen sie auf der Basis des Verzichts, andere tragen sie auf der Basis der Liebe zu denen, die sie getragen haben, wieder andere tragen sie auf der Basis der Selbstdisziplin (*riyāḍa*), wieder andere tragen sie auf der Basis der Wirklichkeit.

3. Wer sie auf der Basis des Wissens trägt, der trägt die Wolle um des dafür erwarteten Lohnes und der damit verbundenen Folgeerscheinungen willen. Denn indem er Wolle trägt, wird er frei von Hochmut und erfährt die Süßigkeit des Glaubens. Außerdem hält der Wollträger seinen Nächsten dadurch, daß dieser auf seine Kleidung schaut, von vielem Verwerflichen ab.

4. Wenn einer die Wolle auf der Basis der Liebe zu denen, die sie getragen haben, trägt, so handelt es sich um jemanden, der vernommen hat, daß Wolle das Kleid der Propheten und Rechtschaffenen ist, jedoch nicht imstande ist, sich die Wirklichkeiten der Wolle zunutze zu machen. Darum führt ihn (lies *fa-ālathu*) die Tatsache, daß er sich an ihnen ein Beispiel nimmt und er sie liebt, dahin, daß er ihr Kleid trägt, sich ihnen äußerlich angleicht (ich lese *wa-tašabbaha*), sie bezüglich der Tracht nachahmt und sich mit ihrer Decke verhüllt.

5. Wenn einer die Wolle auf der Basis des Verzichts trägt, so ist ja Wolle ein Kleid der Asketen und Strengfrommen (*nussāk*). Sie bekundet die Gegensätzlichkeit, Unvereinbarkeit und Andersartigkeit im Verhältnis zu den Diesseitsmenschen in ihrem Wollen, Essen, Trinken, Gehen und Agieren. Diese Leute haben auf die Vorrangstellung verzichtet und die Kleider des Stolzes und der Prahlerei abgelegt und ziehen Wolle an, um in Übereinstimmung mit allen Verhaltensregeln Unterwürfigkeit und Demut zu wählen. Sie deuten im Sichkleiden die Verwirklichung des Verzichts an. Auf dessen Wirklichkeiten folgt (ich lese *yatbaᶜu*) dann das (Gesagte).

6. Wenn einer die Wolle auf der Basis der Selbstdisziplin trägt, so ist ja die Wolle für den Leib besonders grob und rauh. Diese Leute ziehen sie nur (lies *wa-innamā*) an, damit die Seele den Schmerz der Grobheit (des Materials) ebenso zu spüren bekommt, wie sie die Annehmlichkeit (vermutlich *naᶜīma*) der zarten Kleidung auf der Haut spürt. Sie machen sich daran, die Seele zu disziplinieren, und kämpfen, bis die lodernden Feuerbrände der Triebe in ihrer Seele zum Erlöschen gekommen und die Genüsse ihrer Lust ausgemerzt sind (ich lese *wa-ntafā*) und die Versuchung durch ihr Lustverlangen aufgehört hat (ich lese *wa-zāla*).

7. Wenn einer die Wolle auf der Basis des Fallenlassens (der Sorge um sein Ansehen, *isqāṭ*) trägt, so stolziert ja die Seele in der Tracht der dem Wohlleben Frönenden einher: und der Mensch macht sich mit den Kleidern der Verblendeten wichtig (ich lese *fa-yataᶜāẓamu*) und sondert sich von den (gewöhnlichen) Leuten ab, da er die feinen Kleider anlegt, um vor den Menschen im

Rang zu steigen. Wenn er nun erfreut ist über seine führende Rolle und selbstzufrieden auf seine Seele schaut, betrachtet er sie, und da sieht er, daß sie arrogant (lies *ᶜātiyatan*) und hochfahrend ist und sich mit den Kleidern der Großen hervortut. Das ist der Augenblick der Gottverhaßtheit. Deswegen zieht er nun Wolle an, legt die Kleider der Gottverhaßtheit ab und verwehrt seinem Schauen das Angeschautwerden durch die Betrachter, indem er ihnen die Kleider der Niedrigkeit und Unterwürfigkeit vor Augen führt. Er setzt seine Seele bei den ihr Gleichen und Ähnlichen im [26] Diesseits herab, um dadurch die Gottesverehrung der Menschen wachsen zu lassen (lies *li-yazīda*) und in ihrer Achtung zu sinken, damit er in ungeteilter Hingabe nur Gott gehöre. Wenn er das Kleid seinem Erfordernis gemäß öffentlich trägt, wird das Hinsehen der Betrachter ausgemerzt (ich lese *intafā*), und er dient Gott in Aufrichtigkeit und hört auf, Nichtgöttlichem Beachtung zu schenken.

8. Wer die Wolle auf der Basis der Wirklichkeit trägt, der trägt sie im Einklang mit seinem Nu (*waqt*), mit zufriedenem Innersten und frohem Herzen und in Lossagung von seiner Seele. Denn wenn er die wirklichkeitshafte innere Erfahrung (*wağd*) andeutet, zieht er die Wolle im Einklang mit seinem Zustand (*ḥāl*) an und läßt sich, von der Eifersucht und den Wirklichkeiten der Herzenstiefe zurückgehalten, von den Kleidern der Unbekümmerten und Gleichgültigen abschrecken, ohne zuzulassen, daß seine Kleidung seiner inneren Erfahrung widerspricht. Dem pflichtet sein Innerstes bei. Hat er dann die Wolle angelegt und ist mit seinem Kleid vertraut, da ist es das Kleid der Betrübten und der Erfahrung der Leiden ob der Bitterkeiten der schmerzlichen Dinge. Nimmt er nun die Wirklichkeiten und den Ernst dieser Dinge wahr, so klagt er (lies *yaštakī*) über die Bitternis des Getrenntseins und Geschiedenseins. Und wenn er auf sein Herz schaut, sieht er es traurig und bekümmert über das, was die Wirklichkeiten seines Innersten über es gebracht haben. Und wenn er auf seine Seele schaut, sieht er sie abgezehrt, ausgemergelt und aufgelöst, eine dünne Haut, die am Knochen klebt (lies *ğildan raqīqan multaziqan*), ob der Dinge im Herzen, die ihr als Erbe zugefallen sind. Schließlich schaut er auf sein Kleid, das er auf der Basis der Wirklichkeit trägt, und da sieht er es allen seinen Zuständen entsprechen. Das ist die Wirklichkeit des Kleides der Sufis. Was aber von ihren Wirklichkeiten verborgen ist, ist mehr. Man kann es nicht aufzählen.

6

DIE TRACHT DER SUFIS

1. Die Tracht der Sufis ist der Flickenrock (*muraqqa*ᶜ*a*). Mit ihm statten sie sich aus, zunächst, um mit dem Heiligen Brauch übereinzustimmen.

> „Wenn er einen Flickenrock trägt, dann deshalb, weil es Heiliger Brauch ist." Bāḫarzī, *Awrād ul-aḥbāb* 2, 30,4.

Denn der Prophet hat sich mit ihm geschmückt und ihn getragen. Durch Abū Ḥāzim wurde von Sahl b. Saᶜd überliefert: „Ich habe dem Gesandten Gottes ein Gewand aus verschiedenerlei schwarzer Wolle gewoben, und er hat Bordüren aus weißer Wolle daran angesetzt. Als der Gesandte Gottes in die Versammlung kam, schlug er sich mit der Hand auf den Schenkel und sagte: ‚Seht doch mein Gewand! Wie schön ist es doch!' Als ihn dann ein Beduine darum bat, erhielt er es von ihm zum Geschenk."

> Anders die kanonische Version nach den gleichen Überlieferern: „Eine Frau brachte dem Propheten einen gewobenen Mantel mit einer Bordüre. — Sahl b. Saᶜd fragte seine Zuhörer: Wißt ihr, was ein Mantel (*burda*) ist? Sie antworteten: Ein Überwurf (*šamla*). Er bejahte es. — Die Frau sagte: ‚Ich habe ihn mit eigener Hand gewoben und bin gekommen, um ihn dir anzuziehen.' Der Prophet nahm ihn, da er ihn brauchte. Dann kam er zu uns heraus. Er hatte ihn wie einen Schurz angelegt. N.N. fand ihn schön und sagte: ‚Zieh ihn mir an! Wie ist er doch schön!' Die Leute sagten: ‚Das war nicht schön von dir. Der Prophet hat ihn angezogen, weil er ihn brauchte, und dann hast du ihn angebettelt, während du ja weißt, daß er nicht nein sagt.' Er erwiderte: ‚Bei Gott! Ich habe nicht bei ihm gebettelt, um den Mantel zu tragen. Ich bat ihn nur darum, damit er mir als Totenlaken diene.' — Er war dann (tatsächlich) sein Leichentuch." Buḫārī, *Ṣaḥīḥ*, ǧanāᵓiz 29 / Houdas-Marçais, *Les Traditions Islamiques* 1, 412—413 / Ibn Ḥaǧar, *Fatḥ al-bārī* 3, 385—386; *Ṣaḥīḥ*, libās 18 / Houdas-Marçais 4, 101 / Ibn Ḥaǧar 12, 390; Nasāᵓī, *Sunan* 8, 180, zīna 97; Ibn Māǧa, *Sunan* 2, 1177, Nr. 3555, libās 1; Aḥmad b. Ḥanbal, *Al-musnad* 5, 333—334.

2. Der Flickenrock ist das Kleid der Austauschmänner (*abdāl*), der Pflöcke (*awtād*) und der Erzgerechten (*ṣiddīqūn*). Bei den Sufis gibt es in bezug auf das Wesen des Flickenrocks Andeutungen. [27] Manche Sufis tragen ihn auf

Grund der Notwendigkeit, andere tragen ihn auf Grund des Fallenlassens (*isqāṭ*), wieder andere schmücken sich mit ihm und deuten mit seiner Vielfarbigkeit die Wirklichkeiten der Vollendeten an. Den Flickenrock hat ᶜAlī angelegt, als er Befehlshaber der Gläubigen war. Es war Leder daran.

„Mālik b. Aštar sagt: Ich sah den Befehlshaber der Gläubigen ᶜAlī am Tag von (den Leuten des Stammes) Dār (siehe Ibn Saᶜd, *Aṭ-ṭabaqāt* 1, 2, 75). Auf dem Kopf trug er einen Turban aus schwarzer Wolle." Bāḫarzī, *Awrād ul-aḥbāb* 2, 29,20–21. „Als ᶜAlī den Leuten predigte, trug er einen groben, mit Wolle geflickten Baumwollschurz. Als man ihn darüber befragte, sagte er: Dadurch wird das Herz demütig, und der Gläubige nimmt sich daran ein Beispiel." Ṭabrisī, *Makārim al-aḫlāq* 130.

Außerdem war er (ich lese *kānat*) das Kleid Uways al-Qaranīs und der Liebessehnsüchtigen (*aṣ-ṣābbīna*? Oder: *aṣ-ṣaᵓibīna*?, *aṣ-Ṣābiᵓīna*?) nach ihm.

„Umar b. al-Ḫaṭṭāb, ᶜAlī b. Abī Ṭālib und Harim b. Ḥayyān berichteten, sie hätten Uways al-Qaranī in einem wollenen Kleid mit daraufgenähten Flikken gesehen." Ǧullābī, *Kašf ul-maḥǧūb* 50,10–12 / Übers. Nicholson 45–46. Der sterbende Prophet soll verfügt haben, daß sein Flickenrock (*muraqqa*ᶜ) nach seinem Tod Uways al-Qaranī (gest. 37/657) zu übergeben sei. Er wurde ihm von ᶜUmar überbracht. Ausführlich bei ᶜAṭṭār, *Taḏkirat ul-awliyā*ᵓ 1, 16,21–19,19. Nach dem oft erzählten Bericht über die Begegnung zwischen Harim b. Ḥayyān (gest. nach 26/647) und Uways trug dieser „einen Schurz aus Wolle" (Naysābūrī). Makkī: „Harim b. Ḥayyān sagte: Ich traf ihn am Ufer des Euphrat, als er Brotbrocken und Stoffetzen wusch, die er aus dem Abfall aufgelesen hatte. Das war sein Essen und seine Kleidung." *Qūt al-qulūb* 1, 267,4–5 / Kap. 32,419. Zu dem Treffen noch Abū Nuᶜaym, *Ḥilyat al-awliyā*ᵓ 2, 84–86; Ibn Saᶜd, *Aṭ-ṭabaqāt* 6, 114,15–25; Ibn al-Ǧawzī, *Ṣifat aṣ-ṣafwa* 3, 25–26; Ibn Badrān, *Tahḏīb Taᵓrīḫ Ibn ᶜAsākir* 3, 166–167; Naysābūrī, *ᶜUqalāᵓ al-maǧānīn*, ed. Kairo 45–47 / ed. Naǧaf 48–51; Ǧullābī, *Kašf ul-maḥǧūb* 101,17–102,14 / Übers. Nicholson 84–85; ᶜAṭṭār, *Taḏkirat ul-awliyā*ᵓ 1, 19,19–21,13.

3. An sich besteht der Flickenrock aus den Fetzen, die man vom Boden aufliest, von den Abfallhaufen und den Wegen. Sie waschen das und nähen einen Flicken auf den anderen. So wird der Rock schließlich schwer. Ihresgleichen dient er während seines ganzen Lebens winters wie sommers als Kleid.

Abū Muḥammad al-Ǧurayrī (gest. 311/923–4) erzählte: »In der Versammlungsmoschee von Bagdad war ein Armer, den man winters wie sommers kaum anders als im gleichen Kleid antreffen konnte. Man befragte ihn darüber, und er antwortete: „Einst war ich ganz versessen auf vieles Kleidertragen. Eines Nachts sah ich in einem Traumgesicht, als sei ich in das Paradies hineingegangen. Ich sah eine Anzahl unserer Gefährten von den Armen an einem Tisch und wollte mich zu ihnen setzen. Plötzlich war da eine Schar Engel, die mich an der Hand faßten und zum Stehenbleiben veranlaßten. Sie sagten zu mir: ‚Das sind solche mit nur einem Kleid. Du aber hast zwei Kutten. Darum setze dich nicht zu ihnen!‘ Als ich aufwachte, gelobte ich, nur noch ein einziges Kleid zu tragen, bis ich Gott begegne.“« Sarrāǧ, *Al-lumaᶜ* 188,2–8 / Kap. 74,2. Dazu Suhrawardī, *ᶜAwārif al-maᶜārif* 247,6–11 / Kap. 44,5; Baḫarzī, *Awrād ul-aḥbāb* 2, 25,12–17.

Von Rābiᶜa al-ᶜAdawīya erzählt man: „Sie hatte einen vierzig Raṭl schweren Flickenrock. Sie gab Anweisung, man solle ihn nach ihrem Tod zu ihr ins Grab legen. Nachdem Rābiᶜa gestorben war, grub man den Flickenrock mit ihr ein. Ein Rechtschaffener sah sie im Traum und fragte sie, wie Gott mit ihr verfahren sei. Sie sagte: ‚Er hat mir vergeben und mich beschenkt – sie nannte gewisse Hulderweise –, dann ließ er meinen Flickenrock holen und am Gottesthron aufhängen. Er wird hängen bis zum Tag der Auferstehung.‘“

ᶜAbda bt. Abī Šuwāl, Rābiᶜas Dienerin, berichtet: „Als Rābiᶜa im Sterben lag, rief sie mich und sagte: ‚ᶜAbda, gib niemandem Nachricht von meinem Sterben! Hülle meine Leiche in mein Oberkleid da!‘ – ein Haarkleid, in dem sie wachte, wenn die Augen (der Menschen) ruhten. Wir hüllten sie in jenes Kleid und einen wollenen Schleier, den sie zu tragen pflegte. Später sah ich sie bei einem Schlummer oder ähnlichem im Traum. Sie trug ein grünes Brokatkleid und einen Schleier aus grünem Seidenbrokat, wie ich noch nie etwas Schöneres gesehen hatte. Ich fragte: ‚Rābiᶜa, was hast du mit dem Oberkleid gemacht, in das wir dich eingehüllt haben, und mit dem Wollschleier?‘ Sie antwortete: ‚Bei Gott! Man nahm es mir, und ich erhielt dafür das, was du mich tragen siehst. Meine Leichentücher wurden zusammengerollt und versiegelt und zum höchsten Himmel hinaufgebracht, damit mein Lohn für sie am Tag der Auferstehung durch sie für mich vollkommen werde.‘“ Ibn al-Ǧawzī, *Ṣifat aṣ-ṣafwa* 4, 19,8–14. Übernommen durch Ibn Ḫallikān, *Wafayāt al-aᶜyān* 2, 287. Dazu Yāfiᶜī, *Rawḍ ar-rayāḥīn* 211–212, Nr. 187. Siehe auch Smith, *Rabiᶜa the mystic* 44.

Das geschah nur wegen des Adels seiner Trägerin.

4. Die Andeutungen der Eingeweihten über die Erfordernisse, Wirklichkeiten und Feinheiten des Flickenrocks sind erhaben. Die Sufis flicken Schwarz auf Weiß, Bleiglanzfarbenes auf Schwarz und Schwarz auf Blau. In jeder dieser Farben liegen für sie Andeutungen. Im Schwarz liegt die Andeutung derer, die Heimsuchungen und Schicksalsschläge erleiden.

„Die passendste Farbe für den Armen ist schwarz.“ Bāḫarzī, *Awrād ul-aḥbāb* 2, 39 ult. „Die Vorteile der Wolle sind zahlreich, besonders wenn sie schwarz ist. Der geringste ist, daß es eine Bevorzugung der Armut vor dem Reichtum, der Niedrigkeit vor der Hoheit, der Demut vor dem Hochmut und der Unberühmtheit vor der Berühmtheit ist.“ Ibid. 2, 29,16–17.

Diese Farbe zeigt Macht und Würde an, sie ist das Kleid der Herrscher. Ebenso das Kleid der Prediger: sie tragen der Würde wegen Schwarz auf den Kanzeln. Durch das Schwarz ruft man sich die Autorität in Erinnerung, und wenn sie es vor Augen haben und sehen, liegt darin für die Sufis ein Zeichen und eine Mahnung. Dann das Bleiglanzfarbene (*kuḥlī*). Das ist eine Farbe, die die Traurigkeit bezeugt, denn sie ist hell und glänzend und leidet daher unter dem Färben. Ihr Leiden ist darum der ihr innewohnende Zustandszeuge (*šāhid al-ḥāl*).

Ich fasse *šāhid al-ḥāl* hier etwa so auf wie das bekannte *lisān al-ḥāl* (Zustandssprache: die Sprache, die das Sein – nicht das Wort – der Dinge spricht), also: Zustandszeuge: der Zeuge, der durch sein Sein Zeugnis gibt.

Das Blau. Es ist wie die Farbe des Himmels. Nichts stimmt das Herz der Sehnsuchtsvollen mehr traurig als die Farbe des Himmels. Sie sehen vom Himmel ja nur allein die Farbe. Wenn sie daher in den Himmel schauen, werden sie im Sichtbaren an die große Entfernung erinnert. Da werden ihre Traurigkeiten erweckt und ihre Sehnsucht nach dem, der sich durch sieben Himmel vor ihnen verbirgt, wird groß.

Ğullābī schreibt dem Blau etwa die gleiche Bedeutung zu wie unser Autor dem Schwarz. „Blaue Kleidung ist das Kennzeichen der unter dem Verlust der Lieben und Schicksalsschlägen Leidenden und das Gewand der Kummervollen.“ *Kašf ul-maḥǧūb* 59,10–11 / Übers. Nicholson 53. – Schon Šaqīq al-Balḫī (gest. 194/810) trug Blau zum Zeichen der Trauer. Wāʿiẓ-i Balḫī, *Faḍāʾil-i Balḫ* 131, 4–10.

5. Für die Sufis liegt in jeder dieser Farben eine Andeutung. Darum fügen sie die Farben im Flickenrock zusammen und schmücken sich damit. Von aš-Šiblī erzählt man: Er kam am Festtag in einem bunten Flickenrock mit Schwarz und Blau und anderen Farben, von seinen Gefährten begleitet, zum Gebetsplatz hinaus und rezitierte (*basīṭ*):

Die Leute haben sich am Festtag für das Fest herausgeputzt.
Ich aber habe blaue und schwarze Kleider angelegt.

Nach dem *Dīwān Abī Bakr aš-Šiblī* 98, Nr. 21, fährt der Text fort:

Ich sorgte für Wehgeschrei, Totenklage und Klagefrau
Statt für Wein, Duftkraut und Laute.
Alle sind fröhlich über ihr Fest,
Ich aber erhebe in eurer Mitte ein Wehgeschrei und eine Totenklage.
Ich bin in Betrübnis geraten, die Leute aber sind fröhlich.
Wie anders bin ich doch als die Leute beim Fest!

Dazu Bahāʾ ad-dīn al-ʿĀmilī, *Al-miḫlāt* 128; (Pseudo-)Ibn al-ʿArabī, *Muḥāḍarāt al-abrār* 2, 290–291.

Von al-Ğunayd wird berichtet, er habe gesagt: „Die Erde leuchtet [28] von den Flickenrockträgern wie der Himmel von den Sternen.“ Die Erde leuchtet von denen, die den Flickenrock gemäß seinen Erfordernissen tragen. Wie die Sterne Leitzeichen sind, an denen man sich in den Finsternissen zu Wasser und zu Land orientieren kann, so gilt auch für die Träger des Flickenrocks, daß sie Orte zur Orientierung und ein Zeichen für die rechte Führung sind. Die Erde wird erhellt von denen, die unter der Voraussetzung, den Lustanteil beider Behausungen zu vergessen, unter dem Flickenrock sind. Die Flickenrockträger sind die Wächter und Pflöcke der Erde und die Besten auf ihr. Durch sie werden die Erdbeben von den Bewohnern der Erde genommen, durch sie erhalten sie Regen, durch sie bekommen sie Nahrung. Denn sie sind die Austauschmänner (*abdāl*).

> Am Ende eines längeren angeblichen Prophetenwortes über die Abdāl heißt es: „Durch sie macht er lebendig und tötet und spendet Regen und hält die Heimsuchungen fern." Suyūṭī, *Al-la'āli' al-maṣnū'a* 2, 331. Dazu Suyūṭī, *Al-ḥāwī li-l-fatāwī* 2, 425–426; Ibn Ḥaǧar, *Lisān al-mīzān* 4, 150.

6. Von Abu l-Ḫayr al-Aqṭa' ist überliefert: „Nachdem ich die Flickenrockträger entschieden abgelehnt hatte, weilte ich einmal am Tarwiyatag (dem Tag der Wasserversorgung, dem 8. Ḏu l-ḥiǧǧa) im Lukkāmgebirge, als ein Flikkenrockträger, von Tarsus kommend, vor mich trat, mich grüßte und sagte: ‚Abu l-Ḫayr, du machst die Wallfahrt?' Es war aber doch schon Tarwiyatag! Mir schien, er machte sich über mich lustig. Darum rief ich: ‚Fort mit dir, du Satan! Ihr Flickenrockträger tut das und das und macht das und das!' und fiel über ihn her. Da sagte er mit süßer Zunge: ‚Und trotz alledem machst du die Wallfahrt?' Wiederum rief ich: ‚Ihr Lügner! Ihr Großsprecher!' So redete ich weiter, bis er schließlich zwei Gebetseinheiten verrichtet hatte und dann in die Luft hinaufschritt, während ich ihm nachschaute. Da sagte er: ‚Abu l-Ḫayr, du machst die Wallfahrt?' Ich erwiderte: ‚Ja, du hast genug getan!' Ich nahm den Schwur auf mich, die Flickenrockträger niemals wieder abzulehnen."

> Die Vorstellung „Heute irgendwo weit weg von Arabien und morgen zur Wallfahrt in Mekka" ist ein beliebter Topos. Beispiele bei Gramlich, *Die Wunder der Freunde Gottes* 280. Abu l-Ḫayr konnte sich in kurzer Zeit nach Mekka versetzen. Ebd. 291.

Wenn der Flickenrockträger den Rock angesichts der Wirklichkeit und des Fallenlassens des Lustanteils am Diesseits und Jenseits anlegt, dann macht er die Andeutung des Fremdseins (*ġurba*) sichtbar. Bei den Sufis gibt es bezüglich des Fremdseins mancherlei Andeutungen. Das ist die Wirklichkeit dessen, worin sie ihren Stand haben.

7

DER ANSPRUCH DER SUFIS

1. Nun zum Anspruch (*daᶜwā*) der Sufis. Sie behaupten von sich, in der (diesseitigen) Behausung die Fremdlingschaft (*ġurba*) zu verwirklichen, um dem Heiligen Brauch zu entsprechen. Denn der Prophet hat die Erwählten nach dem Bericht von (ich lese *ruwiya ᶜan* statt *rawā ᶜanhu*) Ibn ᶜUmar in die Fremdlingschaft verwiesen. Dieser sagte: „Der Prophet hielt mich irgendwo am Leib fest und sagte: ‚Ibn ᶜUmar, sei im Diesseits, als wärst du ein Fremdling!'"

> ᶜAbdallāh b. ᶜUmar (gest. 74/693–4): „Der Gesandte Gottes hielt mich am Kleid – oder: irgendwo am Leib – fest und sagte: ‚Abdallāh, sei, als wärst du ein Fremdling oder ein am Weg Vorübergehender, und zähle dich zu den Bewohnern der Gräber!'" Aḥmad b. Ḥanbal, *Al-musnad* 2, 41,23–25 / 7, 103, Nr. 5002. Dazu *Al-musnad* 2, 24,9–11 / 6, 343, Nr. 4764; Buḫārī, *Ṣaḥīḥ*, riqāq 3 / Houdas-Marçais, *Les Traditions Islamiques* 4, 272 / Ibn Ḥaǧar, *Fatḥ al-bārī* 14, 8; Tirmiḏī, *Al-ǧāmiᶜ* 4, 567–568, zuhd 25 / Mubārakfūrī, *Tuḥfat al-aḥwaḏī* 6, 625–626, Nr. 2435. Ibn Māǧa, *Sunan* 2, 1378, Nr. 4114, zuhd 3.

Nach einem Bericht [29] sagte der Prophet: „Mit mir und dem Diesseits verhält es sich wie mit einem Reiter auf seinem Kamel: er sucht unter einem Baum Schatten, und dann geht er weg und läßt ihn zurück."

> Mit geringen Abweichungen bei Tirmiḏī, *Al-ǧāmiᶜ* 4, 488–489, Nr. 2377, zuhd 44 / Mubārakfūrī, *Tuḥfat al-aḥwaḏī* 7, 48–49, Nr. 2483; Ibn Māǧa, *Sunan* 2, 1376, Nr. 4109, zuhd 3.

Die Wirklichkeiten der Fremdlingschaft sind alle zusammengefaßt in seinem Wort: „Ja, wenn einer auszieht, wandert und reist, ist er an jeder Wegstation, an der er haltmacht, und unter jedem Baum, in dessen Schatten er Schutz sucht, ein Fremder. Er hält eine Weile als Fremdling an, dann geht er weg und verläßt sie."

2. Die Sufis deuten auf das Fremdsein hin. Darum verlassen sie Heimat, Frau und Kinder, ziehen hinaus in Gottes Länder und reisen im Osten und Westen. Das ist das Äußere ihrer Fremdlingschaft. Dann aber unterscheiden sie

sich in der Verwirklichung der Fremdlingschaft. Der eine Fremdling ist fern von seiner Heimat, seiner Frau und seinen Kindern. Der andere ist fern von seinem Zustand (*ḥāl*). Diesem wurde er entfremdet, nachdem er ihn zu seinem festen Besitz gemacht hatte, und daher ist er in der Fremde durch sein Missen (*faqd*) und steht allein mit seinem Finden (*waǧd*). Der andere ist fern von ihm Gleichen und ist notwendig unter ihm Entgegengesetzten. Wieder ein anderer empfindet Scheu vor den Menschen und hat Zutrauen zu seinem Nu in seiner Fremdlingschaft und steht allein mit seinem Zustand. Er ist fremd und allein.

3. Das alles sind Zustände des Äußeren der Fremdlinge. Denen aber, die die Fremdlingschaft verwirklichen, eignen verborgene Andeutungen. Der erste, dem sich die Fremdlingschaft verwirklichte, war Adam, als er aus dem Haus des Heils ausgestoßen und in das Haus der Fremdlingschaft und der Sünden geworfen wurde. Er wurde darin fremd und einsam: die Fremdlingschaft wurde in ihm zur Wirklichkeit. Seine erste Fremdlingschaft war das Fernsein von seinem Vertrauten (Gott), die zweite das Fernsein vom Paradies, die dritte das Fernsein von seiner Gemahlin. Er wurde, als er auf die Erde hinabgestürzt wurde, mit seiner Fremdlingschaft allein. Sie wurde in ihm verwirklicht.

4. Die Sufis deuten bezüglich der Fremdlingschaft, nach der Fremdlingschaft in der (diesseitigen) Behausung und der Fremdlingschaft fern der Heimat, auf die eigentliche Wirklichkeit hin. Einer hat gesagt: „Die Fremdlingschaft ist der reine Eingottglaube." Ein anderer sagte: „Die Fremdlingschaft ist das Abwesendsein von den Zuständen durch die Schau der Wirklichkeiten der Zustände." Ein anderer sagte: „Die Fremdlingschaft ist das Geheimnis der Alleinanerkennung (Gottes, *tafrīd*) auf Grund des eigentlichen Eingottglaubens." Aš-Šiblī sagte: „Nichts macht mehr fremd (*aġrab*) als das Gottgedenken."

> So vielleicht hier vom Autor gemeint: der Gedanke an Gott als stärkste Kraft zur Erweckung des Fremdheitsgefühls. – Eine zweite Möglichkeit: „Nichts ist fremder / befremdlicher als das Gottgedenken." Šibli will auch sonst das Ungenügen des Gottgedenkens herausstellen: „Wer mit dem Gedenken vertraut ist, ist nicht wie einer, der mit dem vertraut ist, dessen gedacht ist." Ibn al-Ǧawzī, *Ṣifat aṣ-ṣafwa* 2, 258; ᶜArūsī, *Natāʾiǧ al-afkār* 1, 187,18–19; ᶜAṭṭār, *Taḏkirat ul-awliyāʾ* 2, 178,11–12. Šiblī zur Wirklichkeit des Gedenkens: „Als man aš-Šiblī fragte, was die Wirklichkeit des Gedenkens sei, antwortete er: Das Vergessen des Gedenkens." Sarrāǧ, *Al-lumaᶜ* 220,4–5 / Kap. 87,7. Erweitert bei ᶜAṭṭār, *Taḏkirat ul-awliyāʾ* 2, 177,2. – Eine dritte, dem im nächsten Abschnitt folgenden Šiblīzitat am ehesten entsprechende Möglichkeit: „Nichts ist mehr Fremdling (und daher dem in der Fremde Weilenden mehr angepaßt) als das Gottgedenken."

5. Die Nus (*awqāt*) der Fremdlinge sind in Wirklichkeit drei: der Nu der Gleichgültigkeit, der Nu des Wissens und der Nu der Wirklichkeit. Der Nu der

Gleichgültigkeit ist das Äußere der Fremdlingschaft. Er besteht darin, daß der Mensch auf das an ihm Augenfällige (*šāhid*) zurückgeworfen wird, so daß er in seinem Nu seinem Innersten und den Wirklichkeiten seiner Herzenstiefe entfremdet ist. Der Nu des Wissens ist das Innere der Fremdlingschaft. Denn wenn die Leute der mystischen Wirklichkeiten auf das Wissen und die Sonderrechte zurückgeworfen werden und an dem festhalten, was Gott ihnen erlaubt hat, sind sie der reinen Wirklichkeit im gleichen Maß entfremdet, wie sie sich auf den Lustanteil einlassen. Der Nu der Wirklichkeit ist das Innerste (*sirr*) der Fremdlingschaft. Dieser ist den Lauteren eigen, wenn sie sich auf Grund ihrer Erwähltenschaft (*ḫuṣūṣīya*) von den anderen absondern und sich an die reine Fremdlingschaft halten [30] und Scheu empfinden vor allen Kreaturen. Sie sind vertraut mit dem Gedenken (*ḏikr*) und finden Trost im Sicherinnern (*taḏkār*), denn durch das Gedenken lebt der Fremdling auf und im Sicherinnern wird der Einsame seines Lebens froh. Dem Fremdling eignet kein Hauch (*nafas*), es sei denn zusammen mit der Brise des Gedenkens, indem er sich darauf einstellt, einzig und allein des Gegenstandes des Gedenkens mit der Zunge des Strebens, ohne auf einen Lohn oder eine Strafe zu schauen, zu gedenken. Wenn der lautere Fremdling sich an das lautere Sicherinnern hält, trifft die Fremdlingschaft des Gedenkens mit der Fremdlingschaft des Zustandes (des Fremdlings) zusammen, und so wird der Fremdling durch die Brise des Gedenkens zum Vertrauten des Gedenkens. Aš-Šiblī sagte: „Ich bin fremd, und mein Gedenken an dich ist noch fremder als ich. Darum bin ich vertraut mit dem Gedenken an dich, da der Fremde dem Fremden ein Vertrauter ist."

6. Das (ich lese *fa-hāḏihī*) sind die Wirklichkeiten der Fremdlingschaft der Sufis äußerlich und innerlich. Manche von ihnen gehen im Andeuten höher hinauf und bringen Wissenschaften zum Ausdruck und deuten auf die Fremdlingschaft in beiden Behausungen hin. Von Abū Isḥāq Ibrāhīm al-Ḫawwāṣ berichtete man, er habe gesagt: „Wenn Gott bei der Auferstehung meine Sache mir überließe und mir sagte: ‚Nenne einen Wunsch!', so würde ich antworten: ‚Herr, ich möchte einen Flickenrock aus Licht, einen Schurz aus Licht, einen Wassersack aus Licht und Sandalen aus Licht. Dann werde ich um den Gottesthron wandern.'" Das gehört zur Wirklichkeit der lauteren Fremdlingschaft, die er verspürt hat. Darum hat er nicht gesagt, er wünsche sich feine Seide und Brokat. Vielmehr wünschte er sich das Kleid der Fremdlinge: den Flickenrock und die Sandalen. Und zwar wegen des Andersseins als die Menschen und der Gegensätzlichkeit in den Zuständen und der Kleidung in beiden Behausungen. Das (ich lese *fa-hāḏihī*) ist die Wirklichkeit des Fremdseins der Sufis und ihrer diesbezüglichen Andeutungen und Beteuerungen.

8

DER GOTTESDIENST DER SUFIS

1. Der Gottesdienst (*ta^{c}abbud*) der Sufis ist die Bewahrung des Innersten in der Übereinstimmung mit dem Heiligen Brauch zusammen mit der Bewahrung der Absicht in bezug auf die Aufrichtigkeit der Gehorsamstaten und die Rechtschaffenheit der Herzenstiefe. Denn Gott spricht: *Daß Gott Bescheid weiß über das, was ihr in euch hegt. Nehmt euch daher vor ihm in acht!* (Sure 2,235). Gott macht sein Wort im Innersten der Sufis wahr. Und sie haben vor Augen, daß Gott sie überwacht, und wissen, daß er Einblick hat in das in ihrem Innersten Verborgene, und nahen ihm, indem sie das Innerste bewahren. Das ist (ich lese *wa-tilka*) die Verwirklichung des Bedürfens (nach Gott) in Niedrigkeit und Hilflosigkeit. Gott weiß, daß sie das verwirklichen. Darum stärkt er sie für die Bewahrung des Innersten und erleuchtet ihr Herz mit den Wirklichkeiten des Sicherinnerns. Die Reise der Sufis verläuft im Innersten mit dem Innersten, indes sie auf das Äußere und die Wirklichkeiten der religiösen Satzungen eingehen, und die Tätigkeiten der Sufis gehen von der Erfahrung des Innersten und der Gesundheit [31] der Absichten aus. Was bei ihnen den Ausschlag gibt, ist das Innerste, auf das alle Dinge zurückgehen. Denn der Prophet sagte: „Gott schaut nicht auf eure Gestalt und eure Taten, sondern auf euer Herz und eure Absichten.“

> „Gott schaut nicht auf euren Leib und euer Aussehen, sondern auf euer Herz.“ Muslim, *Ṣaḥīḥ* 4, 1987, birr 33. Danach, birr 34: „Gott schaut nicht auf euer Aussehen und euren Besitz, sondern auf euer Herz und eure Taten.“ Dazu Aḥmad b. Ḥanbal, *Al-musnad* 2, 284–285 / 14, 227, Nr. 7814; 2, 539,27–29; Ibn Māǧa, *Sunan* 2, 1388, Nr. 4143, zuhd 9.

Und Gott gab einem israelitischen Propheten ein: „Sag deinem Volk: Ich will von euch nicht euer Äußeres, ich will von euch euer Inneres.“

2. Die Gottesfreunde und die Frommen haben nicht versucht, die übrigen Menschen mit vielem Beten und Fasten zu übertreffen, sondern mit etwas im Herzen. In den sichtbaren Werken und Gehorsamstaten liegen Gefahren: das Hinschauen der Menschen, die Augendienerei und anderes. In die Werke des Innersten aber hat nur der Schöpfer Einblick. Die Sufis werden nicht mit der

Waage des Äußeren gewogen, da sie sich an das nach dem Zeugnis der Religionssatzungen Rechte halten. Die Sufis haben mit Gott Geheimnisse, denn sie sind Leute des geheimen Innersten und der Herzenstiefen und Leute der Entschlossenheiten und Absichten. Sie dienen Gott im Innersten. Was aber vom äußeren Gottesdienst an ihnen sichtbar ist, gehört zu den Hinterlassenschaften des Innersten, denn sie dienen Gott in der Schau des Herzens und schauen daher durch die Wirklichkeiten ihres Glaubens die verborgenen Hintergründe der Dinge. Das hat mit dem zu tun, was der Prophet antwortete, als Gabriel ihn fragte, worin die Religiosität (*iḥsān*) bestehe: „Darin, daß du Gott dienst, als sähest du ihn. Und wenn du ihn auch nicht siehst, so sieht doch er dich.“

> Eine von mehreren Fragen Gabriels und Antworten des Propheten. Siehe Buḫārī, *Ṣaḥīḥ*, īmān 37 / Houdas-Marçais, *Les Traditions Islamiques* 1, 28 / Ibn Ḥağar, *Fatḥ al-bārī* 1, 122–133. Dazu Muslim, *Ṣaḥīḥ* 1, 36–40, īmān 1–7; Abū Dāwūd, *Sunan* 4, 308–309, Nr. 4695, sunna, bāb fi l-qadar / ᶜAẓīmābādī, *ᶜAwn al-maᶜbūd* 12, 459–464, Nr. 4670; Tirmiḏī, *Al-ğāmiᶜ* 5, 6–8, Nr. 2610, īmān 4 / Mubārakfūrī, *Tuḥfat al-aḥwaḏī* 7, 342–350, Nr. 2738–2740; Ibn Māğa, *Sunan* 1, 24–25, Nr. 63–64, muqaddima 9; Aḥmad b. Ḥanbal, *Al-musnad* 1, 27,5–19 / 1, 233–234, Nr. 184.

Die Verwirklichung des Gottesdienstes in den Wirklichkeiten der Religiosität bei den Sufis ist das, worauf der Prophet verwiesen hat, denn sie dienen Gott in den Wirklichkeiten des Innersten und in der Schau des inneren Bewußtseins. Das erste ist das Sehen des Knechtes durch die Wirklichkeiten des Glaubens und die Zeugnisse der Gewißheit: das ist Schauen durch den Herrn. Das zweite, was angedeutet wird, ist das Wort des Propheten: „Und wenn du ihn auch nicht siehst, so sieht doch er dich“: das ist das Schauen des Herrn auf das Herz der Reinen und seiner Freunde. Das ist die Wirklichkeit der beiden Schauungen, einer Schau (lies *mušāhadatin*) durch Gott und der Schau Gottes. Das zählt zu den Wirklichkeiten des Innersten und des darin Vorherrschenden.

3. Aus diesem Grund sind die Sufis im Äußeren verschieden. Die innere Erfahrung hat sie geschieden, so daß ihre Zustände ungleich und ihre Standplätze mannigfaltig sind. Manche halten sich an die Zurückgezogenheit und das Alleinsein. Andere suchen die Steppen, Wüsten und Einöden auf. Andere finden ihr Daheim in unwirtlichen Gebieten und haben Scheu vor der bewohnten Welt. Andere gehen auf Berggipfel und in Höhlen und Grotten und freunden sich mit den wilden Tieren und Vögeln an. Wieder andere werden untereinander durch die Macht der Zustände und des von denen daheim erfahrenen Nutzens zusammengehalten. Sie stimmen überein im Ziel und in den Schauungen, und einer gereicht dem anderen zum Nutzen. Alle zusammen aber sind sie Argumente und Beweise gegen die Menschen und Boten zwischen Gott und seinen Geschöpfen.

4. [32] Unter den Sufis von Bagdad, den Gefährten des Hauptes der Sufis und Sprechers der Erkenner al-Ǧunayd b. Muḥammad, waren die Zustände einst bei allen deutlich verschieden. Zu seinem Kreis gehörte einer, der sich an die Zurückgezogenheit und das Alleinsein hielt: Abū Isḥāq Ibrāhīm al-Bannāʾ. Al-Ǧunayd pflegte hinter ihm zu beten. Er war Vorbeter in der Moschee al-Ǧunayds. Er verließ seinen Raum nur dann, wenn die Pflichtgebete zu verrichten waren. Er war einer der besten Sufis und Gottesfreunde. Al-Ǧunayd hat oft gesagt: „Abū Isḥāq ist ein Schloß, dessen Schlüssel verloren ist." Ich habe erfahren: Als er krank war und die Sufis zu ihm hineinkamen, sagte er: „Gefährten, wer von euch *so* sterben kann, der soll es tun!" Und er öffnete seinen Mund, sagte „Hā!" und starb im gleichen Augenblick. Er lebte zurückgezogen: die Wirklichkeit der Vertrautheit mit Gott hatte ihn von den Menschen abgesondert.

5. Einer aus dem Kreis und den Gefährten al-Ǧunayds, der die Steppen, das freie Land und die Wüsten aufsuchte, war Abū Ḥamza al-Baġdādī. Nachdem er in der Trunkenheit seines Jüngertums in die Wüste gezogen und während Jahren nicht herausgegangen war, kam al-Ǧunayd nach Jahren der Gedanke, Abū Ḥamza sei gekommen. Al-Ǧunayd, an-Nūrī und die Schar seiner Gefährten gingen ihm entgegen. Als sie aus Kūfa hinausgingen, kam Abū Ḥamza gerade aus der Wüste. Er sah aus wie ein Stück Fleisch: die Haut klebte ihm an den Knochen, er hatte die Farbe verloren, sein Aussehen war desolat. Als er nähertrat, fragte ihn Abu l-Ḥusayn an-Nūrī: „Mein Herr, wechselt das Innerste wie die Farben?" Da rezitierte Abū Ḥamza (*raǧaz*):

„Er hat mich aus meiner Heimat verjagt.
  Er hat mich aus meiner Heimat verstoßen.
(Er ließ mich so werden, wie du siehst)[1].
  Ich wohne an verlassenen Ruinenstätten.[2]
Wenn ich abwesend werde, erscheint er,
  Und wenn er erscheint, macht er mich abwesend.
Er spricht: Du siehst nicht, was du siehst,
  Es sei denn, du sähest mich[3]."

[1] ( ) Ergänzt nach Abū Nuʿaym, *Ḥilyat al-awliyāʾ* 10, 250,8.
[2] Ich lese mit *Ḥilya*: *askunu qafra d-dimanī*. – Auch im Text ist *qafra* (statt *faqda*) zu lesen.
[3] Ich lese *tašhadanī*.

Geschichte und Verse etwas variiert bei Ḫaṭīb al-Baġdādī, *Taʾrīḫ Baġdād* 1, 392–393, überliefert von Ǧaʿfar al-Ḫuldī (gest. 348/959–60). Dort stellt Abū Muḥammad al-Ǧurayrī (gest. 311/923–4) die Frage, und Abū Ḥamza antwortet, bevor er die Verse rezitiert: „Gott bewahre! Wenn das Innerste wechselte, weil die Eigenschaften wechseln, ginge die Welt unter!

Doch Gott wohnt beim Innersten und beschützt es, und er kehrt sich von den Eigenschaften ab und macht sie zunichte.“ Ähnliche Erwiderung in *Ḥilya* 10, 250,13. – Sonst wird diese Geschichte nicht über Abū Ḥamza, sondern über Abu l-Ḥusayn an-Nūrī (gest. 295/907–8) erzählt. Siehe *Ḥilya* 10, 250,2–17; Ḏahabī, *Siyar a^clam an-nubalā^ɔ* 14, 73. Die Verse als Verse Nūrīs auch bei Sarrāǧ, *Al-luma^c* 369,4–8 / Kap. 120,126; 340,11–12 / Kap. 120,30. Anonym bei Ibn ad-Dabbāġ, *Mašāriq anwār al-qulūb* 93. Im *Dīwān Abī Bakr aš-Šiblī* 128 falsch als Vers Šiblīs, bei Sarrāǧ, Übers. Gramlich, Kap. 120,126 falsch als von Šiblī vorgetragener Vers.

Abū Ḥamza war einer von denen, die die Steppen und Wüsten aufsuchen.

6. Einer, der Ruinenstätten aufsuchte und Scheu hatte vor der bewohnten Welt, war Abu l-Ḥusayn an-Nūrī. Jahrelang ging er nicht in die Städte, außer an Freitagen. Er pflegte sich in Ruinenstätten in der Umgebung von Bagdad zurückzuziehen. Manchmal suchte ihn al-Ǧunayd eine Woche lang, ohne ihn zu finden. Gelegentlich entdeckte er ihn an einem öden Platz oder an einer Quelle, und er drängte ihn, sich von ihm ein wenig Sawīq geben zu lassen. Wie ich erfahren habe, ist er am Ende seines Lebens an einer Ruinenstätte gestorben. Al-Ǧunayd bestattete ihn und setzte auf sein Grab die Inschrift: Das ist das Grab Abu l-Ḥusayn an-Nūrīs, des in den Barmherzigen Verliebten.

Stark ausgeprägt war Nūrīs Menschenscheu in seinen letzten Lebensjahren. Während der Sufiverfolgung durch Ġulām Ḫalīl war er nach Raqqa gegangen und dort mehrere Jahre allein und zurückgezogen geblieben. Bei seiner Rückkehr nach Bagdad wollte er kaum noch mit jemandem reden, sah schlecht und war körperlich sehr geschwächt (Abū Nu^caym, *Ḥilyat al-awliyā^ɔ* 10, 249–250; Ḏahabī, *Siyar a^clām an-nubalā^ɔ* 14, 71). Als seine alten Gefährten ihn im Freien trafen und ihm ihre Moschee anboten, erklärte er, ein Ort, an dem die Sufis sind, interessiere ihn nicht, er sei sie leid. Sie sahen: Er war schwermütig geworden und sinnierte, seine Augen waren geschwächt, sein Herz war gebrochen, seine Brüder hatte er verloren, und er ging allen aus dem Weg (Ḏahabī, *Siyar* 14, 74). Schließlich schloß er sich von allen ab und mied sie. Die Krankheit hatte ihn in ihrer Gewalt, er wurde blind und hielt sich nur noch in Steppen und Friedhöfen auf (*Siyar* 14, 75). Die Umstände seines Todes sind ungeklärt. Populär ist die Geschichte, nach der er sich durch einen ekstatischen Tanz auf einem Stoppelfeld den Tod holte (Ḫaṭīb al-Baġdādī, *Ta^ɔrīḫ Baġdād* 5, 135–136; Sarrāǧ, *Al-luma^c* 210,17–22 / Kap. 88,4; 290,11–17 / Kap. 102,5; Qušayrī, *Risāla*, Kap. 46,7 / Anṣārī, *Šarḥ ar-Risāla al-Qušayrīya* 4, 57–58; Ġazzālī, *Iḥyā* 2, 288,16–21, āṯār as-samā^c; 4, 299,5–7 / F 70; Ibn al-Mulaqqin, *Ṭabaqāt al-awliyā^ɔ* 68–69; Munāwī, *Al-kawākib ad-durrīya* 1, 196,3–6; ^cAṭṭār, *Taḏkirat ul-awliyā^ɔ* 2, 55,5–10; Bāḫarzī, *Awrād ul-aḥbāb* 2, 198). In einer anderen Version begibt sich Nūrī unter die Löwen und gerät dabei in ein Stoppelfeld (Daylamī, *Sīrat-i Ibn-i Ḫafīf* 57–59; Ibn al-Ǧawzī, *Talbīs Iblīs*, ed. Munīrīya 343–344 / ed. Ḫayr ad-dīn ^cAlī 402–403. Vgl. Massignon, *Receuil* 83). Abu l-Ḥasan al-Qannād (gest. gegen 330/941) sagte, Nūrī sei in der Šūnīzīyamoschee, am Boden kauernd, gestorben, und man habe erst nach vier Tagen gemerkt, daß er tot war. Man habe ihn nicht auf dem Waschbrett für die Totenwaschung ausstrecken können (*Taʾrīḫ Baġdād* 5, 136,1–5. Dazu Ibn Kaṯīr, *Al-bidāya wa-n-nihāya* 11, 106; Ibn al-Ǧawzī, *Al-muntaẓam* 6, 77).

7. [33] Leute, die die Berge aufsuchten, gab es unter den Gefährten al-Ǧunayds viele. Einer von ihnen errichtete sogar eine Klause (*ṣawmaʿa*) in (der Region von) Bāb Muḥawwal.

Name nach dem Text nicht gesichert. Es dürfte sich aber wahrscheinlich um das als Bāb Muḥawwal bekannte Gelände handeln. Siehe Yāqūt, *Muʿǧam al-buldān* 5, 66a. Vgl. Le Strange, *The Lands of the Eastern Caliphate* 31.

Man nannte ihn „Ḥusayn der Klausner". Er hatte eine sichere Begabung für den Einblick in die geheimen Gedanken (*išrāf ʿala l-asrār*). Als eines Tages bei al-Ǧunayd über etwas von den Wundern der Gottesfreunde die Rede war, sagte er zu al-Ǧunayd: „Denk dir im Herzen den Namen, von wem du willst, sag ihn uns aber nicht!" Al-Ǧunayd hielt eine Weile inne. Dann sagte er zu ihm: „Ich habe ihn mir gedacht." Al-Ḥusayn sagte zu ihm: „Es ist der und der." Al-Ǧunayd sagte: „Da wechselte ich in meinem Innersten zu einem anderen Namen über und sagte: ‚Nein!' Er erwiderte: ‚Denk dir nochmals einen!' Ich sagte: ‚Ich habe ihn mir gedacht.' Er erklärte: ‚Der und der.' Nun wich ich auf einen dritten aus und sagte: ‚Nein!'" Als al-Ǧunayd ihm zum dritten Mal „Nein!" sagte, schrie er auf und ging hinaus, indes er sagte: „Mein Innerstes hat mich noch zu keiner Zeit getäuscht!"

Die gleiche Geschichte etwas anders erzählt: Sarrāǧ, *Al-lumaʿ* 331,7–18 / Kap. 118,3; Qušayrī, *Risāla*, Kap. 34,16 / Anṣārī, *Šarḥ ar-Risāla al-Qušayrīya* 3, 184,21–28.

8. Al-Ǧunayd hatte noch einen Gefährten, der blindlings fortlief, nachdem er einen Koranvers gehört hatte. Von al-Ǧunayds Gefährten wurde berichtet: Er ging in die Wüste. Er sagte: „Ich verlor den Weg und suchte Zuflucht auf einem Berg. Plötzlich war vor mir ein verlassener, trauriger, einsamer Bursche, der auf diesem Berg Gott diente. Ich fragte: ‚Junger Mann, warum bist du hier hinausgekommen?' Er antwortete: ‚Mich hat ein Vers aus dem Buch Gottes, den ich gehört habe, hinausgetrieben.' Ich fragte: ‚Welcher denn?' Er sagte: ‚Gottes Wort: *Warte nun geduldig auf die Entscheidung deines Herrn! Du stehst vor unseren Augen* (Sure 52,48).' Dann ließ ich ihn dort zurück und ging weg." Das – bei Gott! – ist eine Verwirklichung der Schau (*mušāhada*), da er wußte, daß Gott auf ihn schaute, wo immer er ist. Der, der blindlings fortlief, suchte die Berge auf. Auch viele (andere) von al-Ǧunayds Gefährten. Ruwaym b. Muḥammad

So der Text. Seltener, neben dem geläufigen Namen Ruwaym b. Aḥmad. Siehe Ḫaṭīb al-Baġdādī, *Ta'rīḫ Baġdād* 8, 430,9.

pflegte längere Zeit nicht zu essen.

Essen scheint ihm kaum etwas bedeutet zu haben. Er sagte: „Seit zwanzig Jahren kommt mir kein Gedanke ans Essen, bevor es da ist." Sarrāǧ, *Al-lumaᶜ* 185,13–14 / Kap. 72,5. Dazu Ibn al-Ǧawzī, *Ṣifat aṣ-ṣafwa* 2, 249,18–19.

So war es auch in den Bergen von Syrien.

9. Diejenigen aber, die offensichtlich zusammenblieben, ließ Gott unter den Leuten zum Argument gegen sie offen auftreten und machte sie zu Boten zwischen sich und den Jüngern. Sie waren die Ärzte der Jünger, und von ihnen aus verbreiteten sich die Wissenschaften der Elite und die Wissenschaften der mystischen Erkenntnisse. So, wie sie waren, wandelten dann die Jünger. Al-Ǧunayd b. Muḥammad, Ruwaym, Abū Muḥammad al-Ǧurayrī, (Abū Bakr) az-Zaqqāq, Abū Saᶜīd al-Ḫarrāz, al-Murtaᶜiš, zu gewissen Zeiten seines Lebens an-Nūrī, Ṣubḥ as-Saqqā', ar-Raqqām, Abū Ḥamza, Abu l-Ḥusayn al-Mālikī, aš-Šiblī, sodann aus den anderen Ländern Leute wie Abū Bakr al-Kattānī, (Abu l-Ḥusayn al-Ḥasan b. ᶜAlī) ad-Dāmaġānī, Abū Bakr al-Miṣrī, Abū ᶜAbdallāh al-Maġribī, (Ibrāhīm) b. Šaybān, Abū Yaᶜqūb as-Sūsī, Abū Sulaymān al-Maġribī, Abū Bakr ad-Dīnawarī, (Abū Bakr al-Wāsiṭī) al-Farġānī, al-Muzayyin der Ältere, al-Muzayyin der Jüngere und andere in großer Zahl: sie alle ließ Gott zum Argument gegen die Menschen offen auftreten. Sie waren [34] alle vor Gott vereint, in ihren Zuständen Partner und für die Freunde Gottes aufrichtige Ratgeber und wurden darüber hinaus zum Argument gegen die Menschen.

10. Das sind einige der Wirklichkeiten der Sufis und der Leute des Innersten. Was aber von ihren Zuständen verborgen ist, ist mehr. Das alles gehört zur Verwirklichung der Schau und zu den Sinngehalten des Gott-vor-Augen-Habens in der Wirklichkeit der Herzenstiefe und des inneren Bewußtseins – und das zieht das Handeln, die geistlichen Kämpfe und die Betätigungen mit Werken des Gehorsams nach sich. Gott möge uns durch sein Erbarmen und seine Huld ihnen beigesellen!

9

DIE WISSENSCHAFTEN DER SUFIS

1. Die Wissenschaften der Sufis sind das Wissen des Inneren (*ᶜilm al-bāṭin*). Das ist das Wissen der Eingebung (*ᶜilm al-ilhām*) und ein Geheimnis zwischen Gott und seinen Freunden ohne Zwischeninstanz: das göttliche Wissen (*ᶜilm ladunī*) – Gott sprach: *Wir haben ihn Wissen von uns gelehrt* (Sure 18,65) –, ebenso das Wissen des besonders Zugedachten (*ᶜilm al-maḫṣūṣ*), das Kennzeichen der Gottesfreunde und der wirklichen Weisheit. Seine Wirklichkeit erweist sich auf Grund des Äußeren, da dieses mit ihm übereinstimmt. Wenn einer mit Eifer und Anstrengung nach dem Wissen des Äußeren (*ᶜilm aẓ-ẓāhir*) handelt, gibt Gott ihm ein Wissen ohne Lernen zum Erbe: das Wissen des Inneren, das Wissen des Geheimnisses zwischen Gott und seinen Freunden, das Wissen der Einflüsterungen, der Einfälle, der Einblicke, der Andeutungen, der Vertrautheit, der inneren Erfahrungen. Das eignet den Sufis, und darin gibt es bei ihnen Zustände, Standplätze, Enthüllungen, Schauungen, Allegorien und Andeutungen. Damit wurden sie unter den Geschöpfen ausgezeichnet.

2. Von Aḥmad b. Ġassān wurde überliefert: „Ich fragte (Aḥmad) al-Huǧaymī nach dem Wissen des Inneren. Er sagte: Ich fragte ᶜAbd al-Wāḥid b. Zayd nach dem Wissen des Inneren. Er sagte: Ich fragte al-Ḥasan (al-Baṣrī) nach dem Wissen des Inneren. Er sagte: Ich fragte Ḥuḏayfa b. al-Yamān nach dem Wissen des Inneren. Er sagte: Ich fragte den Gesandten Gottes danach. Er sagte: ‚Ein Wissen zwischen Gott und seinen Freunden, in das kein gottnaher Engel und keines der Geschöpfe Einblick hat.'"

Ein anonymer Gelehrter antwortete auf die Frage, was das innere Wissen sei: „Ein Geheimnis von Gottes Geheimnis, das er in das Herz seiner Freunde wirft, ohne einem Engel oder Menschen in es Einblick zu gewähren." Makkī, *Qūt al-qulūb* 1, 120,20–21 / Kap. 30,27. Das Ḥadīṯ mit vom Propheten über Gabriel zu Gott weitergeführter Überliefererreihe: „Es ist ein Geheimnis von meinem Geheimnis, das ich in das Herz meines Knechtes lege, ohne daß eines meiner Geschöpfe es erfahren würde." Kalābāḏī, *At-taᶜarruf* 59 / Arberry, *The Doctrine of the Ṣūfīs* 76. Von anderen Autoren etwas anders formuliert als Antwort auf die Frage nach der Aufrichtigkeit überliefert: Sie ist „ein Geheimnis von meinem Geheimnis, das ich ins Herz meiner Diener, die ich liebe, gelegt habe." Qušayrī, *Risāla*, Kap. 28,3 / Anṣārī, *Šarḥ ar-Risāla al-Qušayrīya* 3, 132–133. Dazu Ġazzālī, *Iḥyāʾ* 4, 364–365, kitāb an-nīya wa-l-iḫlāṣ wa-ṣ-ṣidq, bāb 2, faḍīlat al-iḫlāṣ; Suhrawardī, *ʿAwārif al-maʿārif* 53–54 / Kap. 8,2; 150 / Kap. 26,10. Ibn Qayyim al-Ǧawzīya, *Madāriǧ as-sālikīn* 2, 91,6–7. – Die Verbindung zwischen dem Wissen des Inneren und der Aufrichtigkeit stellte Makkī her: „Die Aufrichtigkeit ist der erste Zustand derer, die Gott mit dem Wissen des Inneren kennen." *Qūt al-qulūb* 1, 139,35 / Kap. 31,47.

Sodann hat jedes Äußere ein Inneres und jedes Innere ein Innerstes und jedes Innerste eine Wirklichkeit. Das ist es, was Gott seinen Freunden von Innerstem [35] zu Innerstem geschenkt hat. Es ist eines der Zeichen der Gottesfreundschaft. Dadurch haben die Freunde Gottes ihre Lebensfreude, dadurch leben sie ein gutes Leben. Sie sind die teuersten Geschöpfe Gottes nach den Propheten, und ihre Wissenschaften sind die teuersten Wissenschaften.

3. Von Ḫālid b. Maʿdān wurde überliefert: „Der Gesandte Gottes sagte: Es gibt vom Wissen etwas Verborgenes – oder: Vergrabenes –, das nur die Gottesgelehrten kennen. Wenn sie davon sprechen, bleiben darüber nur die Unbekümmerten in Unwissenheit. Verachtet daher nicht einen Knecht, dem Gott ein Wissen gegeben hat, denn Gott hat ihn nicht verachtet, als (lies *lammā*) er ihm sein Wissen anvertraut hat."

Statt *lam yuḥillūhu li-ahli* lese ich mit Makkī (Stelle folgt hier) *lam yağhalhu illā ahlu*. Die Handschrift ist unklar. – „Es gibt Wissen wie etwas Verborgenes. Nur die Gottesgelehrten kennen es. Wenn diese davon reden, lehnen es nur die ab, die (*lam yunkirhu illā ahlu*) dreist sind gegenüber Gott ... " Suyūṭī, *Al-laʾāliʾ al-maṣnūʿa* 1, 221,10–12, nach Abū Hurayra. Dazu Makkī, *Qūt al-qulūb* 1, 175,4–5 / Kap. 31,223; Ġazzālī, *Iḥyāʾ* 1, 27,17–19, kitāb al-ʿilm, bayān al-ʿilm allaḏī huwa farḍ al-kifāya. Ḫālid b. Maʿdān b. Abī Karib (gest. 103/721–2 oder später) war Überlieferer Abū Hurayras. Er forderte: „Lernt die Gewißheit, wie ihr den Koran lernt! Ich lerne sie." Ibn Badrān, *Tahḏīb Taʾrīḫ Ibn ʿAsākir* 5, 87.

Das Verborgene und das Vergrabene ist das Wissen des Innersten (*ʿilm as-sirr*). Es ist eine Gabe von Gott, die weder aus Büchern noch durch Studium, noch durch Memorieren erworben werden kann. Diesem Wissen folgen die Verwirklichungen des geistlichen Kampfes und die Aktivität im tätigen Gebrauch des Wissens des Äußeren in den Werken des Gehorsams. Das sind die Wissenschaften der Erkenntnisse und der Erschließung der feinen Sinngehalte auf Grund des lauteren Nachsinnens und aufrichtigen Gedenkens. Gott hat seine Freunde mit der Weisheit (*ḥikma*) und den Wissenschaften der Verwirklichung der Gottesfreundschaft ausgezeichnet. Denn das (ich lese *tilka*) ist das Kennzeichen der Lauteren, die Wirklichkeit der Gottesfürchtigen und der

Wandel der Gottesfreunde, die ihre Augen vor den verborgenen Dingen hüten und sie niederschlagen. Dafür gibt ihnen Gott eine Wirklichkeit in ihren Blick, so daß ihr Blicken zu einer Ermahnung (für den Blickenden) wird. Und sie hüten ihre Zunge vor der Lüge, der Verleumdung und der üblen Nachrede und halten sie durch langes Schweigen in Gewahrsam. Darum läßt Gott ihnen für die Absage an die Lüge eine Ehrlichkeit und für die Absage an die Verleumdung und die üble Nachrede ein Gedenken zukommen und verleiht ihnen für das beständige Schweigen ein Nachsinnen. Gott gibt ihnen in jeder begehrten Sache eine Gegengabe dafür, daß sie sich deren Lust versagen, nach dem Wissen handeln, indem sie sie von sich weisen, und sich darauf verlegen, die Tätigkeiten der Glieder zu kontrollieren, um damit Gott zu dienen und auf dem edlen Weg der Erwählten zu wandeln. Sie lernen von Gott die höfliche Art der Reise zu ihm, indem sie ihre Glieder hüten und ihr Herz (für ihn) frei halten, und reisen zu ihm, bis sie in die Wirklichkeit der Erwähltenschaft (*ḫuṣūṣīya*) gelangt sind. Sie tauschen in ihren Sinnesorganen gegen deren Zurückhaltung eine Freisetzung ein. Das Auge hält sich zurück vom Verbotenen: nun setzt es die Ermahnung (an den Schauenden) frei. Die Zunge hält sich zurück von Geschwätz und Verleumdung: nun setzt sie die Weisheit frei (ich lese *fa-amsakat ... fa-arsalat ... fa-amsaka ... fa-arsala*). Desgleichen auch die anderen Organe. Nun umfängt sie die Wirklichkeit. Sie behütet sie mit ihrer Erregung (*waǧd*), sie beschützt sie mit ihrer Eifersucht, sie entsendet sie mit ihren Weisheiten, so daß ihr Reden Weisheit wird und ihr Schweigen Nachsinnen und ihr Blicken Ermahntwerden. Durch Gott sprechen sie, für Gott schweigen sie, durch Gott schauen sie auf das, was Gott ihnen erlaubt hat, und lassen sich davon ermahnen, und vor allem anderen schlagen sie die Augen nieder. Darum läßt Gott sie Weisheit reden.

4. Die Weisheit eignet der Elite unter den Leuten des Inneren und des Innersten. Gott gewährt sie ihnen, damit sie durch sie die Menschen Gott lieb machen. Das Wissen des Äußeren ist leicht zu haben: man erhält es, indem man es sich aus Büchern, durch Memorieren und durch Studieren aneignet. Das Wissen des Inneren ist eine Hinterlassenschaft der Verwirklichung des Wissens des Äußeren, des Handelns nach diesem und der Aufrichtigkeit darin. Das Wissen des Innersten ist eine Gabe (Gottes), auf die das Handeln, die Selbstkontrolle und die Zurückhaltung der Seele von den Annehmlichkeiten ihrer Lust und ihren verlockenden Genüssen folgen.

5. Das alles ist Weisheit. Bei ihr gibt es ein Äußeres, ein Inneres und ein Innerstes. Durch das Äußere erkennen sie die Wirklichkeiten der Dinge, [36] durch das Innere heben sie die Wirklichkeiten der Seele auf und opfern Gott ihr Herzblut. Ferner ist das Wissen ein Führer und die Weisheit ein Interpret. Durch das Wissen reist der Reisende (auf der Reise des Inneren) und schreitet der Vorwärtsschreitende dahin, durch die Weisheit steigen die Jünger auf der

Reise des Innersten empor. Einer unserer Gefährten hat gesagt: „Ich sah Abū Saʿīd al-Ḫarrāz in der Moschee beten. Nach dem Friedensgruß (am Ende des Gebetes) sagte er zu mir: ‚Schreib auf, was mir in den Sinn kam (lies *waqaʿa*): Gott machte das Wissen zu einem Führer zu sich, damit er erkannt werde, und die Weisheit zu einer Interpretin, die es zugänglich macht, damit er (dem Menschen) vertraut werde.'"

Abū Bakr az-Zaqqāq: „Abū Saʿīd al-Ḫarrāz schlief. Als er aufwachte, sagte er: ‚Schreib auf, was mir während dieses Schlafes in den Sinn kam: Gott machte das Wissen zu einem Führer zu sich, damit er erkannt werde, und die Weisheit zu einem Erbarmen, das er ihnen schenkt, damit er (ihnen) vertraut werde. Das Wissen ist ein Führer zu Gott, und die Weisheit führt zu Gott. Durch das Wissen erreicht man das Gewußte, durch die Erkenntnis erreicht man das Erkannte. Das Wissen gewinnt man durch das Lernen, die Erkenntnis gewinnt man durch das Sich-zu-erkennen-Geben (Gottes). Die Erkenntnis stellt sich ein durch das Erkenntnisgeben Gottes, das Wissen wird erreicht durch das Erkenntnisgeben der Menschen. Dann, im Anschluß daran, setzen die Gewinne ein.'" Sulāmī, *Ṭabaqāt aṣ-ṣūfīya*, ed. Pedersen 225 / ed. Šarība 230. Dazu Abū Nuʿaym, *Ḥilyat al-awliyāʾ* 10, 247,16–21; Munāwī, *Al-kawākib ad-durrīya* 1, 190,18.

Aus den Verwirklichungen des Äußeren ergibt sich die Erkenntnis des Inneren, aus den Verwirklichungen des Inneren die Erkenntnis des Innersten und aus den Verwirklichungen der Erkenntnis des Innersten die Erkenntnis Gottes. Ihren Ursprung aber nimmt die Erkenntnis aus der Quelle der Großmut und des äußersten Einsatzes. Der äußerste Einsatz aber ist eine Hinterlassenschaft der eigentlichen (göttlichen) Großmut. Gott ist der Großmütige, viel Schenkende.

6. Das sind einige der Wirklichkeiten der Wissenschaften der Sufis und der Erkenner unter den Leuten des Inneren. Das alles sind die Hinterlassenschaften der Enthüllung der Gewißheit und der Wirklichkeiten der Zeugnisse des Glaubens. Gott zeichnet damit aus, wen er will. Er ist der, der das Gelingen gibt.

10

DIE BESONDERE EIGENSCHAFT DER SUFIS

1. Das, womit die Sufis in ihren Zuständen und Seinsweisen (ich lese *aḥwālihim wa-maᶜānīhim*) vor der gesamten Allgemeinheit und Elite besonders ausgezeichnet sind, ist das Gottvertrauen (*tawakkul*). Denn die Sufis sind die hervorragendsten Geschöpfe Gottes im Gottvertrauen. Sie sind dafür wohlbekannt, das ist ihre Sache und die Summe ihrer geistigen Verfassungen (*awqāt*). Sie hörten nämlich Gott sagen: *Und vertraue auf den Lebendigen, der nicht stirbt!* (Sure 25,58), und sie hörten ihn sagen: *Und vertraue auf den Mächtigen und Barmherzigen, der dich sieht, wenn du aufstehst!* (Sure 26,217–218). Darum vertrauen sie auf ihn und verlassen sich auf sein schönes Wählen, ergeben sich (ich lese *al-aknāfa*) ihm und sagen sich los von eigener Macht und Stärke. Sie sind in allen ihren Verhältnissen mit Gott zufrieden, in Freud und Leid, in Glück und Not. Gott sprach: *Und wer auf Gott vertraut, läßt sich an ihm genügen* (Sure 65,3).

2. Die Sufis vertrauen auf Gott in allen Dingen, denn das Gottvertrauen in allen Dingen ist geboten. Mit Gottvertrauen ist vielerlei gemeint: gewöhnliches Gottvertrauen, besonderes Gottvertrauen und Gottvertrauen durch Fallenlassen des Hinschauens auf das Gottvertrauen. Das [37] gewöhnliche Gottvertrauen ist das Gottvertrauen der Gläubigen insgesamt. Es ist dem Glauben angeglichen. Jeder Gläubige ist dem Maß seines Glaubens entsprechend mit Recht als Gottvertrauender zu bezeichnen. Die Sufis besitzen in der Verwirklichung der (mit „Gottvertrauen" gemachten) Andeutung ein besonderes Gottvertrauen. Es ist das sie Beherrschende bezüglich ihrer Zustände, ihrer Tätigkeiten und ihrer Mittel. Das Gottvertrauen der Elite der Elite ist das Vertrauen auf Gott durch die Abwesenheit vom Hinschauen auf das Gottvertrauen, die Beseitigung des eigenen Planens und den Ausschluß aller Dinge aus dem eigenen Wählen, damit Gott mit dem, was sein ist, an die Stelle des Menschen trete. Die Wirklichkeit des Gottvertrauens besteht darin, daß der Mensch nichts besitzt und nichts ihn in Besitz nimmt.

Nach Samnūn al-Muḥibb besteht Sufitum darin, „daß du nichts besitzt und nichts dich in Besitz nimmt". Sarrāǧ, *Al-lumaᶜ* 25, 5–6 / Kap. 13. Dazu Qušayrī, *Risāla*, Kap. 41,4 / Anṣārī, *Šarḥ ar-Risāla al-Qušayrīya* 4, 5;

Ša^crānī, *Aṭ-ṭabaqāt al-kubrā* 1, 76,31; Munāwī, *Al-kawākib ad-durrīya* 1, 237,15; ᶜAṭṭār, *Taḏkirat ul-awliyā*ᵓ 2, 85,16–17. Als Wort Nūrīs: Ǧullābī, *Kašf ul-maḥǧūb* 42,14–15 / Übers. Nicholson 37. Als Wort Ruwayms: Anṣārī, *Ṭabaqāt uṣ-ṣūfīya* 217,8; Ǧāmī, *Nafaḥāt ul-uns* 95; *Nāma-i dānišwarān-i Nāṣirī* 7, 97; hier in Kap. 18,5. Als Wort von Abū ᶜAbdallāh Muḥammad b. Aḥmad al-Muqrīᵓ: Sulamī, *Ṭabaqāt aṣ-ṣūfīya*, ed. Pedersen 542,10–12 / ed. Šarība 510,5–6. Als Wort von Abū ᶜAbdallāh al-Maġribī: Sarrāǧ, *Al-lumaᶜ* 108,1–2 / Kap. 52,3. Als Wort von Abū Bakr al-Miṣrī: Qušayrī, *Risāla*, Kap. 40,16 / Anṣārī, *Šarḥ* 3, 247; Suhrawardī, *ᶜAwārif al-maᶜārif* 41,10–11 / Kap. 5,2. Anonym: Qušayrī, *Laṭāᵓif al-išārāt* 5, 199,15; Maḥmūd-i Kāšānī, *Miṣbāḥ ul-hidāya* 118,1–2; Ibn Qayyim al-Ǧawzīya, *Madāriǧ as-sālikīn* 2, 441,13–14; Tahānawī, *Kaššāf iṣṭilāḥāt al-funūn* 1, 840,5. Die Formeln variieren und sind wechselnd Definitionen zur Armut, zum Sufitum, zum Gottvertrauen.

3. Das Gottvertrauen zählt zu den Überfüllen der Gewißheit und der Erkenntnis. Der Prophet sagte: „Wenn ihr auf Gott vertrautet, wie es seiner würdig ist, würdet ihr mit Nahrung versorgt wie die Vögel, die sich morgens hungrig aufmachen und abends wohlgesättigt zurückkehren."

Von ᶜUmar überliefertes Prophetenwort. Aḥmad b. Ḥanbal, *Al-musnad* 1, 30,12–15 / 1, 243, Nr. 205; 1, 52,21–24 / 1, 313, Nr. 370; Ibn Māǧa, *Sunan* 2, 1394, Nr. 4164, zuhd 14; Saḫāwī, *Al-maqāṣid al-ḥasana* 341–342, Nr. 885. Ausführlich besprochen bei Ibn Raǧab, *Ǧāmiᶜ al-ᶜulūm wa-l-ḥikam* 379–385. Dazu Ḫarrāz, *Kitāb aṣ-ṣidq*, ed. Arberry 35 / ed. ᶜAbd al-Ḥalīm Maḥmūd 56; Makkī, *Qūt al-qulūb* 2, 4,23–24 / Kap. 32,449; Abū Nuᶜaym, *Ḥilyat al-awliyā*ᵓ 10, 69,14–20; Sarrāǧ, *Al-lumaᶜ* 117,2–3 / Kap. 55,2.

4. Das Gottvertrauen in bezug auf den Lebensunterhalt hat mehrere Aspekte. Die erste Verwirklichung des Gottvertrauens ist, daß man zuerst auf den Unterhaltgeber (ich lese *ar-rāziqi*) schaut, dann auf den Unterhalt, die zweite, daß man sich auf die Zusicherung (Gottes) verläßt, die dritte ist das Vertrauen, daß man genug hat. Von Abū Ḏarr wurde überliefert, der Prophet habe gesagt: „Abū Ḏarr, wenn sich die Menschen an diesen Koranvers hielten, würde er ihnen genügen: *Und wenn einer gottesfürchtig ist, schafft Gott ihm einen Ausweg und beschert ihm seinen Unterhalt, ohne daß er damit rechnet. Und wer auf Gott vertraut, läßt sich an ihm genügen* (Sure, 65,2–3)."

Mit der Nachbemerkung Abū Ḏarrs, der Prophet habe diesen Vers ständig vor ihm wiederholt, bei Abū Nuᶜaym, *Ḥilyat al-awliyā*ᵓ 1, 166. Dazu Ibn Māǧa, *Sunan* 2, 1411, Nr. 4220, zuhd 24; Dārimī, *Sunan* 2, 213, Nr. 2728, riqāq 16.

Man hat gesagt: Das Gottvertrauen ist das Freimachen des Strebens von der Begehrlichkeit, das Freisein der Hand vom Ansammeln und das Eingehen auf Gott mit bereitwilligem Gehorsam.

5. Bei den Sufis gibt es in bezug auf das Gottvertrauen Andeutungen und, bevor es verwirklicht ist, Übungen der Selbstdisziplin, indem sie in Wüsten gehen, sich in Steppen absondern, Hunger aushalten und gegen ihre Seele kämpfen, sie ausliefern und vor Gott hinwerfen. Von aš-Šiblī berichtet man: „Jemand sagte: ‚Wenn die Armen ohne Wegzehrung in die Wüste gehen, dann ist das ihr Verderben. Gottvertrauen haben sie keines. Gott wird von ihnen dafür Rechenschaft fordern, daß sie ihr Leben vergeudet haben.' Er erwiderte: ‚So ist das nicht. Gott zieht jemanden nur zur Rechenschaft, wenn er von ihm sein Leben gefordert hat, er ihm aber nicht (einmal) sein Hab und Gut (ich lese *fa-lam yafdihī bi-mālihī*) opferte. Habt ihr Gott nicht sagen hören: *Gott hat den Gläubigen ihr Leben und ihr Hab und Gut nur dafür abgekauft, daß sie das Paradies haben sollen* (Sure 9,111)? Wer ihm sein Hab und Gut (ich lese *bi-mālihī*) opfert, der soll das Paradies haben, und wer ihm sein Leben opfert, der soll Gott haben.'" Das Gottvertrauen läßt einen in Wirklichkeit die Seele, und was ihr eigen ist, vergessen. Der Gottvertrauende übergibt die Seele ihrem Erschaffer, hält sich an die kostbare Verheißung, die er ihr gegeben hat, und ist zufriedengestellt mit dem, was Gott ihr zugesichert hat.

6. Wundertaten werden an den Gottesfreunden zumeist in einer Zeit der Bedrängnisse und der Verwirklichung des Vertrauens auf den Herrn [38] der Geschöpfe offenbar. Ibrāhīm al-Ḫawwāṣ, das Haupt der Gottvertrauenden, hat gesagt: „So hat es damit angefangen, daß ich mich auf das Gottvertrauen einließ: Ich zog in den Wüsten und Einöden umher. Eines Tages begab ich mich in eine Wüste und blieb dort drei Tage und Nächte. Am Morgen des vierten Tages fühlte ich eine Schwäche. Die Menschhaftigkeit stellte sich mir entgegen, so daß mir war, als zweifelte ich an der Tatsache der Versorgung (durch Gott). Plötzlich waren da vier gewaltige Schlangen, die näherkamen, bis sie vor mir waren. Ich war freundlich gegen sie, da sie gekommen waren. Da tönten sie leise und zischten. Ich habe noch keinen schöneren Klang gehört als ihr Zischen. Die Tränen würgten mich. Während ich noch weinte, sprach plötzlich eine von ihnen mit beredter, gewandter, sprachmächtiger Zunge. Sie fragte: ‚Abū Isḥāq, zweifelst du an deinem Schöpfer?' ‚Nein!' erwiderte ich. Sie fragte: ‚Warum zweifelst du dann an deinem Ernährer?' Ich fragte: ‚Wie kam es, daß du sprichst und meinen Gedanken kennst?' Sie antwortete: ‚Erkennen ließ mich ihn (ich lese *ᶜalayhi*) der, der in jedem Augenblick bei mir anwesend ist.' Dann sagte sie: ‚Wir kommen aus verschiedenen Ländern und haben uns in der Entschlossenheit zum Gottvertrauen zusammengefunden.' Ich wollte sie zu einem Gespräch veranlassen und sagte: ‚Auch wenn du auf Gott vertraust, geht es nicht ohne Essen, mag es auch nur von Zeit zu Zeit sein.' Sie antwortete mir: ‚Urteile nicht über die Geheimnisse! Gott bürgt dafür, daß er die Gottvertrauenden mit seinem Gedenken satt speist und tränkt, so daß sie weder an etwas von dem, wovon die Leute

leben, denken, noch es ihnen in den Sinn kommt außer in Zeiten der Erschlaffung und der Strafen.' Ich dachte: ‚Großer Gott! Eine Schlange spricht, was ich da höre!' und wurde eifersüchtig – in meinem Innersten. Doch sie sagte: ‚Vergiß deine gute Sitte nicht, Abū Isḥāq! Habe ich dir denn nicht verboten, über die Geheimnisse zu urteilen und Gottes Geschöpfe geringzuschätzen? Der, der deinen Vater (Adam) aus dem Staub erschaffen hat, verlieh mir die Rede, und ich bin jemand, der an seiner Stelle, von ihm her und durch ihn der Regung meines Innersten Ausdruck verleiht. Doch, Ibrāhīm, noch wunderbarer als das ist, daß wir uns in einem Tal befanden, das eine Wegstrecke von einem Monat von dir weg liegt, und er uns, als du hier angekommen warst, an diese Stätte versetzte.' Ich staunte, und sie machte mich noch mehr (ich lese *wa-zādatnī*) staunen. Ich fragte: ‚Wie kommt es, daß von diesen nur du sprichst, während sie stumm (ich lese *ṣummun*) sind?' Sie antwortete: ‚Abū Isḥāq, Gott hat Boten zwischen sich und seinen Geschöpfen, und diese haben Freunde und Minister und Schüler. Diese hier sind an mein Sprechen gewöhnt. Sie haben mir ihre Glieder übergeben und sind mit mir als Botschafter zwischen ihnen und ihrem Geliebten zufrieden. Du aber wirst die höchste Stufe der Wahrhaftigkeit erreichen. Du bist das Wahrzeichen des Gottvertrauens. Du und deine Gefährten stehen in der Wahrheit, solange die Jünger schweigen und mit den Boten nach der Regel der Höflichkeit verfahren. Wenn aber der Bote das Maß verliert und aufhört, von seinem Innersten zu fordern, was recht ist, und auf dem Weg Gottes Unrecht tut (lies *wa-ǧāra*) und es bei den Jüngern darauf abgesehen hat, sich als Anführer hervorzutun, zu rivalisieren und zu prahlen, dann wird er gestraft (lies *ᶜūqiba*). Und seine Bestrafung beginnt damit, daß [39] die Jünger über ihn herfallen und ihm keine Beachtung schenken. Doch wenn du, Abū Isḥāq, den Jünger vor dem Boten sprechen siehst und der Bote es duldet, dann sollst du wissen, daß der Segen schon fortgenommen ist. Dem Diesseits aber muß man den Rücken kehren!' Ich weiß nicht, ob eine Erde sie verschlungen oder ein Himmel sie hochgerissen hat: ich blieb (allein) in diesem Tal zurück, vierzig Tage lang. Ich machte mir keine Gedanken, und meinem Innersten kam während der vierzig Tage kein Gedanke an Speise oder Trank, und ich wurde während dieser Zeit nicht schläfrig. Das Tal, am Rande der Wüste von Kūfa gelegen, war ein Ödland, in dem kein Vertrauter zu finden war. Nachdem der Morgen des vierzigsten Tages angebrochen war, kamen die Schlangen herbei. Sie grüßten mich, und ich erwiderte ihren Gruß. Ihre Sprecherin sagte: ‚Abū Isḥāq, hast du gemerkt, daß du während dieser vierzig Tage unser Gast warst? Ich habe meinen Herrn gebeten, dir etwas von einer Speise der Erzgerechten zu kosten zu geben, und ich vertraue Gott dein Geheimnis an.' Sie hatte eine Narzisse im Mund. Sie reichte sie mir, und sie verschwanden, indes ich voller Kummer war über ihr Scheiden. Vierzig Tage lang spürte ich im Hals einen Genuß, ich fühlte mich gesättigt und nahm den Duft von lauter Wohlgerüchen wahr, als strömte das Tal Moschusgeruch aus. Das war das erste Wunder, das Gott mir zeigte.“

7. Bei den Sufis gibt es in bezug auf das Gottvertrauen geistige Verfassungen (*awqāt*) und Notwendigkeiten, und man findet bei ihnen Geschichten, die sich in ihren Zuständen mit ihnen zugetragen haben. Und nachdem ihre Gewißheit im Gottvertrauen gesund ist, zeigt ihnen Gott manches, wodurch ihre Gewißheit und ihre Erkenntnis noch größer werden. Al-Ḫawwāṣ sagte: „Wer etwas anderes fürchtet als Gott, hat das Gottvertrauen verlassen.“ Und er sagte: „Wenn der Gottvertrauende in die Wüste geht und merkt, daß ein Löwe von hinten herankommt und ihm die Pranke auf die Schulter (lies *ᶜātiqihī*) legt, um ihn zu töten, und er schaut hinter sich, dann hat er das Gottvertrauen verlassen.“ Von al-Ḫawwāṣ gibt es ein Buch über das Gottvertrauen, worin er die äußeren Formen, die Wirklichkeiten und die Regelung des Gottvertrauens darlegt.

8. Das Gottvertrauen ist für die Gottvertrauenden bestimmt. Gott sprach: *Und auf Gott sollen die Gottvertrauenden vertrauen* (Sure 14,12). Sahl b. ᶜAbdallāh sagte: „Im Gottvertrauen gibt es drei Gruppen. Die einen ernähren sich von ihren guten Taten, die anderen ernähren sich von ihrem Glauben, den anderen gibt Gott Speise und Trank.“

> Makkī berichtet noch von einer anderen Dreiteilung des Gottvertrauens bei Sahl. Die erste Stufe: Nichts mehr wünschen. Zweite Stufe: Nichts mehr wählen. Die dritte Stufe wird dann angezeigt, aber nicht mehr erörtert. Sie ist vielleicht ähnlich zu verstehen wie die dritte Stufe in unserem Text. Auf die guten Werke und den Glauben bzw. auf das Aufgeben des Wünschens und des Wählens, beides Taten des Menschen, folgt eine Stufe, auf der nichts mehr da ist, was der Mensch tut. Gott der Ernährer ist der allein Wirkende. Siehe *Qūt al-qulūb* 2, 4,30–32 / Kap. 32,450. Dazu Ġazzālī, *Iḥyāʾ* 4, 255,11–13 / E 87.

Die Sufis sind mit dem Gottvertrauen in besonderer Weise ausgezeichnet, weil die Liebe Gottes damit verbunden ist. Gott sprach: *Gott liebt die Gottvertrauenden* (Sure 3,159).

11

[40] DAS GEWERBE DER SUFIS

1. Das Gewerbe (*ḥirfa*) der Sufis ist: aus Verlangen nach dem Freisein des Herzens von der Einflüsterung und den Heimsuchungen den Handelsgeschäften entsagen und allem, was sie von den Gehorsamstaten ablenkt, entsagen. Sie sind mit dem Freisein und der Ruhe des Herzens bekannt und ziehen daher lauter (ich lese *ǧamīᶜa*) Gottgedenken den Zweitursachen vor. Vom Gottgedenken haben sie Leben und Bestehen. Kein Erwerb, kein Handel, kein Kauf, kein Verkauf, keine Unternehmung und keine Tätigkeit im Suchen nach dem Diesseits lenkt sie vom Gottgedenken ab.

2. Die Sufis haben Gott sagen hören: *Männer, die sich weder durch einen Handel noch durch ein Kaufgeschäft vom Gottgedenken ablenken lassen* (Sure 24,37), und darum unterlassen sie die Handelsgeschäfte und den Erwerb. Denn Erwerb und Handel sind gesetzlich freistehend (*mubāḥ*) und freiwillig, nicht verpflichtend. Erwerb und Handel sind nämlich auf Grund des Heiligen Buches und des Heiligen Brauches etwas gesetzlich Freistehendes. Wenn daher einer den Dienst Gottes und den Verzicht dem Erwerb und dem Handel vorzieht, ist er besser.

> Nach Makkī wurde diese These schon von Ḥasan al-Baṣrī (gest. 110/728) vertreten. Als man ihn fragte, wer besser sei, der Mann, der einem Gewerbe nachgeht, oder der, der sich dem Dienst Gottes widmet, antwortete er: „Die beiden Männer sind nicht gleich. Der, der sich für den Dienst Gottes freihält, ist der bessere." *Qūt al-qulūb* 2, 29,11–12 / Kap. 32,564.

Der Prophet sagte: „Ich wurde nicht als Händler gesandt und nicht als Ackersmann." Und er sagte: „Mir wurde nicht eingegeben, ich solle Vermögen anhäufen und einer von denen sein, die Handel treiben. Vielmehr wurde mir eingegeben: *Lobpreise deinen Herrn und sei einer von denen, die sich niederwerfen! Und diene deinem Herrn, bis zu dir kommt, was allen gewiß ist!* (Sure 15,98–99)." Zu ᶜAlī b. Abī Ṭālib sagte er: „Sei kein Händler und kein Betrüger! Das sind die, die am Tag der Auferstehung den kürzeren ziehen." Man befragte aš-Šiblī über das Wort des Propheten: „Das Beste, was der Knecht verzehrt, kommt von seinem Erwerb."

Rāfi^c b. Ḫadīǧ (gest. 74/693–4): „Man fragte: ‚Gesandter Gottes, welcher Erwerb ist der beste?' Er antwortete: ‚Des Mannes Arbeit mit seiner Hand und jeder ehrenhafte Handel.'" Aḥmad b. Ḥanbal, *Al-musnad* 4, 141,3–5. Variante nach Abū Burda b. Niyār (gest. 41/661–2 oder später) in *Al-musnad* 3, 466,17–19. Andere Formen bei Ibn Māǧa, *Sunan* 2, 723, Nr. 2137–2138, tiǧārāt 1 u.a. Weitere Verweise Sarrāǧ, *Al-luma*ᶜ, Übers. Gramlich, Kap. 55,1.

Er sagte: „Wenn er seine Hände (ich lese *yadayhi*) zu Gott ausstreckt und mit ihnen bittet." Sich mit Gott zu befassen ist besser und angemessener als der Handel, wenn der Mensch in seinem Gottvertrauen und seiner Gewißheit stark ist. *Und was bei Gott bereitsteht, ist besser* (Sure 28,60 u.a.). Gott versorgt den Knecht, ohne daß er damit rechnet. Gott sprach: *Wenn einer gottesfürchtig ist, schafft Gott ihm einen Ausweg und beschert ihm den Unterhalt, ohne daß er damit rechnet* (Sure 65,2–3). Wenn der Knecht mit Gott beschäftigt ist, macht Gott den Himmeln und der Erde seine Versorgung zur Auflage. Gott sprach: *Sag: Was bei Gott bereitsteht, ist besser als die Ablenkung und die Handelsware. Gott kann am besten versorgen* (Sure 62,11).

3. [41] Die Sufis entsagen den Handelsgeschäften, weil Gott die, die ihnen entsagen und ihnen das Handelsgeschäft des Jenseits vorziehen, gelobt hat. Das Jenseits ist ja *eine Ware, die ihren Wert nicht verlieren wird* (Sure 35,29). Darum ziehen sie den Dienst Gottes dem Erwerb vor, vertrauen in bezug auf den Lebensunterhalt auf den, der Garant ist und Bürge, und halten sich in der Absage an das, was sie von Gott ablenkt, an den Heiligen Brauch. Da sie die Erwerbstätigkeit unter den für sie geltenden Voraussetzungen als gesetzlich freistehend (und daher nicht verpflichtend) betrachten und sehen, daß es verschiedene Möglichkeiten gibt, zu seinem Unterhalt zu kommen, und wissen, daß Gott seine Freunde weder vergißt noch zugrunde gehen läßt, beschäftigen sie sich damit, Gott zu gehorchen und zu dienen, und ziehen das allen anderen Tätigkeiten vor.

4. Nachdem der wirklichkeitshafte Nichterwerb (*tark*) bei ihnen sichergestellt ist, sind sie in den Zuständen verschieden. Der eine Nichterwerbende sitzt auf der Basis des Gottvertrauens zurück und wartet, bis eintritt, was Gott für ihn will. Und wenn er Not oder Hunger leidet, faßt er sich in Geduld und kämpft, bis Gott ihm Unterhalt beschert, ohne daß er damit rechnet. Der andere Nichterwerbende sitzt zurück und widmet sich dem Dienst Gottes, und wenn er Not und Bedürftigkeit erfährt, läßt er sich auf das Betteln ein. Er erbettelt so viel, daß es ausreicht, seinen Hunger zu stillen. Dann ißt er es und begibt sich wieder zum Dienst seines Herrn. Und da gibt es noch den Nichterwerbenden, der zurücksitzt und mit den Begehrlichkeiten aufräumt und die Beschwerlichkeiten des Hungers und die Bitternis des Durchhaltens auf sich nimmt und sich bewußt ist, daß Gott der Öffner der Türen und der Verursacher

der Ursachen ist. Wenn Gott ihm dann einen Unterhalt zuführt, ohne daß er darum gebettelt oder danach Ausschau gehalten hätte, nimmt er an, wenn nicht, übt er Geduld. Wieder ein anderer Nichterwerbender sitzt zurück und vergißt alle Menschen und verwehrt sich das Hinschauen auf die Geschöpfe. Dann wartet er auf das, was sich in den Notlagen im Herzen einstellt, und lauscht den Gedanken seines Innersten. Wenn dann Gott ihm erlaubt, sich ans Betteln zu machen, bettelt er und bittet, ohne eine Zwischeninstanz zu sehen, und wenn Gott ihm keine Erlaubnis gibt, sitzt er zurück und wacht über das Innerste.

Über die Vorzüge des Nichterwerbs hat Makkī, *Qūt al-qulūb* 2, 29,9–31,19 / Kap. 32,564–570, ausführlich gehandelt. Zu den verschiedenen Formen des Bittens und Nichtbittens siehe Sarrāǧ, *Al-lumaᶜ* 48,4–49,10 / Kap. 24,2–4; Suhrawardī, *ᶜAwārif al-maᶜārif*, Kap. 20. Sahls Prinzip war: „Er bittet nicht und lehnt nicht ab und bewahrt nicht auf." *Al-lumaᶜ* 49,1 / Kap. 24,3; *Qūt al-qulūb* 2, 19,25 / Kap. 32,518; Qušayrī, *Risāla*, Kap. 19,3 / Anṣārī, *Šarḥ ar-Risāla al-Qušayrīya* 3, 48; Suhrawardī, *ᶜAwārif al-maᶜārif* 343,23 / Kap. 60,16; Maḥmūd-i Kāšānī, *Miṣbāḥ ul-hidāya* 377. – Bišr al-Ḥāfī (gest. 227/841) hatte drei Typen vor Augen: einen, der weder bettelt noch Dargebotenes annimmt; einen, der nicht bettelt, aber Dargebotenes nimmt; einen, der in der Not bettelt. Siehe Sulamī, *Ṭabaqāt aṣ-ṣūfīya*, ed. Pedersen 39,40 / ed. Šarība 47; Makkī, *Qūt al-qulūb* 2, 195,21–23 / Kap. 41,13; Qušayrī, *Risāla*, Kap. 19,23 / Anṣārī, *Šarḥ* 3, 60; Ġazzālī, *Iḥyāᵓ* 4, 210,18–19 / D 113; Yāfiᶜī, *Rawḍ ar-rayāḥīn* 145–146, Nr. 109; ᶜAṭṭār, *Taḏkirat ul-awliyāᵓ* 1, 110,6–13.

5. Das sind die Zustände der Sufis im Nichterwerb und Betteln. Bei ihnen gibt es Wirklichkeiten, die einer Beschreibung nicht mehr zugänglich sind, und feine Hulderweise von Gott zur Zeit der Nöte und Bedrängnisse, wie auch zu anderen Zeiten. Die Angelegenheiten der Sufis sind staunenswert und ihre Zustände bestrickend. Von einem unserer Gefährten erzählte man: Er streckte einem Mann die Hand hin und deutete ihm an, daß er etwas brauche. Doch der Mann weigerte sich und fiel über ihn her. Da nun der Betreffende (von seinem Begehren) Abstand nahm, sagte der Mann zu ihm: „Nanu! Ich bin über dich hergefallen, und du bist nicht böse geworden!" Er erwiderte: „Wenn ich meine Hand zu dir ausgestreckt hätte, dann sollte sie abgehauen werden!" Er hatte seine Hand zu Gott ausgestreckt und sah daher die Verweigerung von dem kommen, nach dessen Gabe er verlangte. Einer von ihnen hat, wenn er hungrig war, den Leuten den Mund hingehalten, mit der Hand aber nichts genommen. Die Leute fütterten ihm Bissen, und wenn er satt war, begab er sich wieder an seinen Platz.

6. Viele unter den besten Sufis und Armen bitten mit schönem Bitten. Sie haben bezüglich des Bittens ein Geheimnis, in das allein der Schöpfer Einblick

hat. Einer unserer Gefährten hat gesagt: „Seit ich weiß, daß das Almosen (zuerst) in Gottes Hand kommt und danach in die Hand des Bittenden, habe ich alles nur noch von ihm genommen."

> Prophetenwort: „Wenn immer ein Mann aus einem guten Erwerb – und Gott nimmt nur Gutes an – ein Almosen spendet, legt er es, wenn er es weggibt, in die Hand des Barmherzigen ..." Dārimī, *Sunan* 1, 333, Nr. 1682, zakāt 35. Dazu auch Buḫārī, *Ṣaḥīḥ*, zakāt 8 / Houdas-Marçais, *Les Traditions Islamiques* 1, 459 / Ibn Ḥağar, *Fatḥ al-bārī* 4, 20–22; Muslim, *Ṣaḥīḥ* 2, 702, zakāt 63; Tirmiḏī, *Al-ğāmi*ᶜ 3, 49, Nr. 661, zakāt 28 / Mubārakfūrī, *Tuḥfat al-aḥwaḏī* 3, 327–328, Nr. 656; Ibn Māğa, *Sunan* 1, 590, Nr. 1842, zakāt 28; Mālik, *Al-muwaṭṭa*ᵓ 2, 995, ṣadaqa 1; Aḥmad b. Ḥanbal, *Al-musnad* 2, 404,19–22; 2, 418,23–26.

Von al-Murtaᶜiš erzählt man eine feinsinnige Geschichte. [42] Als einmal ein Armer ihm andeutete, daß er etwas brauchte, und ihm seine Bitte vortrug, schlug er sie ihm ab. Das geschah am Anfang seiner Sache. Al-Murtaᶜiš war nämlich der Sohn eines Landherrn in Naysābūr. Er erzählte, wie es mit ihm angefangen hat: daß er vor der Tür seines Hauses saß und – so al-Murtaᶜišs Bericht: „Plötzlich kam da ein junger Mann in einem Flickenrock (*muraqqaᶜa*), mit einer Flickenmütze (*ḫirqa*) auf dem Kopf, und brachte mit einem feinen Wink bei mir seine Bitte vor. Ich dachte: Ein kräftiger, gesunder junger Mann, der keinen Stolz hat! Und ich gab ihm keine Antwort. Da stieß der Bursche einen Schrei aus, der mich erschreckte, und sagte: ‚Ich nehme Zuflucht zu Gott vor dem Gedanken, der in mein Innerstes eingedrungen ist!' Ich wurde ohnmächtig. Eine von unseren Mägden kam heraus und sah mich. Viele Leute umringten mich. Erst nach geraumer Zeit kam ich wieder zu mir. Als ich beim Wiedererwachen den Burschen nicht sah, bedauerte ich, was ich getan hatte. In der folgenden Nacht sah ich im Traum ᶜAlī b. Abī Ṭālib und mit ihm den jungen Mann, der mich auf ᶜAlī b. Abī Ṭālib hinwies, während dieser mich ermahnte und sagte: ‚Wer den ihn Bittenden abweist, dessen Bitte erhört Gott nicht.' Als ich erwachte, teilte ich alles aus, was ich hatte und erreichen konnte, und ging fort. Als ich fünfundzwanzig Jahre später vernahm, daß mein Vater und mein Bruder gestorben waren, ging ich nicht wieder nach Naysābūr zurück. Daß ich den Burschen zurückgewiesen habe, ist eine Schande, über die ich mich ständig geschämt habe und immer schämen werde, bis ich Gott begegne." In dieser Geschichte zeigen sich die Wirklichkeiten dessen, der bittet, nachdem er verzichtet hatte, und dessen, der verzichtet, nachdem er angesammelt hat.

7. Zum Nichterwerb gibt es bei den Sufis geheime Andeutungen, worin sie durch die Entsprechung der für ihn verrichteten Werke des Gehorsams und des Dienstes auf Gottes Willen eingehen.

12

DIE GRUNDSÄTZE DER SUFIS

1. Die Grundsätze (*aḥkām*) der Sufis sind: die Heimsuchung in Geduld auf sich zu nehmen und alle schlimmen und widrigen Dinge und Ereignisse zu ertragen. Das ist der Kampfplatz der Sufis. Denn sie hörten Gott sagen: *Sei geduldig! Nur durch Gott wirst du geduldig sein* (Sure 16,127). Und sie hörten ihn sagen: *Und bring denen, die geduldig sind, gute Nachricht!* (Sure 2,155). Und sie hörten ihn sagen: *Die geduldig und wahrhaftig sind* (Sure 3,17). Und sie hörten ihn sagen: *Und die in Not und Ungemach, und wenn Gewalt herrscht, geduldig sind, sie sind wahrhaftig* (Sure 2,177).

2. [43] Die Geduld ist die Zurückhaltung der Seele von den Lüsten und das Verharren auf den Kampfplätzen der Heimsuchung. Die Sufis streifen auf den Kampfplätzen der Heimsuchung umher, denn wenn sie die Sache selbst (die Geduld) für ihr eigen erklären, werden sie heimgesucht. Gott sucht nämlich die Gläubigen heim und erprobt und prüft sie, um aus ihnen die Wirklichkeiten des Glaubens durch die Zufriedenheit und die Geduld in Not und Ungemach zutage zu fördern. Gott sprach: *Meinen denn die Menschen, sie würden, nur weil sie sagen: „Wir sind gläubig", in Ruhe gelassen werden, ohne Prüfungen ausgesetzt zu werden?* (Sure 29,2). Gott hat also dem, der erklärt, er sei gläubig, kundgetan, daß er Prüfungen ausgesetzt wird und daß die Verwirklichung des Glaubens das geduldige Ertragen der Drangsale in ihren Wirklichkeiten ist. Danach sprach Gott: *Wir haben doch die, die vor ihnen lebten, Prüfungen ausgesetzt. Gott wird gewiß über diejenigen, die die Wahrheit sagen, unterrichtet sein, und er wird gewiß unterrichtet sein über die, die lügen* (Sure 29,3). Die Wahrhaftigkeit des Gläubigen erweist sich, wenn Heimsuchung, Schicksalsschläge, Not und Elend hereinbrechen.

3. Die Besonderheit der Sufis in der Geduld liegt im Entwerden der Seele unter den Entscheiden der Wahrheit. Wenn sie nämlich auf die Wahrheit hinweisen, erklären sie etwas für ihr eigen, und wenn sie das tun, werden sie heimgesucht, da die Erklärung, etwas zu besitzen (*daʿwā*), mit der Heimsuchung verbunden ist. Die Sufis sind für die Heimsuchung geschaffen, in der Heimsuchung werden sie erzogen, in der Heimsuchung haben sie ihr Leben, in der Heimsuchung wandeln sie, aus der Heimsuchung sprechen sie, in der

Heimsuchung werden ihnen Erfahrungen zuteil, auf die Heimsuchung ist ihr Streben ausgerichtet. Die Heimsuchung ist ihre Wahl, denn sie stellen fest, daß Gott seine Freunde und Getreuen auf die Probe stellt. Er sprach: *Wir werden euch bestimmt auf die Probe stellen, um unterrichtet zu sein über die von euch, die kämpfen, und die, die geduldig sind* (Sure 47,31).

4. Die Sufis ertragen die Heimsuchung und erwählen sie, da sie alles auf sich nehmen können, weil sie auf Gott schauen. Denn Gott spricht: *Sei nun geduldig in Erwartung der Entscheidung deines Herrn! Du stehst vor unseren Augen* (Sure 52,48). Das Schauen auf Gott (*mušāhadat al-Ḥaqq*)

> Gemeint ist hier, daß sie auf Gott schauen im Bewußtsein, daß Gott auf sie schaut.

nimmt sie heraus aus den Bitternissen des Geduldübens und des Hinunterwürgens und Schluckens (ich lese *wa-ǧarᶜihī*) der Geduld. So leben sie unter Gottes teurer Wahl und freundlicher Prüfung.

5. Gott prüft seine Freunde nach Maßgabe ihrer verschiedenen Erkenntnisse und der Stärke ihrer Gewißheit. Dann erwählt er sie mit seiner großmütigen Auserwählung und erhabenen Prüfung. Darum sind sie nach den Propheten und Gesandten die am heftigsten heimgesuchten Menschen. Der Prophet sagte: „Die am heftigsten heimgesuchten Menschen sind die Propheten, dann kommen die Gottesfreunde, dann die Rechtschaffenen, dann die Nächstähnlichen und weiter die Nächstähnlichen."

> Unterschiedlich überliefert. Siehe Wensinck, *Concordance* 1, 220b. Nach Fāṭima, der Schwester von Ḥuḏayfa b. al-Yamān (gest. 36/656): „Zu den am ärgsten heimgesuchten Menschen gehören die Propheten, dann die, die ihnen nah sind, dann die, die ihnen nah sind." Aḥmad b. Ḥanbal, *Al-musnad* 6, 369,5–8. – Saᶜd b. Abī Waqqāṣ (gest. 55/675): „Ich fragte: ‚Gesandter Gottes, welche Menschen werden am ärgsten heimgesucht?' Er antwortete: ‚Die Propheten, dann die Nächstähnlichen und weiter die Nächstähnlichen. Der Mensch wird nach Maßgabe seiner Religion heimgesucht. Ist er in seiner Religion fest, so ist seine Heimsuchung heftig, gibt es in seiner Religion Schwäche, so wird er nach Maßgabe seiner Religion heimgesucht. Die Heimsuchung bleibt solange beim Menschen, bis sie ihn so zurückläßt, daß er ohne Sünde auf der Erde wandelt.'" Ibn Māǧa, *Sunan* 2, 1334, Nr. 4023, fitan 23. Dazu Naysābūrī, *Al-mustadrak* 4, 307; Ṭaḥāwī, *Muškil al-āṯār* 3, 61–63; Abū Nuᶜaym, *Ḥilyat al-awliyāᵓ* 10, 101.

6. Die Anhänger des Sufitums sind im Ertragen und Wählen der Heimsuchung verschieden. Der eine wählt die Heimsuchung nicht, aber [44] wenn er mit ihr geprüft wird, faßt er sich, nachdem die Prüfung über ihn gekommen ist, in Geduld. Der andere wählt und erträgt die Heimsuchung auf Grund von Gottes Wahl und Willen. Ein anderer sucht die Heimsuchung, und wenn er sie

findet, freut er sich über sie und erträgt sie, und wenn er sie nicht findet, macht (ihn) ihre Unerreichbarkeit traurig. Wieder ein anderer nimmt Zuflucht zu Gott, wenn er die Heimsuchung vermißt, und bittet um sie. Wieder ein anderer nimmt die Heimsuchung mit Segenswünschen in Empfang. Das ist sein Zustand.

7. Die Heimsuchung fördert aus denen, die sich für Besitzer (der Geduld) erklären, die Wahrheit zutage. Wer die Heimsuchung als Heimsuchung ansieht, ist hilflos und mittellos. Wer die Heimsuchung als Fehlen der Heimsuchung ansieht, handelt unrechtmäßig und mißbräuchlich. Wer die Heimsuchung als Unversehrterhaltung durch die Heimsuchung ansieht, kommt heil und unversehrt davon. Abū Bakr ad-Dīnawarī (ad-Duqqī) sagte: „Sieh die Heimsuchung nicht als Heimsuchung an, sonst sperrt sie dich aus, sieh sie vielmehr als Unversehrterhaltung durch die Heimsuchung an, dann trägt sie dich." Einer von ihnen hat gesagt: „Wehre die Heimsuchung nicht ab, indem du vor ihr fliehst, sonst gehst du zugrunde, nimm vielmehr die Heimsuchung vom Heimsuchenden an und suche Hilfe bei dem, was sie vermittelt,

> Kap. 12,6 nennt ein Beispiel dafür, was zur Heimsuchung verhelfen kann: das Zufluchtnehmen zu Gott und das Bitten um die Heimsuchung. Man könnte auch an anderes denken: sein Hab und Gut verschenken, gesicherten Unterhalt ausschlagen, ohne Wegzehrung in die Wüste gehen, Krankheiten nicht behandeln lassen u. dgl. – alles Mittel auf der „Suche" (*ṭalab*) nach der Heimsuchung.

damit du (von ihr) erreicht wirst."

8. Die Tätigkeiten der Sufis sind mit den Besitzdeklarationen (*daᶜāwā*) verbunden,

> Das heißt: Mit ihrem Tun erklären sie etwas als ihr eigen. Hier: Ihr Tun erklärt sie für Eigner der Geduld.

und ihre Besitzdeklarationen sind mit der Heimsuchung verbunden. Denn die Tätigkeiten der Sufis weisen und deuten alle, wahrheitsgemäß oder lügenhaft, auf die Wahrheit hin. Bei den Wahrhaftigen sprechen die Besitzdeklarationen über sie, und wenn sie dann durch die Heimsuchung geprüft werden, üben sie Geduld und sind nicht hilflos, und so bezeugt die Geduld die Wahrhaftigkeit ihrer Deklarationen. Die Lügner aber äußern die Deklarationen ohne Beweis und Wirklichkeit: sie besitzen die Geduld nicht. Die Heimsuchung stellt sie nämlich bloß und macht ihre Hilflosigkeit und Schwäche offenbar.

9. Ferner eignen den Sufis Andeutungen in bezug auf die verschiedenen Weisen, in denen die Zustände an ihnen zum Vollzug gelangen. Bei ihnen erweisen sich die Zustände bezüglich der Heimsuchung als unterschiedlich. Beim einen ist sein Sprechen Heimsuchung, beim anderen sind seine Tätigkei-

ten Heimsuchung, beim anderen ist sein Schweigen Heimsuchung, beim anderen ist sein Ruhen (lies *sukūnuhū*) Heimsuchung. Ihre Zustände in der Heimsuchung sind unterschiedlich und ihre Andeutungen darin zahlreich. Die Wahrheit vereint sie in der Wurzel der Sache selbst (*aṣl al-maᶜnā*), und die Heimsuchung trennt sie, damit die Trennung eine Verwirklichung der Vereinigung sei.

10. Darum drehen sich die Glaubensrichtungen der Sufis. Die Zustände aber, die es bei ihnen außerdem noch gibt, sind zahlreicher, als daß man sie errechnen und aufzählen könnte.

13

DIE CHARAKTEREIGENSCHAFTEN DER SUFIS

1. Die Charaktereigenschaften (*aḫlāq*) der Sufis sind Gutartigkeit, sanftes Sprechen, Friedfertigkeit, heiteres Aussehen, fröhliches Auftreten, Liebe und Altruismus gegenüber den Armen, auch wenn sie große Mühe haben [45] und Mangel leiden. Gott sprach: *Sie bevorzugen (sie) vor sich selber, auch wenn sie Mangel leiden* (Sure 59,9). Altruismus ist eine der Charaktereigenschaften des Gesandten Gottes und seiner Familie und seiner Gefährten. Sie hielten sich an seine Gutartigkeit, da er der gutartigste aller Menschen war. Gott sprach: *Du bist von gewaltiger Gutartigkeit* (Sure 68,4). Die Sufis folgen dem Beispiel des Propheten in allen Dingen, auch in der Gutartigkeit. Man sagt: Sufitum ist Gutartigkeit.

> Abū Muḥammad al-Ǧurayrī auf die Frage, was Sufitum sei: „Das Eintreten in jegliche hohe Charaktereigenschaft und das Ablegen jeglicher niedrigen Charaktereigenschaft." Sarrāǧ, *Al-lumaᶜ* 25,6–7 / Kap. 13; Qušayrī, *Risāla*, Kap. 41,3 / Anṣārī, *Šarḥ ar-Risāla al-Qušayrīya* 4, 4; Suhrawardī, *ᶜAwārif al-maᶜārif* 42,3–4 / Kap. 5,5.

2. Den Sufis sind bezüglich der Gutartigkeit Andeutungen eigen. Der Prophet sagte: „Der Mann erreicht gewiß durch seine Gutartigkeit die Rangstufe des Fastenden und Wachenden."

> „Der Gläubige erreicht durch seine Gutartigkeit die Rangstufen des in der Nacht Wachenden und am Tag Fastenden." Aḥmad b. Ḥanbal, *Al-musnad* 6, 64,14–17. Dazu *Al-musnad* 6, 90,17–19; 6, 133,13–15; 6, 187,5–7; Abū Dāwūd, *Sunan* 4, 350–351, Nr. 4798, adab, bāb fī ḥusn al-huluq / ᶜAẓīmābādī, *ᶜAwn al-maᶜbūd* 13, 154, Nr. 4777.

Der Betende betet nämlich für sich selber, und ebenso fastet der Fastende für sich selber. Die Gutartigkeit aber geht (in ihrer Wirkung) vom Gutartigen auf andere über: ein Gläubiger wird durch sie erfreut (ich lese *fa-yufraḥu*), und das Herz jedes Muslims wird durch sie heiter (ich lese *wa-yusarru*). Es heißt: Die Sufis sind letztlich auf Gutartigkeit angelegt. Durch die Gutartigkeit wünscht sich der Ungläubige den Islam, durch die Gutartigkeit wird der Unverständige vom Unverstand fortgezogen, durch die Gutartigkeit wird Gott den Menschen lieb, durch die Gutartigkeit schafft man Gleichheit, durch die Gutartigkeit schafft man Verbundenheit, durch die Gutartigkeit wird alles Gute erreicht. Gott rief seinen Propheten in vielen Koranversen zur Gutartigkeit auf, da er spricht: *Übe Nachsicht und gebiete, was recht ist* (Sure 7,199). Und Gott spricht: *Und streite mit ihnen auf eine möglichst gute Art* (Sure 16,125). Und er spricht: *Wenn du grob und hartherzig gewesen wärst, wären sie dir davongelaufen. Verzeih ihnen nun!* (Sure 3,159). Und er spricht: *Gegen die Waise sollst du nicht gewalttätig sein, und den Bettler sollst du nicht anfahren. Aber erzähle von der Gnade deines Herrn!* (Sure 93,9–11). Sodann hat er alle Menschen zur Gutartigkeit aufgerufen und gesagt: *Und sprecht freundlich zu den Menschen!* (Sure 2,83).

3. Die Sufis deuten in bezug auf die Gutartigkeit (*ḫuluq*) auf die Beeigenschaftung mit den Moralqualitäten Gottes (*taḫalluq bi-aḫlāq Allāh*) hin. Das ist der überlieferte Bericht: „Gott hat dreihundertsechzig Moralqualitäten. Wer eine davon mitbringt, geht ins Paradies ein."

Der Prophet nach ᶜUṯmān b. ᶜAffān: „Gott besitzt dreihundertsiebzehn Moralqualitäten. Wer mit einer davon zu ihm kommt, geht ins Paradies ein." Munāwī, *Fayḍ al-qadīr* 2, 482, Nr. 2364; ders., *At-taysīr bi-šarḥ al-Ǧāmiᶜ aṣ-ṣaġīr* 1, 320; ᶜAzīzī, *As-sirāǧ al-munīr* 1, 520; Nabhānī, *Al-fatḥ al-kabīr* 1, 409. Gotteswort: „Ich habe einige dreihuntertzehn Moralqualitäten erschaffen. Wer in Verbindung mit dem Bekenntnis ‚Es gibt keinen Gott außer Gott' eine davon mitbringt, geht ins Paradies ein." Munāwī, *Al-itḥāfāt as-sanīya* 50, Nr. 107. – ᶜAbd al-Wāḥid b. Zayd (gest. nach 150/767): „Gott hat einhundertsiebzehn Moralqualitäten. Wer eine davon mitbringt, geht ins Paradies ein." Ḏahabī, *Mīzān al-iᶜtidāl*, Kairo 1325, 2, 157 / Kairo 1382, 2, 673; Ibn Ḥaǧar, *Lisān al-mīzān* 4, 80. Dazu Ḥakīm at-Tirmiḏī, *Sīrat al-awliyāᵓ* 1, 22 und 99.

Außerdem heißt es in der Überlieferung vom Propheten, er habe gesagt: „Gott ist barmherzig und liebt von seinen Knechten die, die barmherzig sind."

Die klassische Form: „Gott erbarmt sich von seinen Knechten derer, die barmherzig sind." Muslim, *Ṣaḥīḥ* 2, 636, ǧanāᵓiz 11. Weitere Stellen bei Wensinck, *Concordance* 2, 235b.

Das gleiche gilt für die übrigen [46] Moralqualitäten, durch die die Gutartigkeit seines Propheten gewaltig war. Gott gab David ein: „David, nimm meine Moralqualitäten an! Zu ihnen gehört, daß ich der sehr Geduldige und Dankbare bin."

4. Die Andeutungen der Sufis über die Gutartigkeit gründen letztlich in der Übereinstimmung mit Gott, jedoch so, daß der Unterschied bleibt und Herrsein (*rubūbīya*) und Knechtsein (*ᶜubūdīya*) auseinandergehalten werden. Es gibt eben auch Eigenschaften Gottes, mit denen sich die Knechte nicht beei-

genschaften dürfen, nämlich: die Gewaltherrlichkeit, die Selbstherrlichkeit, die Mächtigkeit, das Zupacken, das Herrschertum, den Wunsch nach Lob.

Beispiele für Eigenschaften Gottes, die man sich aneignen soll, bei Makkī: Wissen, Milde, Vergeben, Gutartigkeit, Nachsichtigkeit. Nicht aneignen darf man sich zum Beispiel: Stolz, Selbstlob, Liebe zum Lob, Liebe zum Reichtum, Bewußtsein eigener Größe, Erwähntseinwollen. *Qūt al-qulūb* 2, 50,32–34 / Kap. 32,663.

Das sind Eigenschaften des Herrseins, das ihm allein zukommt. Ihm allein gehören die Mächtigkeit und die Gewaltherrlichkeit, denn er ist der Hoheitsvolle in seiner Einzigkeit, der Erhabene in seiner Zweitlosigkeit, der von den Dingen geschieden ist durch sein hoheitsvolles und gewaltherrliches Walten und alle seine Geschöpfe durch seine Allmacht in seinen Dienst gestellt hat.

5. Weiterhin hat Gott seine Freunde aufgerufen, gegen alle gutartig zu sein. Man berichtete, Gott habe Mose gesagt: „Mose, sei gutartig, selbst gegen einen Ungläubigen!"

Wahb b. Munabbih (gest. 110/728–9 oder 114/732, vielleicht später) erzählte eine Geschichte von einem schlimmen Übeltäter, den die Israeliten nach seinem Tod auf den Misthaufen geworfen haben. Doch Gott gab Mose ein, ihn zu holen und über ihm das Totengebet zu sprechen. Der Grund: Der Mann war zwar ein übler Missetäter, aber jedesmal, wenn er die Thora aufschlug und sein Blick darin auf den Namen Muḥammads fiel, küßte er ihn, legte ihn sich auf die Augen und sprach über ihn den Segenswunsch. Abū Nuᶜaym, *Ḥilyat al-awliyāᵓ* 4, 42. Als Israelitengeschichte bei Makkī, *Qūt al-qulūb* 2, 84,24–30 / Kap. 33,7. – Sonst ist das Gotteswort zu Mose als Wort zu Abraham überliefert: „Du bist mein Freund. Sei gutartig, selbst gegen die Ungläubigen, dann ergeht es dir wie den Reinen! Mein Wort für den Gutartigen ist ergangen: Ich werde ihn unter meinem Thron beschatten, ihn im Garten meiner Heiligkeit wohnen lassen und ihn zu meinem nahen Nachbarn machen." Sulamī, *Kitāb al-arbaᶜīn* 2, Nr. 3. Dazu Munāwī, *Fayḍ al-qadīr* 3, 71, Nr. 2781; ders., *At-taysīr bi-šarḥ al-Ǧāmiᶜ aṣ-ṣaġīr* 1, 385; ders., *Al-itḥāfāt as-sanīya* 100, Nr. 231; ᶜAzīzī, *As-sirāǧ al-munīr* 2, 79–80; Nabhānī, *Al-fatḥ al-kabīr* 1, 462.

Die Charakterart der Sufis im Sufitum ist diese. Denn ihre Grundsätze verlangen, daß sie, sobald sie sich etwas vornehmen, Gott allem anderen vorziehen und dem Diesseits, auf es verzichtend, entsagen. Denn sie denken nicht, das Diesseits könnte etwas sein, was man Gott vorziehen dürfte. Darum haben sie es dem Frommen und dem Sittenlosen hingeworfen. So sind sie schließlich unbeschwert geworden und sind dem Diesseits entworden. Und als sie sich dann ihrem Ich zuwandten, entsagten sie seinen Lüsten und Begehrlichkeiten um Gottes willen. Als sie die Verächtlichkeit des Ich erkannten, verschmähten sie es, es Gott vorzuziehen. Sie zogen vor, es den Freunden Gottes zu überlassen, um ihnen zu dienen und sich ihnen zu opfern. Sie bringen verschiedentlich zum Ausdruck, daß ihnen das eigen ist, und sind in Eifersucht für Gott darum besorgt, daß das Ich dafür da ist, der Sache Gottes geopfert zu werden.

6. Hierin sind ihnen Stationen und Standplätze eigen. Die Zustände und die Erscheinungsformen der Gutartigkeit lassen sich nicht zählen. Sie ist geschenkt durch die Gnade Gottes, der seinen Freunden in ihren Charaktereigenschaften und Grundsätzen nahe ist.

14

DIE FREIGEBIGKEIT DER SUFIS

1. Die Freigebigkeit (*saḫāʾ*) ist das Spenden (*badl*). Eine ihrer edlen Charaktereigenschaften ist, daß sie dem Propheten angeglichen sind, da er ja in Bedrängnis und Wohlergehen das freigebigste Geschöpf Gottes war und niemals nein sagte, wenn jemand ihn um etwas bat.

„Der Gesandte Gottes hat niemals nein gesagt, wenn man ihn um etwas gebeten hat." Muslim, *Ṣaḥīḥ* 4, 1805, faḍāʾil 56. Beispiele seiner Freigebigkeit danach. Dazu Tirmiḏī, *Aš-šamāʾil al-Muḥammadīya* 189, Nr. 345. „Der Gesandte Gottes war der freigebigste Mensch. Am freigebigsten war er im Ramaḍān, wenn Gabriel ihn traf. Dieser traf jede Ramaḍānnacht mit ihm zusammen und ging mit ihm den Koran durch. Da tat der Gesandte Gottes das Gute freigebiger als der wehende Wind." Buḫārī, *Ṣaḥīḥ*, badʾ al-waḥy 5 / Houdas-Marçais, *Les Traditions Islamiques* 1, 5 / Ibn Ḥaǧar, *Fatḥ al-bārī*, 1, 34–35. Dazu Tirmiḏī, *Aš-šamāʾil al-Muḥammadīya* 189–190, Nr. 346.

2. Die Freigebigkeit ist die herrlichste Charaktereigenschaft des Gläubigen. Diesseitige Güter sind nämlich in seinen Augen bedeutungslos. Freigebigkeit und Edelmut sind Charaktereigenschaften der Gesandten und Propheten. Man berichtet, daß die Gottesfreunde [47] die anderen Menschen nicht durch vieles Beten und Fasten übertreffen, sondern durch das Heilsein der Brust und die Freigebigkeit der Seele. Gott liebt die Freigebigen und haßt die Geizigen. Geiz und Habgier sind Eigenschaften der das Böse befehlenden Seele. Gott sprach: *Denen, die vor der Habgier ihrer Seele bewahrt bleiben* (lies *yūqa*), *wird es wohl ergehen* (Sure 59,9). In der Überlieferung wird berichtet: „Gott sagt den Gärten von Eden: Wohl dir, Ort der Wohnungen der Könige! Bei meiner Majestät und Erhabenheit: Kein Geiziger wird in dir mein Nachbar sein!" Es wird berichtet: „Der freigebige Unwissende ist Gott lieber als der geizige Gläubige."

Der Unwissende: der den Islam nicht kennt. – Nach Tirmiḏī, *Al-ǧāmiʿ* 4, 342, Nr. 1967, birr 40 / Mubārakfūrī, *Tuḥfat al-aḥwaḏī* 6, 95–96, Nr. 2027: „Der Freigebige ist Gott nah, dem Paradies nah, den Menschen nah, dem Höllenfeuer fern. Der Geizige ist Gott fern, dem Paradies fern, den

Menschen fern, dem Höllenfeuer nah. Ein freigebiger Unwissender ist Gott lieber als ein geiziger Gottesdiener." Dazu Munāwī, *Fayḍ al-qadīr* 4, 138–139, Nr. 4804; ders., *At-taysīr bi-šarḥ al-Ǧāmiᶜ aṣ-ṣaġīr* 2, 69–70; ᶜAzīzī, *As-sirāǧ al-munīr* 2, 359; Nabhānī, *Al-fatḥ al-kabīr* 2, 170–171; ᶜAlī al-Qārī, *Al-asrār al-marfūᶜa* 483; ᶜAǧlūnī, *Kašf al-ḫafāʾ* 545, Nr. 1468; Šaybānī, *Tamyīz aṭ-ṭayyib min al-ḫabīṯ* 89. Vgl. Makkī, *Qūt al-qulūb* 1, 251,17–18 / Kap. 32,349; Qušayrī, *Risāla*, Kap. 36,1 / Anṣārī, *Šarḥ ar-Risāla al-Qušayrīya* 3, 195–196; Ǧullābī, *Kašf ul-maḥǧūb* 408,9–11 / Übers. Nicholson 317; Rāġib al-Iṣfahānī, *Muḥāḍarāt al-udabāʾ* 2, 648. Mehrere Überlieferungen bei Ḫaṭīb al-Baġdādī, *Al-buḫalāʾ* 46–49.

Über die Freigebigkeit gibt es mehr Berichte, als daß man sie aufzählen und zusammenstellen könnte. Ich habe erfahren: Nachdem as-Sāmirī das Kalb verfertigt und Mose es verbrannt hatte, wollte Mose as-Sāmirī töten. Gott aber sagte zu Mose: „Töte as-Sāmirī nicht! Er ist freigebig." Seine Freigebigkeit hat seine Bestrafung auf das Jenseits aufgeschoben. Das sind deutliche Beweise zugunsten der Freigebigkeit und des Spendens der Besitztümer.

3. Über das, was mit Freigebigkeit gemeint ist, gibt es bei den Sufis Andeutungen und Gedanken. Sie spenden nämlich die Güter mit dem Äußeren der Freigebigkeit und spenden die Charaktereigenschaften

Sie spenden die Charaktereigenschaften: sie lassen sie den anderen zugute kommen.

mit dem Inneren der Freigebigkeit und spenden die Seele mit der Wirklichkeit der Freigebigkeit. Gott sprach: *Ihr werdet das* (*wahre*) *Gut nicht erreichen, solange ihr nicht etwas spendet, was euch lieb ist* (Sure 3,92). Das (wahre) Gut ist das Paradies. Es wird nur erreicht werden, wenn man die Güter, die einem lieb sind, spendet. Die Freundschaft Gottes erlangt einer nur, wenn er seine Seele Gott spendet – sie ist ja das, was Gott am liebsten ist – und aus Freigebigkeit, und um Gott durch sie näher zu kommen, sich ihre Lüste nicht zu eigen macht und ihr ihre Begehrlichkeiten verwehrt.

4. Die Sufis sind die freigebigsten Geschöpfe Gottes und die großmütigsten Geschöpfe Gottes im Spenden und Teilen. Niemals trifft der Name Sufi für einen Geizigen zu. Wenn einem das Diesseits lieb ist und das Geld lieb ist (lies *ad-dunyā wa-ᶜazāzatu l-māli*) und die Seele lieb ist, bekommt er den Duft des Sufitums nicht zu riechen, denn das sind Charaktereigenschaften der Geizigen. Wer sein Hab und Gut aufrichtig um Gottes willen spendet, wird das Paradies haben, und wer seine Seele aufrichtig spendet, wird Gott haben. Gott sprach: *Gott kauft den Gläubigen ihre Seele und ihr Hab und Gut dafür ab, daß sie das Paradies haben sollen* (Sure 9,111). Gott hat also kundgetan, daß er die Seele kauft. Wer sie daher verkauft, wird Gott haben. Dann, nachdem er *ihre Seele* gesagt hatte, sagte er: *und ihr Hab und Gut dafür, daß sie das Paradies*

haben sollen. Die Gegengabe für die Seele ist demnach die Nähe Gottes, die Gegengabe für das Hab und Gut das Paradies.

5. [48] Die Sufis erklären in bezug auf die Freigebigkeit, sie würden sich in der Großmut und im Haß auf das Diesseits nach Gott richten. Denn Gott ist großmütig und liebt die Großmut,

> Saᶜīd b. al-Musayyib (gest. 94/713): „Gott ist gut und liebt das Gute, rein und liebt die Reinheit, edelmütig und liebt den Edelmut, großmütig und liebt die Großmut ...“ Tirmiḏī, *Al-ǧāmiᶜ* 5, 111–112, Nr. 2799, adab 41 / Mubārakfūrī, *Tuḥfat al-aḥwaḏī* 8, 82–83, Nr. 2951.

und er hat das Diesseits geschaffen und für bedeutungslos gehalten. Wie sollten denn dann die Erkenner (*al-ᶜārifūna*?) für das Diesseits und dafür, daß sie es spenden, eine Gegengabe in Betracht ziehen(?), wo es doch von Anfang bis Ende in Gottes Augen nicht so viel wiegt wie ein Mückenflügel!

> Als Prophetenwort: „Wenn das Diesseits in Gottes Augen einem Mückenflügel gleichkäme, gäbe er keinem Ungläubigen davon einen Schluck Wasser zu trinken.“ Tirmiḏī, *Al-ǧāmiᶜ* 4, 560, Nr. 2320, zuhd 13 / Mubārakfūrī, *Tuḥfat al-aḥwaḏī* 6, 611, Nr. 2422. Dazu Ibn Māǧa, *Sunan* 2, 1376–1377, Nr. 4110, zuhd 3; Ibn al-Mubārak, *Az-zuhd wa-r-raqāʾiq* 178, Nr. 509. Als Wort von Abu d-Dardāʾ (gest. 32/652–3): „Bei Gott! Wenn das Diesseits in Gottes Augen das Gewicht des Flügels einer Fliege hätte, hätte er Pharao davon keinen Schluck Wasser zu trinken gegeben.“ Aḥmad b. Ḥanbal, *Kitāb az-zuhd* 136.

6. Die Freigebigkeit ist eine edle, herrliche Charaktereigenschaft. Sie ist der erste Standplatz der Sufis. Von Yūsuf b. al-Ḥusayn (ar-Rāzī) berichtet man, er habe gesagt: „Das Sufitum nimmt den Ḥadīṯleuten den Geiz, das Ḥadīṯ nimmt dem Sufi die Unwissenheit.“ Die Sufis spenden ihr Hab und Gut allen, dem Frommen und dem Bösewicht, ohne die Wirklichkeit der Freigebigkeit im Äußeren zu unterscheiden, und sie spenden die Seele der Auslese, ohne die Wirklichkeit der Freigebigkeit im Inneren zu unterscheiden, und sie spenden den Geist Gott, ohne die Wirklichkeit der Freigebigkeit im Innersten zu unterscheiden.

> Ohne zu unterscheiden: ohne sich in den jeweils tieferen Schichten des Unterscheidungsvermögens der eigenen Freigebigkeit bewußt zu werden.

Das alles wird verwirklicht, indem man in bezug auf sie Selbstkontrolle übt und in bezug auf ihr Schalten und Walten Gott vor Augen hat. Das Hab und Gut spendet man mit Hilfe des Wissens, die Seele spendet man mit Hilfe des Erlebens (*waǧd*), den Geist spendet man mit Hilfe des Schauens (auf Gott). Gott hat die vollkommene Freigebigkeit an den mit dem Sufitum gekennzeichneten Armen sichtbar werden lassen, die die Wirklichkeiten der Dinge kennen und nach den Propheten die großmütigsten und freigebigsten Menschen sind. – Gott geselle uns seinen lauteren Freunden bei, die alles für Gott opfern, so daß Gott für sie ihre Stelle vertritt. Gott ist ein mächtiger Sachwalter!

15

DIE EINTRACHT UND FREUNDSCHAFT DER SUFIS

1. Die Freundschaft (*muʾālafa*) der Sufis untereinander und ihre Liebe und Eintracht (*muwāfaqa*) sind von Gott im voraus für sie gewollt. Er hat zwischen den Herzen seiner Freunde im Urbeginn Freundschaft gestiftet. Gott sprach: *Wenn du alles, was auf der Erde ist, ausgegeben hättest, hättest du zwischen ihren Herzen (damit) keine Freundschaft gestiftet. Aber Gott hat zwischen ihnen Freundschaft gestiftet* (Sure 8,63). Aus der Freundschaft (*ulfa*) ergibt sich die Liebe und aus der Liebe die Eintracht.

2. Die Freundschaft ist nichts (durch eigenes Tun) Erwerbbares, da Gott für sie die Selbsterwerbung (*iktisāb*) nicht zugelassen und sie selbst in die Hand genommen hat: er ist in allen Zuständen, den besonderen und den allgemeinen, der Sachwalter. Die Liebe aber ist etwas Erwerbbares, da der Prophet sagte: „Beschenkt einander, dann liebt ihr euch."

> „Reicht einander die Hand, dann weicht der Haß, beschenkt einander und liebt euch, dann weicht die Feindschaft." Mālik, *Al-muwaṭṭaʾ* 2, 908, ḥusn al-ḫuluq 16.

Liebe wird demnach durch Schenken erworben. Und er sagte: „Die Herzen sind so geschaffen, daß sie den lieben, der ihnen Gutes tut, und den hassen, der ihnen Böses antut."

> Munāwī, *Fayḍ al-qadīr* 3, 344, Nr. 3580; ders., *At-taysīr bi-šarḥ al-Ǧāmiʿ aṣ-ṣaġīr* 1, 485; ʿAzīzī, *As-sirāǧ al-munīr* 2, 209; Nabhānī, *Al-fatḥ al-kabīr* 2, 62.

Durch das Guttun erwirbt man also die Liebe, und aus der Liebe ergibt sich die Eintracht. Die Wirklichkeit [49] der Freundschaft ist voraufgegangen in der Wirklichkeit der Geister (*arwāḥ*) und fällt unter die Vorzeitlichkeit der Bekanntschaften. Der Prophet sagte: „Die Geister sind zusammengestellte Truppen. Die einander kennenden sind freundschaftlich verbunden, die einander nicht kennenden sind uneins."

> Buḫārī, *Ṣaḥīḥ*, anbiyāʾ 2 / Houdas-Marçais, *Les Traditions Islamiques* 2, 464 / Ibn Ḥaǧar, *Fatḥ al-bārī* 7, 179–180; Buḫārī, *Al-adab al-mufrad*

231–232, Nr. 900–901; Muslim, *Ṣaḥīḥ* 4, 2031–2032, birr 159–160; Abū Dāwūd, *Sunan* 4, 359, Nr. 4834, bāb man yuᵓmaru an yuǧālisa; Aḥmad b. Ḥanbal, *Al-musnad* 2, 295,19–21 / 15, 77–78, Nr. 7922; Abū Nuᶜaym, *Ḥilyat al-awliyāᵓ* 1, 198,19–20; Ḫaṭīb al-Baġdādī, *Taᵓrīḫ Baġdād* 3, 329,10–11. Dazu Makkī, *Qūt al-qulūb* 2, 235,23–24 / Kap. 44,62; Sarrāǧ, *Al-lumaᶜ* 42,2–3 / Kap. 19.

Die Bekanntschaft der Geister ist vorzeitig (*qadīm*). Ihre freundschaftliche Verbundenheit wurde offenbar, als Gott sprach: *Bin ich nicht euer Herr?* (Sure 7,172). In der Überlieferung heißt es: Als Gott die Nachkommenschaft aus dem Rücken Adams wie Staubteilchen (*ḏarr*) herausholte und sie fragte: *Bin ich nicht euer Herr?*, verbreiteten die Nachkommen einen Duft (ich lese *fāḥat*), und sie wurden ob der Süßigkeit des Klanges des Anrufs erregt. Wenn einem Geist die Freundschaft mit anderen vorausbestimmt war, brachte Gott sie, als sie sich regten, einander nah, und sie wurden Freunde. Ebenso werden (im jetzigen Leben) die Geister miteinander bekannt und wittern einander wie die Pferde, um durch den Geruch die Wirklichkeit der durch die Urbekanntschaft und den in der Urewigkeit ergangenen hoheitsvollen Willen Gottes entstandenen Freundschaft zu erkennen (ich lese *li-taᶜrifa*). Das (jetzige) gegenseitige Bekanntwerden geht zurück auf den Vorauswillen des im freundschaftlichen Verbundenwerden Bekanntmachenden. Die Geister werden also durch das Licht der Freundschaft miteinander bekannt und durch die Verwirklichung des Willens Gottes im freundschaftlichen Verbundenwerden miteinander bekannt gemacht (ich lese *tuᶜarrafu*).

3. Die Freundschaft ist eine der Wirklichkeiten der Gläubigen. Der Prophet sagte, als er die Gläubigen beschrieb: „Sie empfinden Freundschaft und erfahren Freundschaft. Nichts Gutes ist in jemandem, der keine Freundschaft empfindet und keine Freundschaft erfährt."

Mit dem Zusatz: „... Und der Beste ist, wer den Menschen am meisten nützt." Munāwī, *Fayḍ al-qadīr* 6, 253, Nr. 9147. Variante davor. Dazu Aḥmad b. Ḥanbal, *Al-musnad* 2, 400,18–20; 5, 335,18–20.

Sie ist besonders verliehen. Gott hat sie in seiner Weisheit und hoheitsvollen Gnade vorausbestimmt. Er sprach: *Und gedenkt der Gnade, die Gott euch erwiesen hat, als ihr Feinde wart und er zwischen euren Herzen Freundschaft gestiftet hat, worauf ihr durch seine Gnade Brüder wurdet* (Sure 3,103). Die Gnade ist die Freundschaft, die die Herzen der Gläubigen vereint hat.

4. Die Brüderlichkeit (*uḫuwwa*) kommt nach der Freundschaft. Es gibt eine besondere und eine allgemeine Brüderlichkeit. Die allgemeine ist das, was Gott sagte: *Die Gläubigen sind doch Brüder* (Sure 49,10). Das ist die Brüderlichkeit des Glaubens. Gott hat sie darin alle eingeschlossen (lies *faᶜammahum*). Die besondere ist die äußerlich erworbene, obgleich sie doch eine Mani-

festation von Nichterworbenem ist. Das ist das, was der Prophet getan hat, als er zwischen den (mekkanischen) Auswanderern und den (medinensischen) Helfern Brüderschaft stiftete. Nachdem sie das Allgemeine der Brüderschaft des Glaubens vereint hatte, rief er sie zum Besonderen darin auf. Denn er wußte Bescheid über die ihnen zugesprochene freundschaftliche Verbundenheit untereinander und über das, was ihnen verborgen war. Anas b. Mālik berichtete: „Als ᶜAbd ar-Raḥmān b. ᶜAwf nach Medina gekommen war, stiftete der Gesandte Gottes zwischen ihm und Saᶜd b. ar-Rabīᶜ al-Anṣārī Brüderschaft. [50] Saᶜd hatte zwei Frauen. Er bot ihm an, seine Frauen und sein Vermögen mit ihm zu gleichen Teilen zu teilen. Doch ᶜAbd ar-Raḥmān entgegnete ihm: ‚Gott segne dich in deinen Frauen und deinen Gütern!'"

Mehrfach überliefert. Beispiel: „Als sie nach Medina gekommen waren, stiftete der Gesandte Gottes Brüderschaft zwischen ᶜAbd ar-Raḥmān und Saᶜd b. ar-Rabīᶜ. Dieser sagte zu ᶜAbd ar-Raḥmān: ‚Ich bin der Reichste unter den Helfern. Ich werde meine Güter in zwei Hälften teilen. Und ich habe zwei Frauen. Schau, welche dir am besten gefällt, und nenne sie mir, daß ich sie verstoße. Wenn dann ihre gesetzliche Wartefrist vorüber ist, heirate sie!' ᶜAbd ar-Raḥmān entgegnete: ‚Gott segne dich in deinen Frauen und deinen Gütern! Wo ist dein Markt?' Man zeigte ihm den Weg zum Markt der Banū Qaynuqāᵓ. Als er zurückkam, hatte er etwas Quark und Butter übrig. Danach ging er jeden Morgen hin ..." Buḫārī, *Ṣaḥīḥ*, manāqib al-anṣār 3 / Houdas-Marçais, *Les Traditions Islamiques* 3, 3 / Ibn Ḥaǧar, *Fatḥ al-bārī* 8, 113. Dazu *Ṣaḥīḥ*, manāqib al-anṣār 50 / Houdas-Marçais 3, 64 / Ibn Ḥaǧar 8, 272–274; Timiḏī, *Al-ǧāmiᶜ* 4, 328, Nr. 1933, birr 22 / Mubārakfūrī, *Tuḥfat al-aḥwaḏī* 6, 61–62, Nr. 1998; Aḥmad b. Ḥanbal, *Al-musnad* 3, 190,6–10; 3, 204–205; 3, 271,1–5; Ibn Saᶜd, *Aṭ-ṭabaqāt* 3, 1, 88,18–89,7; Ibn al-Aṯīr, *Usud al-ġāba* 2, 278.

Das rührt von der freundschaftlichen Verbundenheit her, die ihnen von Gott im voraus zubestimmt wurde. Als dann Gott das offenbar machen wollte, kam die Bestimmung zur Verbrüderung zum Vollzug. Wem die Freundschaft im voraus zubestimmt ist, bei dem kommt es zur Brüderschaft.

5. Die Liebe in Gott ist eine Kostbarkeit des Glaubens. Sie hängt mit der Wirklichkeit der Brüderlichkeit zusammen und ist mit ihr verbunden. Durch den Propheten ist von Gott überliefert, er habe gesagt: „Ich muß die lieben, die einander in mir lieben, ich muß die lieben, die einander in mir besuchen, ich muß die lieben, die sich einander in mir opfern."

Abū Idrīs al-Ḫawlānī (gest. unter ᶜAbd al-Malik, 65–86/685–705) berichtete: „Ich kam in die Moschee von Damaskus. Da war ein junger Bursche mit blendend weißen Zähnen, und die Leute waren mit ihm zusammen. Wenn sie in etwas verschiedener Meinung waren, hielten sie sich an ihn und gingen von dem aus, was er sagte. Ich erkundigte mich über ihn, und man sagte, es sei Muᶜāḏ b. Ǧabal. Am folgenden Tag machte ich mich eilends auf (zum Gebet in der Moschee). Ich sah, daß er mir zuvorgekommen war und traf ihn im Gebet an. Ich wartete, bis er das Gebet beendet hatte. Dann trat ich von vorn an ihn heran und grüßte ihn. Dann sagte ich: ‚Bei Gott, ich liebe dich um Gottes willen!‘ Er sagte: ‚Bei Gott?‘ Ich sagte: ‚Bei Gott!‘ Er sagte: ‚Bei Gott?‘ Ich sagte: ‚Bei Gott!‘ Er sagte: ‚Bei Gott?‘ Ich sagte: ‚Bei Gott!‘ Dann packte er mich am losen Tuch meines Kleides, zog mich an sich und sagte: ‚Freue dich! Ich hörte den Gesandten Gottes sagen: Gott sprach: Ich muß die lieben, die einander in mir lieben, und die, die in mir beisammensitzen, und die, die in mir einander besuchen, und die, die sich in mir einander opfern.‘“ Mālik, *Al-muwaṭṭaʾ* 2, 953–954, šaʿar 16. Dazu Aḥmad b. Ḥanbal, *Al-musnad* 5, 229,17–26; 5, 233,2–10; 5, 236–237; 5, 239,18–29; 5, 328,1–13. Auch Abū Nuʿaym, *Ḥilyat al-awliyāʾ* 5, 206; ʿAbd al-Ǧabbār al-Ḫawlānī, *Taʾrīḫ Dārayyā* 54–56.

Durch Gottes Liebe machen sie sich die Wirklichkeit in der Brüderlichkeit zu eigen, und durch sie werden sie zu Freunden. Gottes Liebe ist es, die sie in der Freundschaft und der besonderen Art der Brüderlichkeit vereint. Als man in seiner Anwesenheit von der Verbrüderung sprach, sagte der Gesandte Gottes: „Das Geringste bei zwei sich in Gott Liebenden ist, daß sie sich in einer Sache treffen, während sie noch getrennt sind, und, wenn sie dann einander getroffen haben, ihre Sorgen eine einzige werden.“

So meines Wissens nirgendwo verzeichnet. Der Schluß erinnert an das Prophetenwort: „Wer seine Sorgen zu einer einzigen Sorge, der Sorge um sein Jenseits, macht, den enthebt Gott der Sorge um sein Diesseits ...“ Ibn Māǧa, *Sunan* 1, 95, Nr. 257, muqaddima 23. Der erste Teil dürfte von dem Ḥadīṯ von den „Sieben, denen Gott am Tag, da es außer seinem Schatten keinen Schatten gibt, Schatten spendet“ inspiriert sein, worin „zwei Männer, die einander in Gott lieben und sich in diesem Zustand treffen und trennen“ genannt werden. Mālik, *Al-muwaṭṭaʾ* 2, 952–953, šaʿar 14; Buḫārī, *Ṣaḥīḥ*, aḏān 36 / Houdas-Marçais, *Les Traditions Islamiques* 1, 223 / Ibn Ḥaǧar, *Fatḥ al-bārī* 2, 283–288; Muslim, *Ṣaḥīḥ* 2, 715, zakāt 91 / *Ṣaḥīḥ Muslim bi-šarḥ an-Nawawī* 7, 120–123; Tirmiḏī, *Al-ǧāmiʿ* 4, 598, Nr. 2391, zuhd 53 / Mubārakfūrī, *Tuḥfat al-aḥwaḏī* 7, 67–69, Nr. 2500; Aḥmad b. Ḥanbal, *Al-musnad* 2, 439,9–14; Munāwī, *Fayḍ al-qadīr* 4, 88–89, Nr. 4645; ders., *At-taysīr bi-šarḥ al-Ǧāmiʿ aṣ-ṣaġīr* 2, 53–54. Auch Ibn Ḥazm, *Ṭawq al-ḥamāma*, in: *Rasāʾil Ibn Ḥazm al-Andalusī*, ed. Iḥsān ʿAbbās 1, 199 / Weisweiler, *Halsband der Taube* 218–219.

Gott vereint die Sufis in der freundschaftlichen Verbundenheit so, daß einer vom Osten kommen kann und ein anderer vom Westen und doch beide im gegenseitigen Sichopfern und Verbundensein (ich lese *wa-t-taʾālufi*) wie ein einziger werden und beide zusammen wie ein einziger Leib. Denn sie sind in der Wirklichkeit des Sufitums zusammengeschlossen und in der Andeutung um Gottes willen wahrhaftig.

6. Das ist (ich lese *fa-hāḏihī*) die Wirklichkeit der Brüderlichkeit und die Eintracht und Freundschaft der in ihrem Sufitum ehrlichen Sufis in Übereinstimmung mit dem Heiligen Buch und dem Heiligen Brauch.

16

DAS RECHTE DER SUFIS

1. Das Rechte (*maʿrūf*) der Sufis gehört zur Wurzel des Mitgefühls mit den Artgenossen aus Achtung vor ihrer (ursprünglichen) Verbundenheit in den Lenden Adams und infolge des Wohlwollens (*naṣīḥa*) gegenüber den Adamskindern, das Gott in ihr Herz gelegt hat. Sodann hat Gott diejenigen erwählt, die wohlwollende Ermahnungen austeilen und das Rechte gebieten und das Verwerfliche verbieten, und gesagt: *Ihr seid die beste Gemeinschaft, die unter den Menschen entstanden ist. Ihr gebietet, was recht ist, und verbietet,* [51] *was verwerflich ist* (Sure 3,110). Die Wirklichkeit der Erwählung ist damit verknüpft, daß man tut, was Gott geboten hat. Gott sprach: *Und die gebieten, was recht ist, und verbieten, was verwerflich ist* (Sure 22,41). Und er sagte in der Geschichte von Luqmān: *Und gebiete, was recht ist, und verbiete, was verwerflich ist! Und ertrage, was du zu erleiden hast!* (Sure 31,17). Und der Prophet sagte: „Ihr werdet unbedingt befehlen (ich lese *la-taʾmurunna*), was recht ist, und ihr werdet unbedingt verbieten, was verwerflich ist, sonst wird gewiß einer über euch gesetzt, der mit euren Kleinen kein Mitleid und vor euren Großen keine Achtung hat."

> „Bei dem, in dessen Hand meine Seele ist: Ihr werdet unbedingt befehlen, was recht ist, und ihr werdet unbedingt verbieten, was verwerflich ist, sonst wird Gott sich gewiß beeilen, von sich eine Strafe über euch kommen zu lassen. Dann werdet ihr zu ihm beten, aber er wird euch nicht erhören." Tirmiḏī, *Al-ǧāmiʿ* 4, 468, Nr. 2169, fitan 9 / Mubārakfūrī, *Tuḥfat al-aḥwaḏī* 6, 390–391, Nr. 2259; Aḥmad b. Ḥanbal, *Al-musnad* 5, 388–389. Varianten bei Abū Dāwūd, *Sunan* 4, 172, Nr. 4336, malāḥim, bāb al-amr wa-n-nahy. Die Schlußformel bei unserem Autor ist aus anderen Überlieferungen bekannt. Beispiel: „Es gehört nicht zu uns, wer mit unseren Kleinen kein Mitleid und vor unseren Großen keine Achtung hat." Tirmiḏī, *Al-ǧāmiʿ* 4, 321, Nr. 1919, birr 15 / Mubārakfūrī, *Tuḥfat al-aḥwaḏī* 6, 47, Nr. 1984.

2. Die Sufis befehlen das Rechte und verbieten das Verwerfliche in dreifachem Sinn: (erstens) auf Gottes Befehl hin wegen seines Befehls, (zweitens) aus Mitgefühl und Wohlwollen, (drittens) um zwischen den Brüdern Frieden zu stiften. Das Besondere der Sufis im Rechten ist, daß sie sich in Gott um niemandes Tadel kümmern. Wenn beim Sufi ein göttlicher Befehl eintrifft,

vergißt er daneben die ganze Kreatur, sogar sich selber. Er schont weder sein Vermögen noch sich selbst, noch ist er auf die Erhaltung seiner Stellung bedacht, denn er ist bestrebt, das Verwerfliche mit Worten, mit seiner Autorität und mit Taten zu verbieten. Daß die Leute unwillig werden, macht ihn, auf Grund der Erfordernisse seines Nu und des Gebotes der Stunde und der Zeit, nicht im Herzen unwillig (? ich lese *fa-an taġayyarū lā ġayyarahū*). Das würde den Glauben schwächen.

3. Das Rechte zu befehlen und das Verwerfliche zu verbieten geschieht auf zwei Weisen: im religiösen Wissen und in der religiösen Erregung (*wağd*). Wenn es im Wissen und in der Unterscheidungsfähigkeit geschieht, tut man es, indes man rücksichtsvoll, freundlich und fröhlich ist und die Widerwärtigkeiten auf sich nimmt und das Unglück geduldig erträgt. Was aber in der religiösen Erregung geschieht, geht aus der Wirklichkeit der Eifersucht und der Übermacht der Wirklichkeiten des Glaubens hervor: der Mensch wird aufgebracht, verfehlt sich aber nicht, wenn er ungestüm und heftig wird, und führt die Sache aus, wie es recht ist. Von Ibrāhīn b. ᶜĪsā wurde überliefert: „Ich war in Bagdad bei Maᶜrūf al-Karḫī. Eines Tages war ich mit ihm gegangen. Als wir ans Tigrisufer kamen, spielte dort ein Wesirssohn Schach. Da trat Maᶜrūf vor, packte das Schachbrett und warf es ins Wasser. Der Wesirssohn blieb verlegen und schwieg. Maᶜrūf aber kehrte nach Hause zurück. Als er zurück war, sagte er zu mir: ‚Ibrāhīm, hüte dich, zu handeln, wie ich gehandelt habe, sonst bist du verloren!'" Wer im Verbieten des Verwerflichen zur Zeit der Unterscheidungsfähigkeit und des Wissens nach den Wirklichkeiten der religiösen Erregung – dem Ungestüm und dergleichen – vorgeht, der macht mehr schlecht als recht. Wenn aber einer zur Zeit der Übermacht der Erregung und der Eifersucht nach dem Wissen handelt, ist das Schwäche des Zustandes.

4. Das ist die Beschreibung dessen, was bei den Sufis in Übereinstimmung mit dem Heiligen Buch und dem Heiligen Brauch als das Rechte gilt.

17

[52] DIE GESPRÄCHE DER SUFIS

1. Die Gespräche (*muḥāwarāt*) und Dispute der Sufis handeln davon, daß sie den Neuerern ihre Hilfe versagen, sie nicht achten und sie meiden, um dem Heiligen Brauch zu helfen. Denn Gott sprach: *Wenn ihr Gott helft, hilft er euch und festigt eure Füße* (Sure 47,7). Die Sufis sind dafür bekannt, daß sie der Religion helfen, und in den Augen der meisten Menschen (von Gott) dafür eingesetzt, sie zu leiten und ans Ziel zu führen (? *tasdīdihim wa-tašrīᶜihim*). Gott hat sie dafür eingesetzt, seine Religion zu schützen, und sie zu einem Argument gegen die nichtsufischen Vertreter der äußeren Wissenschaft gemacht. Während daher die Gelehrten daheim bleiben und sich und ihr Vermögen verteidigen und die Weltleute sich an die Märkte und ihre Arbeiten und ihr Wirtschaften halten, setzt sich der Sufi dafür ein, daß der Religion geholfen wird und die Neuerer hilflos bleiben. Denn der Sufi ist besitzlos und arm. Er braucht kein Geld und kein irdisches Gut zu hüten und schmeichelt keinem Diesseitsmenschen. Er ist zufrieden, wenn er vom Diesseits so viel hat, daß er den Hunger stillen und die Blöße bedecken kann. Im übrigen kümmert er sich in Gott um niemandes Tadel, denn ihm ist es im Diesseits genug, daß er seiner Religion helfen, seine Armut bewahren und seine Pflicht erfüllen kann.

2. Die Sufis sind die gegen die Neuerer und Irrlehrer gezückten Schwerter. Sie töten sie durch ihre Abkehr von ihnen. Gott spricht: *Wenn du die siehst, die über unsere Zeichen plaudern, dann kehre dich von ihnen ab!* (Sure 6,68). Sie kehren sich von den Irrlehrern ab, sie meiden sie, achten sie nicht und essen und trinken nicht mit ihnen, indem sie Gottes Wohlgefallen suchen, den Heiligen Brauch hochhalten und den geraden Weg der Religion festigen. Sie sind die Auserlesenen unter den Leuten des Heiligen Brauches, die der Religion Gottes helfen. Und sie sind Siegreiche, denen der Sieg verliehen wird.

3. Vom Propheten ist überliefert, er habe gesagt: „Eine Gruppe aus meiner Gemeinde wird bis zur Gerichtsstunde immerfort siegreich in der Wahrheit verbleiben, ohne daß die, die sie im Stich lassen, ihnen damit schaden könnten.“

Zahlreiche, zum Teil stark abweichende Varianten. Nah bei unserem Text: „Eine Gruppe aus meiner Gemeinde wird immerfort siegreich in der Wahrheit verbleiben, ohne daß die, die sie im Stich lassen, ihnen schaden könnten, bis der Befehl Gottes kommt, während sie (immer noch) so sind." Muslim, *Ṣaḥīḥ* 3, 1523, imāra 170 / *Ṣaḥīḥ Muslim bi-šarḥ an-Nawawī* 13, 65. Auch *Ṣaḥīḥ*, imāra 174; Ibn Māǧa, *Sunan* 1, 4–6, Nr. 6, 7, 10, muqaddima 1.

In einigen Berichten heißt es, das seien die Armen. Abū Hurayra berichtete vom Propheten, er habe gesagt: „Gott hat während jeder Neuerung, mit der man dem Islam nachstellt, einen Freund, der diesen verteidigt und über seine Zeichen spricht. Macht euch die Anwesenheit in jenen Lehrvorträgen (die er hält) zunutze, indem ihr [53] die Schwachen verteidigt!"

Nach Abū Hurayra. Abū Nuᶜaym, *Ḥilyat al-awliyā*ᵓ 10, 400. Dazu Munāwī, *Fayḍ al-qadīr* 2, 495, Nr. 2373; ders., *At-taysīr bi-šarḥ al-Ǧāmi*ᶜ *aṣ-ṣaġīr* 1, 335–336; ᶜAzīzī, *As-sirāǧ al-munīr* 2, 8; Nabhānī, *Al-fatḥ al-kabīr* 1, 409; ᶜAlī al-Qārī, *Al-asrār al-marfū*ᶜ*a* 3.

Die Wirklichkeit des Berichtes eignet dem, der die Wirklichkeit im Sinngehalt trifft. Das Äußere davon ist das, was in der Schar derer sichtbar ist, die die Zeichen des Sufitums tragen. Denn alle Menschen streben nach dem, wovon sie eingenommen sind: nach irdischen Gütern, Karriere, Geldscheffeln, Prahlerei. Alle Anhänger des Sufitums aber streben danach, aufzugeben, was sie ablenkt, der Religion zu helfen und die Armut zu bewahren. Wenn du daher einen Sufi den Diesseitsmenschen schmeicheln, den Neuerern entgegenkommen und sich vor den Söhnen des Diesseits erniedrigen siehst, sollst du wissen, daß er sich seinen Namen nur entliehen hat. Alles, was er unternimmt, wird zu einem Argument gegen ihn, und alles Diesseitige, was er im Namen des Sufitums gewinnt, und was er dank diesem verzehrt, ist für ihn verboten. Wer sein Essen der Armut verdankt, der muß die Armut und die Religion hüten. Az-Zaqqāq sagte: „Wer in der Armut nicht in der Wirklichkeit steht, verzehrt das reine Verbotene."

Abū Bakr Aḥmad b. Naṣr az-Zaqqāq al-Kabīr (gest. 290–1/902–4): „Wer in seiner Armut nicht von der Gottesfürchtigkeit begleitet wird, verzehrt das reine Verbotene." Qušayrī, *Risāla*, Kap. 1, 29 / Anṣārī, *Šarḥ ar-Risāla al-Qušayrīya* 1, 157; Suyūṭī, *Ḥusn al-muḥāḍara*, Kairo 1299, 1, 293 / ed. Muḥammad Abu l-Faḍl Ibrāhīm 1, 512. Dieser Zaqqāq wird oft verwechselt mit Abū Bakr Muḥammad b. ᶜAbdallāh az-Zaqqāq aṣ-Ṣaġīr. Zu beiden siehe Qušayrī, *Risāla*, Übers. Gramlich, S. 74. Ibn al-Mulaqqin führt den Spruch unter beiden Namen an. *Ṭabaqāt al-awliyā*ᵓ 91 und 311.

Der Sufi ernährt sich nämlich (lies *wa-ḏālika anna*) von dem, was er darstellt, und hütet seine Armut und nimmt (Gaben) auf Grund seiner Religion an. Wenn er daher den Gleichgültigen unter den Leuten des Diesseits, dessen Anteil (ich lese *naṣībuhā*) verachtenswert ist, nicht entgegenkommt und im übrigen mit dem Dienst seines Herrn und der Wahrung seines Nu beschäftigt ist, ist er der (wahre) Sufi. Andernfalls ernährt er sich von der Religion.

18

DER DISPUT UND DIE DEBATTEN DER SUFIS

1. Der Disput (*munāqara*) und die Debatten (*munāẓarāt*) der Sufis finden statt, wenn das religiöse Wissen behandelt wird und man nach den Wirklichkeiten forscht und voneinander zu erfahren sucht, welche Vorstellungen bezüglich der sufischen Begriffe ein jeder hat über die Wissenschaften von den Einfällen (*ḫaṭarāt*), Andeutungen (*išārāt*), Einredungen (*hawāğis*), Einblikken (*laḥaẓāt*), Einflüsterungen (*wasāwis*), Standplätzen der Reinen und Zuständen der Gottnahen und über die Unterscheidung zwischen den Wollenden (*murīdūn*) und den Gewollten (*murādūn*) und zwischen den Suchenden (*ṭālibūn*) und den Gesuchten (*maṭlūbūn*).

2. Der Disput der Sufis wurzelt darin, daß sie erklären, sie besäßen eine edle innere Realität und eine feine Gegebenheit, und daß sie allein damit ausgezeichnet seien. Im Reisen und im Ziel sind sie aber verschieden. Jeder von ihnen hat einen eigenen Weg und Zustand, da die Wege Gottes zahlreicher sind als die Sterne am Himmel.

> Abu l-Ḥasan ᶜAlī b. Muḥammad al-Muzayyin aṣ-Ṣaġīr (gest. 328 / 939–40): „Die Wege zu Gott sind zahlreich wie die Sterne. Ich aber brauche einen Weg zu ihm und finde keinen.“ Sulamī, *Ṭabaqāt aṣ-ṣūfīya*, ed. Pedersen 397–398 / ed. Šarība 383,1–2. Dazu Anṣārī, *Ṭabaqāt uṣ-ṣūfīya* 334,6–7; Ğāmī, *Nafaḥāt ul-uns* 161, 14–15 (jeweils: „. . . sind zahlreicher als . . .“). Nach Qušayrī: „Die Wege zu Gott sind zahlreicher als die Sterne am Himmel. Keiner davon ist geblieben außer dem Weg der Armut. Dieser ist der zuverlässigste (*aṣaḥḥ*) Weg.“ *Risāla*, Kap. 40,12 / Anṣārī, *Šarḥ ar-Risāla al-Qušayrīya* 3, 243. Dazu Šaᶜrānī, *Aṭ-ṭabaqāt al-kubrā* 1, 95,31–32 (*anhağ* statt *aṣaḥḥ*); Munāwī, *Al-kawākib ad-durrīya* 2, 41,26–27 (*awḍaḥ* statt *aṣaḥḥ*). Makkī führt zwei anonyme Worte an: „Die Wege zu Gott sind so zahlreich wie die Gläubigen“ und „Die Wege zu Gott sind so zahlreich wie die Geschöpfe“. *Qūt al-qulūb* 1, 83,21–22 / Kap. 24,8. „. . . wie die Atemzüge der Geschöpfe“: Nağm ud-dīn-i Rāzī, *Mirṣād ul-ᶜibād* 33,8; Kubrā, siehe Meier, *Die Fawāᵓiḥ al-ğamāl* 93. Auch Radtke, *Adab al-mulūk*, Einleitung 15.

Sie sind also im Reisen verschieden, aber Gott hat sie in einer einzigen Grundeinstellung vereint. Jedem Reisenden ist ein Zustand eigen, jedem Zustand ein

Innerstes, jedem Innersten ein Beherrschendes, jedem Beherrschenden eine Wirklichkeit.

3. Die Sufis reisen auf vielen Wegen zu Gott. Den einen beherrscht auf dem Weg die Liebe, den anderen beherrscht die Sehnsucht, den anderen beherrschen die Angst und die Furcht, den anderen [54] beherrschen die Hoffnung und das Schauen auf die Gnade, und jeder von ihnen spricht aus seinem Zustand und dem ihn beherrschenden Nu heraus. So gibt es denn bei ihnen Zufriedene, Geduldige, Genügsame, Dankbare, Gottvertrauende, Gedenkende: alles infolge der Hinterlassenschaften der jeweils im voraus ins Herz eingegangenen Grundanlage. Die erspürten beherrschenden Zustände im Innersten erweisen sich durch die Zeugnisse der Wissenschaften, die die Zustände des Herzens aufzeigen und deren Verwirklichung bezeugen, als wirklichkeitshaft.

4. Jede Wahrheit hat eine Wirklichkeit, und jeder Zustand hat eine Wirklichkeit. Die Wirklichkeit des Zufriedenen ist die Absage an das Selbstwählen und das Stehen zu Gottes Wählen ohne Zagen. Die Wirklichkeit des Geduldigen ist die klaglose Stummheit der Zunge und das Ertragen der Härten der Observanz, die Wirklichkeit des Genügsamen ist die Vergnügtheit des Herzens in der Bitternis (lies *bi-murri*) des Schicksals und die Zufriedenheit mit dem, was Gott zugeteilt hat, die Wirklichkeit des Dankbaren ist das Handeln nach den harten und strengen Forderungen des religiösen Wissens, die Vergnügtheit des Herzens und die Bewegung der Zunge mit dem Lob Gottes aus dem Gefühl des Herzens, die Wirklichkeit des Gottvertrauenden besteht darin, daß ihn nichts in Besitz nimmt und er nichts besitzt.

Oft gebrauchte Formel. Verweise und Varianten in Kap. 10,2.

5. Das ist der Gegenstand des Disputs der Sufis über die verschiedenen Gefühlserlebnisse, Wissenschaften und Gepflogenheiten und das Suchen nach den Wirklichkeiten und das Entwerden aus den Zuständen. Ruwaym sagte: „Mit dieser Schar wird es solange gut stehen, als sie disputieren. Wenn sie aufhören, miteinander zu disputieren, hören sie auf, einander zu ermahnen."

Nach Sulamī: „Mit den Sufis wird es solange gut stehen, als sie disputieren. Wenn sie einig werden, sind sie verloren." *Ṭabaqāt aṣ-ṣūfīya*, ed. Pedersen 171,7–8 / ed. Šarība 181,6–7. Ebenso Šaᶜrānī, *Aṭ-ṭabaqāt al-kubrā* 1, 75,30–31; Bāḫarzī, *Awrād ul-aḥbāb* 2, 110,11. „... Wenn sie einig werden, gibt es bei ihnen nichts Gutes." Qušayrī, *Risāla*, Kap. 41,8 / Anṣārī, *Šarḥ ar-Risāla al-Qušayrīya* 4, 9.

Der Disput der Sufis besteht demnach darin, daß man das religiöse Wissen behandelt und voneinander die Wirklichkeiten zu erfahren sucht. Zudem erreicht sie Gottes Eifersucht, damit sich nicht einer auf den anderen (sondern jeder nur auf Gott) stütze. Von al-Ǧunayd erzählt man, er habe Abū Saᶜīd al-Ḫarrāz geschrieben: „Die Armen disputieren anhaltend miteinander und gehen aufeinander los.“ Daraufhin schrieb ihm Abū Saᶜīd: „Daß die Armen um der Religion willen gegeneinander Dispute führen, dagegen ist nichts einzuwenden.“

Bei Sarrāǧ steht nach einem Bericht von Yūsuf b. al-Ḥusayn ar-Rāzī Ibn ᶜAṭāᵓ an Ǧunayds Stelle, und die Feststellung, da sei Gottes Eifersucht am Werk, die unser Autor als seine eigene ausgibt, wurde von Ḫarrāz gemacht. „Abu l-ᶜAbbās Aḥmad b. ᶜAṭāᵓ schrieb Abū Saᶜīd al-Ḫarrāz einen Brief. Darin sagte er: ‚Ich teile dir mit, daß die Armen und unsere Gefährten, nachdem du nicht mehr da bist, angefangen haben, miteinander zu disputieren.‘ Danach schrieb ihm Abū Saᶜīd: ‚Was deine Bemerkung betrifft, unsere Gefährten hätten, nachdem ich nicht mehr da bin, angefangen, miteinander zu disputieren, so sollst du wissen: Das ist so, weil Gott auf sie eifersüchtig ist, damit sich nicht einer auf den anderen stütze.‘“ *Al-lumaᶜ* 237,7–11 / Kap. 90,8.

6. Das sind die Zustände des Disputierens der Sufis. Ihre Zustände lassen sich auf das ein, weil sie in Gottes Obhut stehen. Gott ist ihr Sachwalter. Möge Gott uns in seiner Barmherzigkeit ihnen beigesellen!

19

[55] DAS WÄHLEN DER SUFIS

1. Das Wählen (*iḫtiyār*) der Sufis hat ein Äußeres und ein Inneres. Der äußere Gegenstand ihres Wählens ist die Niedrigkeit und die Demut (*tawāḍuʿ*), der innere Gegenstand ihres Wählens ist das Nichtwählen. Sie wählen die Niedrigkeit, weil die Seele bedeutungslos ist und sie ihre Schlechtigkeit, ihren Stolz, ihre Gewaltherrlichkeit und ihr Suchen nach Hoheit und Erhöhung kennen. Gott spricht: *Das ist die jenseitige Behausung. Wir bestimmen sie für die, denen der Sinn nicht nach Hoheit im Land steht und nicht danach, Unheil anzurichten. Das Ende fällt zugunsten derer aus, die gottesfürchtig sind* (Sure 28,83). Sie entsagen der Hoheit der Seele und wählen ihre Erniedrigung und demütigen sich, schätzen sich gering und setzen sich selbst herab, um dem Heiligen Brauch zu folgen. Von al-Ḥasan (al-Baṣrī) wurde überliefert: „Der Gesandte Gottes sagte: ‚Es wurde mir eingegeben, ich solle mich demütigen. Demütigt euch also!'"

Der Prophet nach ʿIyāḍ b. Ḥimār b. Abī Ḥimār: „Gott hat mir eingegeben: ‚Demütigt euch, so daß keiner den anderen verachtet und keiner den anderen unterdrückt.'" Muslim, *Ṣaḥīḥ* 4, 2199, ǧanna 64. Dazu Abū Dāwūd, *Sunan* 4, 377, Nr. 4890, bāb fī at-tawāḍuʿ; Ibn Māǧa, *Sunan* 2, 1399, Nr. 4179, zuhd 16; 2, 1409, Nr. 4214, zuhd 23.

2. Die Demut besteht darin, daß die Seele beim Eintreffen der Bestimmungen der Wahrheit wenig gilt und man sie erniedrigt, indem man die Wahrheit von jedem beliebigen, mag er klein sein oder groß, fromm oder gottlos, annimmt, wenn er die Wahrheit spricht. Al-Ǧunayd sagte: „Demut bedeutet dreierlei: die eigene Seele bei sich geringschätzen, sie vor den anderen klein machen, die Wahrheit von jedem beliebigen, auf Selbsthochschätzung verzichtend (ich lese *bi-tarki*), annehmen."

Zweifelhafte Zuweisung. Vermutlich wird auch hier, wie in Kap. 18,5, Ibn ʿAṭāʾ durch Ǧunayd ersetzt. Von Ibn ʿAṭāʾ ist überliefert: „Demut ist, daß man die Wahrheit von jedem beliebigen annimmt." Qušayrī, *Risāla*, Kap. 14,12 / Anṣārī, *Šarḥ ar-Risāla al-Qušayrīya* 3, 16. Dazu ʿAṭṭār, *Taḏkirat ul-awliyāʾ* 2, 73,22. – Als man al-Fuḍayl b. ʿIyāḍ (gest. 178/803) fragte, was Demut sei, anwortete er: „Daß du dich der Wahrheit beugst und sie selbst von einem Kind annähmest, wenn du sie von ihm hörtest, und sie selbst vom unwissendsten Menschen annähmest, wenn du sie von ihm hörtest.“ Abū Nuᶜaym, *Ḥilyat al-awliyāᵓ* 8, 91,18–19. Vereinfacht bei Sulamī, *Ṭabaqāt aṣ-ṣūfīya*, ed. Pedersen 10–11 / ed. Šarība 11–12; Qušayrī, *Risāla*, Kap. 14,10 / Anṣārī, *Šarḥ* 3, 15; Suhrawardī, *ᶜAwārif al-maᶜārif* 171,9–10 / Kap. 30,4; Maḥmūd-i Kāšānī, *Miṣbāḥ ul-hidāya* 353; ᶜAṭṭār, *Taḏkirat ul-awliyāᵓ* 1, 82,18–19. – Dreiergruppe wie beim Autor schon bei Ḏu n-nūn al-Miṣrī (gest. 245/860): „Drei Dinge gehören zu den Kennzeichen der Demut: die Geringschätzung der Seele aus Kenntnis ihrer Mangelhaftigkeit, die Hochschätzung der Menschen aus Ehrerbietung gegen den Eingottglauben, die Annahme der Wahrheit und der aufrichtigen Ermahnung von jedermann.“ Abū Nuᶜaym, *Ḥilyat al-awliyāᵓ* 9, 362,12–13. Dazu Suhrawardī, *ᶜAwārif al-maᶜārif* 172,9–10 / Kap. 30,7.

3. In der Verachtung und Geringschätzung der Seele haben die Sufis unterschiedliche Motive. Manche verachten sie, weil sie ihre Herkunft kennen. Andere verachten sie wegen des Lohnes für die Demut. Andere verachten sie, weil sie erfahren haben, daß sie ihnen feind ist. Andere verachten sie, weil das Diesseits in ihren Augen verachtenswert und die Seele für sie bedeutungslos ist.

4. Zudem ist die Demut mehrerlei: Demut auf Grund des Wissens, Demut auf Grund des Empfindens (*waǧd*), Demut auf Grund der Forderung Gottes. Wer auf Grund des Wissens demütig ist, dessen Demut besteht in vom Wissen begleiteten Einfällen. Wenn er (dieses Wissen) nicht hat, nimmt er (von der Selbstverdemütigung) Abstand. Wer auf Grund des Empfindens demütig ist, dessen Demut besteht aus Hinterlassenschaften seiner inneren Erfahrung (*wuǧūd*). Wenn er wirklichkeitshaft empfindet, wird die Demut sein Zustand. Wer auf Grund der Forderung Gottes demütig ist, fühlt sich immer klein und niedrig. Sooft er sich der Herrschaftlichkeit Gottes erinnert, nimmt seine Demut und Furcht zu. Wenn einer auf Grund des Wissens demütig ist, und zwar wirklichkeitshaft, erhöht ihn Gott im Diesseits und im Jenseits. Wenn einer auf Grund des Empfindens demütig ist, und zwar wirklichkeitshaft, macht Gott ihn von den Geschöpfen abwesend. Wenn einer auf Grund der Forderung Gottes demütig ist und er ihr entspricht, ist er mit Gott im Diesseits und im Jenseits.

5. Das ist das Wählen der Sufis im Einklang mit dem Heiligen Brauch und in Übereinstimmung mit dem Gebot Gottes.

20

[56] DAS FALLENLASSEN DER SUFIS

1. Das Fallenlassen (*isqāṭ*) der Sufis ist die Verwirklichung der Aufrichtigkeit (*iḫlāṣ*), das Fallenlassen des Schauens auf die Menschen und das Sichlossagen vom Menschendienst. Gott sprach: *Steht nicht Gott die aufrichtige Religion zu?* (Sure 39,3). Und er sprach: *Wer nun hofft, seinem Herrn zu begegnen, soll rechtschaffen handeln und, wenn er seinem Herrn dient, ihm niemanden beigesellen* (Sure 18,110). Und er sprach: *Und es wurde ihnen nichts anderes befohlen, als Gott zu dienen, indem sie ihm die Religion aufrichtig weihen* (Sure 98,5).

2. Nun merken aber die Sufis, daß ihre Seele es liebt (vielleicht *tuḥibbu* statt *bi-ḥubbi*), im Dienst Gottes (Gott noch andere) beizugesellen, für ihre Taten gelobt zu werden und mit ihren Taten vor den Leuten Augendienerei zu treiben. Denn so ist die Seele von Natur aus angelegt. Sie möchte gern bei den Menschen Anerkennung finden, führend sein und für etwas, was sie nicht getan hat, gelobt werden. Das alles verbleibt in der Seele durch das Schauen auf die Leute. Denn solange die Seele auf die Menschen schaut, kann sie gar nicht anders, als Menschendienst zu treiben, bis der Beschluß und das Erbarmen von Gott sie erreicht und sie niederzwingt und das Schauen auf die Menschen im Verkehr mit Gott gewaltsam aus ihr ausmerzt (lies *tufnī*). Das kommt zustande durch das Fallenlassen und dadurch, daß man alle Menschen unter die Toten rechnet und sieht, daß sie weder zu schaden vermögen noch zu nützen. Denn die Augendienerei und die Beigesellung und das Selbstbewußtsein der Seele gehen daraus hervor, daß sie auf die Leute sieht und nach ihnen schaut und ihnen und dem Lob, dem Preis und der Anerkennung, die sie vorbringen, ihr Ohr leiht.

3. Nachdem die Zustände der Rechtschaffenen, Strengfrommen (*nussāk*) und Asketen verwirklicht sind und sie in den Wirklichkeiten ihrer Standplätze stehen, gibt es für sie nichts, was mehr schaden könnte als drei Dinge: die Anfechtung durch die Frauen, das Schauen auf die Leute und die Liebe zur Führerschaft. Ebenso schadet es den Erzgerechten, den Erkennern und den Sufis, außer wenn Gott einen bewahrt und lenkt und ihm Erfolg verleiht durch das Fallenlassen und die Aufrichtigkeit, damit seine Religion den Bosheiten, der

Schlechtigkeit und den subtilen Übeln der Seele entkomme. Nur wenige können sich davor retten. Man kann sich bei denen, die sich davor retten, nur wundern, wie sie sich retten konnten. Denn das Letzte, was das Herz der Erzgerechten verläßt, ist die Liebe zur Führerschaft.

Der gleiche Satz ist schon von Abū Hāšim aṣ-Ṣūfī (2./8. Jhd.) und später von Abu l-Ḥasan as-Sīrawānī (gest. 396/1005) überliefert. Für Abū Hāšim: Anṣārī, *Ṭabaqāt uṣ-ṣūfīya* 9,11. Für Sīrawānī: Anṣārī 483,10; Ǧāmī, *Nafaḥāt ul-uns* 272,1–2 (etwas abgewandelt). Anonym bei Bāḫarzī, *Awrād ul-aḥbāb* 2, 278,8, und (ähnlich) bei Maḥmūd-i Kāšānī, *Miṣbāḥ ul-hidāya* 175,9. Besprochen bei Radtke, *Adab al-mulūk*, Einleitung 16–17. Zu der Schwierigkeit des Verzichts auf eine führende Rolle zitiert Makkī entsprechende Aussagen von Sufyān aṯ-Ṯawrī (gest. 161/777–8) und al-Fuḍayl b. ᶜIyād (gest. 178/803). *Qūt al-qulūb* 1, 266–267 / Kap. 32,418. – Auch andere hier vom Autor vorgebrachte Gedanken finden sich schon bei Abū Hāšim. Sufyān aṯ-Ṯawrī sagte: „Ich habe ständig Augendienerei getrieben, ohne es zu merken, bis ich (im Lehrvortrag) bei Abū Hāšim saß. Von ihm habe ich die Absage an die Augendienerei gelernt." Ibn al-Ǧawzī, *Ṣifat aṣ-ṣafwa* 2, 172. Dazu Anṣārī 7,5–6; Ǧāmī 31; *Nāma-i dānišwarān-i Nāṣirī* 7, 332 ult. Abū Hāšim zum Hochmut: „Berge mit einer Nadel zu entwurzeln (lies *la-qalᶜu*) ist gewiß leichter, als den Hochmut aus dem Herzen zu vertreiben." Abū Nuᶜaym, *Ḥilyat al-awliyā*ᵓ 10, 225; Anṣārī 9,9–10; Ǧāmī 32; *Nāma-i dānišwarān* 7, 334.

Man sagte: Die Liebe zur Führerschaft ist eine Krankheit, für die es kein Heilmittel gibt.

4. [57] Dafür rüsten sich die Sufis, nachdem Gott sie aufgefordert hat, im Bekenntnis zu seiner Einzigkeit aufrichtig und im Umgang mit ihm ehrlich zu sein und in der Wirklichkeit mit reinem Hinweis auf ihn zu zeigen. Bei manchen von ihnen stellt sich die Wirklichkeit der Aufrichtigkeit auf Gott hin beim Hinweisen selber ein, indem sie die (diesseitige) Wohnstatt und ihre Bewohner fallen lassen. Bei anderen stellt sich die Aufrichtigkeit ob der Gesundheit des Wesens des Hinweises nach der Verwirklichung des Hinweises ein. Sie weisen auf Gott hin, indem sie ehrlich gesinnt sind und ihm aufrichtig ihre frommen Werke weihen. Bei anderen stellt sie sich ein, nachdem sie um das gesunde Wort und die aufrichtige Tat gebetet haben. Sie weisen auf Gott hin, indem sie das gesunde Wort und das ehrliche Handeln in bezug auf ihn suchen.

5. Wenn sich bei jemandem die Aufrichtigkeit beim Hinweisen selber einstellt, so ist er einer der für Gott gewollt (*murād*) und von Gott gesucht (*maṭlūb*) ist. Er wird beim ersten Lichtschein aufgeweckt und beim ersten Hinweis zum Entwerden gebracht. Er gehört Gott durch den Willen Gottes. Die Zeichen Gottes nehmen ihn fort, so daß er nichts von der ganzen Schöpfung sieht. Er ist ein Aufrichtigkeit Erfahrender (*muḫlaṣ*), kein Aufrichtigkeit Übender (*muḫliṣ*).

Wenn sich bei jemandem die Aufrichtigkeit nach der Verwirklichung des Hinweises einstellt, so ist er ein Wollender (*murīd*), der durch das Wollen auf Gott hinweist. Daraufhin fordert Gott von ihm, wirklichkeitshaft zu wollen und aufrichtig zu streben, und läßt ihn die Verborgenheiten seiner Seele und ihre Abhängigkeit von ihren Artgenossen erkennen. So wird er frei, da er das Hinschauen auf die Geschöpfe durch die Verwirklichung des Fallenlassens abwehrt, indes selbst durch die Mühe und Anstrengung der ganzen Menschheit und die Geduld und das Ertragen der Mühsal in den verschiedenen Tätigkeiten das Schauen auf die Menschen nicht wegfallen würde. Nachdem er dann seine Aufrichtigkeit durch seinen Einsatz verwirklicht hat, wird er zum Aufrichtigkeit Übenden. Das ist der Aufrichtigkeit Übende (*muḫliṣ*).

Wenn sich bei jemandem die Aufrichtigkeit einstellt, nachdem er darum gebetet hat, so ist er einer, der auf sein Wissen und seine Unterscheidungsfähigkeit bezüglich des Eingottglaubens zurückverwiesen ist. Er nimmt vom Eingottglauben sein äußeres Verhalten her und hält sich an das Äußere seines Religionsgesetzes. Er erklärt den Eingottglauben durch sein Verhalten als sein eigen und spricht die Wirklichkeiten seines Wissens aus. Er zeigt sich in den Tätigkeiten seiner sichtbaren Außenseiten als seiner (von den Leuten) gelobten Werke und Gehorsamstaten nicht bedürftig, indem er sie geheimhält und verdeckt und vor den Menschen verbirgt. Aber er hat seinen Stand in der Seele: er entzieht das Handeln dem Hinschauen der anderen, verbleibt aber selber im Blick seiner (auf ihn schauenden) Seele. Er hat die ihm eigene Aufrichtigkeit.

6. Unter den Verwirklichungen alles dessen, was zum Fallenlassen unternommen wird, gibt es zudem staunenerregende Dinge. Sie sind auf sie aus und suchen (durch sie) die Aufrichtigkeit gegen Gott zu gewinnen (ich lese *ṭalabū* ... *wa-ṭalabū*). Manche verhüllen (statt *yuğanninu* vielleicht *yuğinnu*) sich und prägen sich das Mal der Verrücktheit auf und reden sinnloses Zeug daher, um dadurch dem Hinschauen der Menschen zu entgehen. Andere reiten auf Schilfrohren, andere stehen auf Bänken, andere spielen auf den Märkten mit den Kindern. Wieder andere führen gottlose Reden und erwecken bei aller Welt die Vorstellung, daß sie nicht zu denen zählen, die in ihren Andeutungen ehrlich sind. All das, weil sie befürchten, sie könnten (Gott andere) beigesellen und sich der Augendienerei schuldig machen, und weil sie danach Verlangen haben, aufrichtig Gott allein als den Einen zu bekennen und ehrlich nur allein um seinetwillen im geheimen zu handeln, so daß sich weder das Sehen eines Prüfenden noch das Auge eines Schauenden an sie heranmachen kann, damit alles in lauterer Aufrichtigkeit für Gott und in Gott geschehe.

7. Nun sind die Zustände der Sufis in ihrer äußeren Erscheinung gegensätzlich, da sich die Zustände an ihnen nach Gottes Willen wandeln und sie mit der Aufrichtigkeit gegen ihn ein (jeweils anderes) gesundes Ziel verfolgen. Du

kannst die Sufis bald weinen sehen, bald lachen, bald erregt und unruhig, bald beten, bald essen sehen, und manchmal geschieht das alles gleichzeitig. [58] Darum bringen die Sufis das gewöhnliche Volk und die meisten denkenden Menschen in Verwirrung.

8. Es ist den Sufis auferlegt, sich im Essen und Trinken und in den anderen Tätigkeiten nicht an die Gepflogenheiten der übrigen Menschen zu halten, außer in den allen gemeinsamen religiösen Pflichten zur jeweiligen Zeit. Dem Sufi ist es bestimmt, daß sein Nu sein Innerstes behütet. In allem hütet er sein Innerstes davor, von anderem als Gott abhängig zu werden. Er ist, wenn er ehrlich ist, ein unter Sklavenschaft Gestellter, in allen seinen Augenblicken Suchender, in seinen Nachlässigkeiten und Gleichgültigkeiten Gequälter. Bei ihm gibt es bei jedem Atemzug eine Forderung (ich lese *muṭālabatun*) und für jeden Augenblick eine Zurechtweisung (ich lese *zağrun*) und in jedem Gedankeneinfall ein Wissen (ich lese *ᶜilmun*) und in jeder Andeutung eine Erkenntnis (ich lese *maᶜrifatun*) zur Mehrung der Erkenntnis.

9. Der Weg der reinen Aufrichtigkeit verläuft auf zweierlei Weise: es gibt einen auf ihm Suchenden und einen Gesuchten. Der Suchende ist der um die Aufrichtigkeit seines Innersten durch Fallenlassen, Selbstdisziplinierung und Anstrengung Kämpfende. Der Gesuchte hingegen ist der, dem das Fallen (der Dinge) zuteil wird, mag er wollen oder nicht. Er steht unter Befehl und Druck vom Innersten her. Wenn er auf Gott hört, ist er aufrichtig, wenn er seinen Verstand gebraucht, treibt er Vielgötterei.

10. Das (ich lese *wa-hāḏihī*) ist die Wirklichkeit der Sufis in der Aufrichtigkeit und im Fallenlassen. Von ad-Dīnawarī wurde berichtet: „Ich verschlief einmal mein Stundengebet (*wird*), weil Hunger und Schwäche mich überwältigt hatten. Da hörte ich einen unsichtbaren Sprecher sagen: ‚Der Pfad ist nicht das, was du meinst – er denkt an die äußerlichen Stundengebete –, der Pfad ist vielmehr: Für was und für wen?'" Er meinte damit die Forderung Gottes an das Innerste und die Verwirklichung der unter den verschiedenen Gesichtspunkten des Hinschauens auf die anderen gesehenen Aufrichtigkeit. Das ist der Pfad der Sufis in der Andeutung und der Zielsetzung.

21

DAS REISEN DER SUFIS

1. Das Reisen (*siyāḥa*) der Sufis ist das Fortziehen von Ort zu Ort. So verhalten sich viele von ihnen. Denn sie hörten Gott sagen: *Sind sie denn nicht im Land umhergezogen mit einem Herzen, mit dem sie hätten verstehen können?* (Sure 22,46). Und sie hörten ihn sagen: *Sag: Zieht doch im Land umher und schaut!* (Sure 27,69). Die Sufis reisen im Osten und Westen, damit die Fremdlingschaft (*ġurba*) fest (in ihnen) verwurzelt werde und das Verlassen von Heimat und Freunden [59] und das Festhalten an der Niedrigkeit und Bedürftigkeit, auf deren Wirklichkeit sie in der Fremdlingschaft eingegangen sind, nach außen erscheine, so daß ihre Zustände in ihren Tätigkeiten mit ihren Andeutungen übereinstimmen.

2. Für das Reisen haben sie verschiedene Motive: Disziplinierung der Seele, Verwirklichung der Fremdlingschaft, Übung aufrichtigen Gottvertrauens, Prüfung der Seele, Betrachtung der Mahnmale, Freiheit des Herzens, Absage an Verwandten- und Bekanntendienerei.

> Die Liste will nicht vollständig sein. Im nächsten Abschnitt werden noch weitere Motive angegeben. Hier einige klassische Beispiele: Sarrāǧ: Mekkawallfahrt, Glaubenskrieg, Scheichen begegnen, Verwandtschaftsbande festigen, Unrecht gutmachen, Wissen erwerben, Lernen, wichtige Orte besuchen. *Al-lumaᶜ* 190,4–6 / Kap. 75,4. Ǧullābī: Mekkawallfahrt, Glaubenskrieg, einen Ort aufsuchen, Nutzen gewinnen, Wissen erwerben, einen Scheich treffen: nur das. *Kašf ul-maḥǧūb* 450,2–4 / Übers. Nicholson 345. Suhrawardī: Wissen erwerben, Scheiche treffen, sich von Gewohnheiten lösen, Eigenschaften der Seele aufdecken, Altertümer u. dgl. besuchen, Unbekanntsein suchen. *ᶜAwārif al-maᶜārif* 86,6–89,2 / Kap. 16,2–10. Gleiche Liste bei Maḥmūd-i Kāšānī, *Miṣbāḥ ul-hidāya* 264–266. In den *Ādāb al-murīdīn*, Meier, *Ein Knigge* 522, werden nur drei Motive zugelassen: Wallfahrten, Selbstdisziplinierung, Besuch von Scheichen.

Das alles trifft bei den Reisen der Sufis zu. Bei den zu Gott reisenden Wollenden gibt es Zeiten, in denen sie sich von den Menschen und der bewohnten Welt abgestoßen und in den Einöden und auf den freien Feldern daheim fühlen und in den Bergen und Wüsten Erholung suchen. Das ist es, was der Prophet am Anfang getan hat. Jedesmal, wenn ihm das Herz eng wurde, ging er auf die Höhen von Mekka hinaus und betete in den mekkanischen Bergen und verschaffte sich Erleichterung. Dann kehrte er nach Mekka zurück.

3. Beim Reisen geht es den Sufis auch um das Suchen nach dem Wissen, die Begegnung mit den Scheichen und um Besuche bei den Gotteserkennern und darum, sich durch ihre Predigten ermahnen zu lassen, von ihnen Nutzen zu gewinnen und sie über die Wirklichkeiten der Dinge, auf die sie in der Verwirklichung der Erkenntnismittel hinweisen, zu befragen. Der Prophet sagte: „Reist, dann macht ihr Beute!"

> Nach Abū Hurayra: „Reist, dann werdet ihr gesund! Rüstet zum Krieg, dann macht ihr Beute!" Aḥmad b. Ḥanbal, *Al-musnad* 2, 380,17–19. Kommentar: Munāwī, *Fayḍ al-qadīr* 4, 82, Nr. 4628; ders., *At-taysīr bi-šarḥ al-Ǧāmiᶜ aṣ-ṣaġīr* 2, 50–51; ᶜAzīzī, *As-sirāǧ al-munīr* 2, 335.

Welche Beute aber ist gewaltiger als das Wachstum der Gewißheit und das Erfassen der Wahrheit der Wirklichkeiten des Glaubens? Die Sufis sind Reisende, die von Ort zu Ort, vom Festland zum Meer und aus der Ebene ins Gebirge ziehen. Sie haben keine Bleibe. Und darin sind ihnen verborgene Andeutungen eigen. Sie haben nämlich keine Bleibe, bis sie bei dem angekommen sind, der (ich lese *yalḥaqū man*) sie in der diesseitigen Behausung verblendet und gefesselt hat.

> Nach dem bekannten Bild, wonach der Mensch im Diesseits, dem „Haus der Verblendung", ein Gefangener ist.

Dort ist ihre Bleibe. Gott sprach: *Bei deinem Herrn ist an jenem Tag die Bleibe* (Sure 75,12). Die Bleibe der Sufis ist *auf einem guten Sitzplatz in Gegenwart eines mächtigen Königs* (Sure 54,55). Sooft sie sich der (wahren) Bleibe erinnern, werden sie erregt und unruhig und geraten außer sich. Da sie im Diesseits keinen Weg dorthin finden können, irren sie ziellos von Ort zu Ort, von Wüste zu Wüste, von Berg zu Berg.

4. Von einem unserer Gefährten erzählt man, er habe sich daran gewöhnt, jedes Jahr tausend Parasangen zu marschieren. Sooft ihm davon etwas gefehlt habe, habe er es im folgenden Jahr vervollständigt. Von Ḏu n-nūn (al-Miṣrī) berichtete man, er sei am Anfang im Osten und Westen umhergewandert, um die Asketen und Gotteserkenner aufzusuchen und ihre Predigten in sich aufzunehmen und sich durch sie ermahnen zu lassen.

> Bei Qušayrī sind Abū ᶜUṯmān al-Ḥīrī und Abū Bakr aš-Šiblī die Beispiele für Sufis, die am Anfang reisten und später auf das Reisen verzichteten. *Risāla*, Kap. 43,2 / Anṣārī, *Šarḥ ar-Risāla al-Qušayrīya* 4, 23.

5. Des weiteren ist es Sache der Sufis, auf Grund des Gottvertrauens in der Mittellosigkeit (*taǧrīd*) in die Wüsten zu gehen. Von (Abū Bakr) ad-Duqqī ist

überliefert, er habe gesagt: „Während fünfzig Jahren habe ich, sooft in einem Jahr die Zeit (dafür) gut war, Pelzzeug angezogen und bin in die Wüste gegangen. [60] Manchmal verzehrte ich auf dem ganzen Wüstenweg nur zwei Mahlzeiten.“ So ist der größte Teil des Reisens unserer Gefährten. Al-Kattānī sagte: „Es ist die Bestimmung des Armen, jeden Tag auf einer anderen Wegstation zu sein und zwischen zwei Wegstationen zu sterben.“

Nachdem ihn ein Armer um eine Weisung gebeten hatte, sagte al-Kattānī: „Versuche, jede Nacht Gast einer (anderen) Moschee zu sein und nicht anders als zwischen zwei Wegstationen zu sterben.“ Qušayrī, *Risāla*, Kap. 43,5 / Anṣārī, *Šarḥ ar-Risāla al-Qušayrīya* 4, 25. Anonym bei Suhrawardī, *ᶜAwārif al-maᶜārif* 91,20–21 / Kap. 16,19. In der gleichen Form wie beim Autor als Wort Abu l-Ḥasan al-Muzayyins bei Sarrāǧ, *Al-lumaᶜ* 189,16–17 / Kap. 75,2.

6. Das (ich lese *fa-hāḏihī*) ist die Wirklichkeit des Reisens der Sufis. Sie haben bezüglich des Reisens (noch andere) Hinweise, von deren Erläuterung ich Abstand nehme. Gott hilft, wem er will, sie zu begreifen.

22

DIE HEIMATORTE DER SUFIS

1. Die Heimatorte (*awṭān*) der Sufis und ihr Wohnsitz sind, wo sie auch sein mögen, die Häuser Gottes: die Moscheen. Darin sitzen sie und stehen sie auf Posten. Die meisten Aufenthalte der Sufis, sowohl daheim als auch auf Reisen, sind die Moscheen. Damit wollten sie es den Schattenläublern (*ahl-aṣ-ṣuffa*) gleichtun. Abu d-Dardāʾ sagte: „Ich hörte den Gesandten Gottes sagen: ‚Die Moschee ist das Haus aller Gottesfürchtigen.‘“

> So und in der Variante „. . . aller Gläubigen“ von Salmān al-Fārisī überliefert. Munāwī, *Fayḍ al-qadīr* 6, 269, Nr. 9203.

Gott hat denen, deren Haus die Moschee ist, Erquickung und Erbarmen und das Überschreiten der Höllenbrücke zum Wohlgefallen Gottes zugesichert. Von Saᶜīd b. al-Musayyib ist überliefert, er habe gesagt: „Wer in den Moscheen sitzt, sitzt mit seinem Herrn zusammen.“

2. Die Sufis sind dafür bekannt, daß sie in den Moscheen sitzen. Denn sie bauen keine Häuser und legen keinen Ziegelstein auf den anderen

> So hielt es ᶜAbdallāh b. ᶜUmar (gest. 74/693–4): „Ich habe keinen Ziegelstein auf den anderen gelegt und keine Palme gepflanzt, seit der Prophet gestorben ist.“ Buḫārī, *Ṣaḥīḥ*, istiʾḏān 53 / Houdas-Marçais, *Les Traditions Islamiques* 4, 238 / Ibn Ḥağar, *Fatḥ al-bārī* 13, 337; Ibn Saᶜd, *Aṭ-ṭabaqāt* 4, 2, 125,16–18. Sarrāğ: „Der Gesandte Gottes hat keinen Ziegelstein auf den anderen gelegt, bis er das Diesseits verließ.“ *Al-lumaᶜ* 99,10–11 / Kap. 48,12.

und sind, mit wenigen Ausnahmen, nicht mit Wohnstätten versehen. Denn sie sind Fremdlinge und haben, indem sie in seinem Haus sitzen, die Nachbarschaft mit Gott erwählt. Von Anas b. Mālik wird überliefert, er habe gesagt: „Der Gesandte Gottes sagte: ‚Gott ruft am Tag der Auferstehung: Wo sind meine Nachbarn?‘ Die Engel werden fragen: ‚Herr, wer soll dein Nachbar sein?‘ Er wird erwidern: ‚Wo sind die Bewohner der Moscheen?‘“

> „Gott spricht am Tag der Auferstehung: ‚Wo sind meine Nachbarn?‘ Die Engel werden fragen: ‚Wer sind die, die deine Nachbarn sein sollen?‘ Er wird erwidern: ‚Wo sind die, die den Koran rezitieren und die Moscheen bewohnen?‘“ Munāwī, *Al-itḥāfāt as-sanīya* 93, Nr. 216.

Die Verwirklichung des Bewohnens besteht darin, daß man in ihnen Gottes gedenkt, auf Posten steht und von einem Ritualgebet auf das andere wartet. Man hat uns mitgeteilt: Jesus, der Sohn Marias, fragte seine Gefährten: „Wißt ihr, wo mein Haus ist?" Sie antworteten: „Nein, Geist Gottes." Er sagte: „Mein Haus ist die Moschee, mein Parfüm ist das Wasser, meine Zukost ist der Hunger."

Anonym: „Welch herrliche Zukost ist der Hunger! Was du ihm vorsetzt, nimmt er an." Ibn Qutayba, *ᶜUyūn al-aḫbār* 3, 222,3.

3. Der Aufenthalt der Schattenläubler war in der Moschee des Propheten. Die Sufis tun es ihnen gleich, indem sie sich von den Diesseitsmenschen unterscheiden. Denn der Aufenthalt der Diesseitsmenschen ist auf den Märkten und auf den Bänken, und sie haben verzierte Häuser, die sie bauen, um darin zu wohnen und sie zu genießen. Die Bänke der Sufis sind die Höhen und die Wüsten. Sooft [61] ihnen das Herz eng wird, gehen sie dorthin, um Gottes zu gedenken und in der Weite allein zu sein. Und ihre Heimatorte sind die besten Stätten: die Moscheen. Da sie zu diesen zurückkehren und sie der Ort des Gottgedenkens sind, kommen sie vom Gottgedenken wieder zum Gottgedenken. Sie sind in allen ihren Verhaltensweisen die besten Diener Gottes.

23

DAS SITZEN DER SUFIS

1. Nun zum Sitzen der Sufis. Sie sind dafür bekannt, daß sie, wie einst die Schattenläubler, im Kreis sitzen. Von Abū Saʿīd al-Ḫudrī ist überliefert: „Wir waren in einer Schar von Muslimen. Einer verbarg sich hinter dem anderen wegen seiner Blöße. Unter uns war einer, der den Koran rezitierte. Da kam der Gesandte Gottes und fragte: ‚Was habt ihr getan?' Wir sagten: ‚Es hat uns einer den Koran rezitiert.' Als er hinschaute, schwieg er. Dann forderte er uns durch ein Zeichen auf, einen Kreis zu bilden. Nachdem wir den Kreis gebildet hatten, sagte er: ‚Lob sei Gott, der unter meine Gemeinde Leute gebracht hat, über die mir mein Herr befahl, ich solle Geduld mit ihnen haben.'

> *Und geduldе dich mit denen, die morgens und abends zu ihrem Herrn beten!* Sure 18,28.

Danach sagte er: ‚Freut euch, ihr bettelarmen Auswanderer, über das vollkommene Licht am Tag der Auferstehung! Ihr werdet einen halben Tag vor den Reichen ins Paradies eingehen.'"

> Ḫudrī: „Ich saß in einer Schar von elenden Auswanderern. Einer verbarg sich hinter dem anderen wegen seiner Blöße. Einer rezitierte uns den Koran. Da kam der Gesandte Gottes und trat vor uns. Als der Prophet sich (zum Gebet?) erhob, schwieg der Rezitator. Dann sprach der Prophet den Friedensgruß. Danach fragte er: ‚Was habt ihr getan?' Wir sagten: ‚Gesandter Gottes, wir hatten einen Rezitator, der uns den Koran rezitierte. Wir lauschten dem Buch Gottes.' Da sagte der Gesandte Gottes: ‚Lob sei Gott, der unter meine Gemeinde Leute gebracht hat, über die mir befohlen wurde, ich solle mich mit ihnen gedulden.' Nun setzte sich der Gesandte Gottes mitten unter uns, um sich uns gleichzustellen. Dann befahl er mit (einem Zeichen) der Hand: So! Daraufhin bildeten wir einen Kreis, und ihr Gesicht war auf ihn gerichtet. – Ḫudrī sagte: „Ich glaube nicht, daß der Gesandte Gottes außer mir einen von ihnen kannte." – Nun sagte der Gesandte Gottes: ‚Freut euch, ihr bettelarmen Auswanderer, über das vollkommene Licht am Tag der Auferstehung! Ihr werdet einen halben Tag vor den Reichen ins Paradies eingehen.' Das sind fünfhundert Jahre." Abū Dāwūd, *Sunan* 3, 439–440, Nr. 3666, ʿilm 13 / ʿAẓīmābādī, *ʿAwn al-maʿbūd* 10, 99–101, Nr. 3649. Dazu Aḥmad b. Ḥanbal, *Al-musnad* 3, 63,13–19; 3, 96,17–21.

Die Schlußbemerkung stützt sich auf Sure 22,47: *Ein Tag ist bei deinem Herrn wie nach eurer Berechnung tausend Jahre.*

2. Der Prophet hat also seinen Gefährten durch ein Zeichen befohlen, sich im Kreis zu setzen. Die Sufis folgen in ihrer Art zu sitzen ihrem Beispiel. Außerdem machen sie damit Andeutungen. Mit dem Sitzen (im Kreis) deuten sie nämlich die Eintracht, die Liebe, die Geschlossenheit und die Verbundenheit und die Verwirklichung der Vereinigung (*ǧam*ᶜ) und die Zurückweisung der Trennung (*tafriqa*) an. Denn die Gläubigen sind wie ein einziger Leib

Prophetenwort: „Du kannst sehen, daß die Gläubigen, wenn sie einander Mitleid, Liebe und Mitgefühl schenken, wie ein Leib sind: wenn ein Glied leidet, ruft der ganze dazugehörige Leib nach Schlaflosigkeit und Fieber.“ Buḫārī, *Ṣaḥīḥ*, adab 27 / Houdas-Marçais, *Les Traditions Islamiques* 4, 150 / Ibn Ḥaǧar, *Fatḥ al-bārī* 13, 46. Dazu Aḥmad b. Ḥanbal, *Al-musnad* 4, 268,5–7; 4, 270,2–5; 4, 271,29–31; 4, 274,15–17; 4, 276,26–27.

und wie ein Bau, an dem ein Teil den anderen festigt.

Prophetenwort: „Der Gläubige ist für den Gläubigen wie ein Bau, an dem ein Teil den anderen festigt.“ Buḫārī, *Ṣaḥīḥ*, ṣalāt 88 / Houdas-Marçais, *Les Traditions Islamiques* 1, 174 / Ibn Ḥaǧar, *Fatḥ al-bārī* 2, 112. Mehrere Berichte dieser Art bei Muslim, *Ṣaḥīḥ* 4, 1999–2000, Nr. 65–67. Weitere Stellen bei Wensinck, *Concordance* 3, 74b.

3. Die Sufis sitzen im Kreis, um der Vereinigung ihres Strebens zu entsprechen. Wenn sie nämlich im Kreis sitzen, sitzt jeder seinem Bruder gegenüber, damit er vor seinen Augen nicht verborgen sei. Sie sitzen alle zusammen einander gegenüber. Und wenn einer neben dem anderen ist (lies *yakun*), dann ist jeder äußerlich und innerlich neben dem anderen, damit der Teufel ihre Geschlossenheit nicht aufbrechen oder unter sie eindringen kann. Hierüber ist etwas vom Propheten überliefert, als er befahl, beim Ritualgebet die Reihen auszurichten und den Zwischenraum zwischen ihnen für das Eindringen des Teufels unter sie zu schließen.

Der Prophet nach ᶜAbdallāh b. ᶜUmar: „Stellt die Reihen richtig auf, dann stellt ihr sie gerade so auf wie die Reihen der Engel! Reiht die Schultern aneinander, schließt die Lücke, seid nachgiebig mit den Händen eurer Brüder (die sich damit einen Platz in der Reihe verschaffen wollen) und laßt dem Teufel keine Zwischenräume! Wer eine Reihe verbindet, den verbindet Gott (mit sich), und wer eine Reihe abschneidet, den schneidet Gott ab.“ Aḥmad b. Ḥanbal, *Al-musnad* 2, 97–98. Dazu Abū Dāwūd, *Sunan* 1, 251–252, Nr. 666, ṣalāt, bāb taswiyat aṣ-ṣufūf / ᶜAẓīmābādī, *ᶜAwn al-maᶜbūd* 2, 365–366, Nr. 652. Kommentar: Munāwī, *Fayḍ al-qadīr* 2, 75, Nr. 1367.

Damit weisen die Sufis auf die Wirklichkeit des Vereintseins im Äußeren und Inneren hin. Ihr Sitzen entspricht der Überlieferung und dem Heiligen Brauch.

24

[62] DAS ESSEN DER SUFIS

1. Nun das Essen der Sufis. Sie essen nur der Not gehorchend. Damit entsprechen sie dem Heiligen Brauch, da der Prophet gesagt hat: „Zwei Tage hungere ich, und einen Tag esse ich mich satt."

Näheres in Kap. 1,4.

Das Vorwiegende ist bei den Sufis das Hungern. Beim Essen verhalten sie sich wohlgesittet und selbstlos. Sie halten ihre Seele davon ab, gierig zu sein und selbstwählend zu essen, denn sie sind Altruisten. Gott hat die gelobt, die den anderen den Vorzug vor sich selbst geben, obwohl sie es schwer haben und Mangel leiden. Gott sprach: *Sie bevorzugen (sie) vor sich selber, auch wenn sie Mangel leiden sollten* (Sure 59,9). Altruismus ist eine ihrer Charaktereigenschaften.

2. Bezüglich des Essens gibt es unter ihnen drei Gruppen. Eine Gruppe setzt für sich eine bestimmte Nahrung fest. Sie lassen ihrer Seele keine Hoffnung auf das, woran sie gewöhnt ist, damit diese sie nicht zu den Zeiten der Gewohnheit der Seele angehe. Sie weisen beim Essen ihre Seele von sich und widersetzen sich ihr in allen ihren Verhaltensweisen. Eine andere Gruppe nimmt die Mittel (zum Leben) nur in Zeiten der Not. Sie essen diese nur von Zeit zu Zeit und warten in ihren verschiedenen Zeiten, ja in allem, was sie betrifft, auf Gott. Wieder eine andere Gruppe ißt nur aus dem Übersinnlichen (ihnen Dargebotenes), ohne Ausschauhalten (? *istišrāf*), ohne zu betteln, ohne zu begehren, ohne zu bitten. Gott gibt ihnen Speise und Trank. Sie sehen keine Zwischeninstanzen, sondern sehen es vom Verursacher kommen.

3. Die erste Gruppe hält sich an Unterscheidungsvermögen, Planen, geistlichen Kampf und Selbstdisziplin. Sie sind an das Wissen gebunden und überschreiten nicht die Grenze zu den Gepflogenheiten und Gewohnheiten. Die zweite Gruppe sind die Gottvertrauenden. Sie warten auf die Bestimmungen und Verfügungen Gottes. Sie sind an die Wirklichkeit gebunden. Sie wollen nicht und wählen nicht, sie besitzen nichts und werden von nichts in Besitz genommen. Sie sind die Söhne des Nu. Sie haben die Mittel des Übersinnlichen vor Augen. Die dritte Gruppe sind die Leute Gottes. Gott gibt ihnen Spei-

se und Trank. Sie sind über die Standplätze hinausgeschritten und sind bei den Wirklichkeiten der Gnadenerweise angelangt. Die Bestimmungen nehmen an ihnen nach Gottes Willen ihren Lauf. Ihren Mitteln eignen weder ein Sichtbarwerden, das man erkennen könnte, noch Bestimmungen, die man beschreiben könnte. Sie wandeln vielmehr so, wie Gott es fügt: von seinem Nahrunggeben leben sie, unter seinem Schutz finden sie Zuflucht, durch sein Wählen regen sie sich. Wie sollte man ihre Zustände beschreiben können, da doch Gott es ist, der bewegt, was sie betrifft, und wandelt, was ihnen als Mittel dient!

4. Im Essen gibt es bei ihnen verborgene Sitten, feine Anforderungen, edle Gepflogenheiten und ehrenvolle Zustände. Sie sind [63] Leute, die das Selbstwählen grundsätzlich aufgegeben haben und den naturhaften Regungen entworden sind und die Mitte einnehmen zwischen einem Sichbewegenden und einem Bewegten. Der Sichbewegende bewegt sich in bezug auf alle seine Mittel durch das Wissen. Durch dieses ißt er und nimmt er. Für seine Augenblicksverfassungen legt das Religionsgesetz Zeugnis ab. Der Bewegte wird vom inneren Empfinden (*wağd*) bewegt. Durch dieses ißt er und nimmt er. Seine Augenblicksverfassungen sind verborgen und wechselhaft, da sie dem Blick der Schauenden ob der Eifersucht des inneren Empfindens verschlossen sind. Für ihre Wirklichkeiten legt das Innerste Zeugnis ab.

5. Alles, was die Sufis unternehmen, geschieht unter Selbstkontrolle und Beobachtung. In allem, was sie tun, verfolgen sie einen Zweck, es sei denn, Gott verberge zur Zeit der Nachlässigkeiten und Gleichgültigkeiten etwas vor ihnen. Die Mängel und Nöte der Sufis richten sich nach den an ihr Essen gestellten Forderungen. Al-Ǧunayd b. Muḥammad sagte: „Das Erbarmen kommt auf unsere Gefährten in drei Zeiten hernieder: bei der Mahlzeit, denn sie essen nur der Not gehorchend und erheben sich nur dankend, beim Hören, denn sie hören nur auf Grund von Wahrheit und stehen nur infolge von Verzückungen und Standplätzen auf, beim Erzählen, denn sie erzählen nur von den Zuständen der Propheten und Erzgerechten."

In wechselnder Form oft wiederholt. Siehe Kalābāḏī, *At-taᶜarruf* 127,7–9 / Arberry, *The Doctrine of the Ṣūfīs* 167; Sarrāǧ, *Al-lumaᶜ* 182–183 / Kap. 72,1; 283,6–10 / Kap. 96,3; Makkī *Qūt al-qulūb* 2, 61,27–30 / Kap. 32,746; Qušayrī, *Risāla*, Kap. 51,11 / Anṣārī, *Šarḥ ar-Risāla al-Qušayrīya* 4, 131; Ġazzālī, *Iḥyāᵓ* 2, 268,7–9, kitāb ādāb as-samāᶜ, bāb 1, bayān aqāwīl al-ᶜulamāᵓ; Suhrawardī, *ᶜAwārif al-maᶜārif* 126,15–18 / Kap. 22,8; Ibn al-Ǧawzī, *Talbīs Iblīs*, ed. Munīrīya 241,2–5 / ed. Ḫayr ad-dīn ᶜAlī 277–278; Munāwī, *Al-kawākib ad-durrīya* 1, 215,6; Bāḫarzī, *Awrād ul-aḥbāb* 2, 185,9–13; Šaᶜrānī, *Aṭ-ṭabaqāt al-kubrā* 1, 73,13–15.

6. Soweit (ich lese *fa-hāḏihī*) die Wirklichkeit des Essens der Sufis, ihre Tätigkeiten in bezug auf die guten Sitten des Essens und ihre Übereinstimmung mit dem Heiligen Brauch im Altruismus und im Mitgefühl.

25

DIE ANNAHME DER EINLADUNG DURCH DIE SUFIS

1. Die Annahme der Einladung (*daʿwa*) durch die Sufis entspricht dem Heiligen Brauch. Der Prophet sagt nämlich: „Würde ich zu einem Knöchel eingeladen, so nähme ich an."

> „Würde ich zu einem Knöchel eingeladen, so nähme ich an. Und wenn man mir einen Knöchel schenkte, würde ich ihn nehmen." Buḫārī, *Ṣaḥīḥ*, nikāḥ 73 / Houdas-Marçais, *Les Traditions Islamiques* 3, 581 / Ibn Ḥağar, *Fatḥ al-bārī* 11, 154.

Daß sie auf Einladungen essen, geschieht bei den Sufis häufig. Denn sie sind Leute, die auf die Absage an ablenkende Beschäftigungen in allen Dingen hinweisen. Sie geben sich nicht mit der Zubereitung von Speisen ab und sehen in der Einladung etwas, was ihnen ablenkende Beschäftigungen abnimmt. Denn vorausgesetzt, die Einladung erfolgt aufrichtig, in religiöser Gesinnung und gewissenhaft, so liegen in ihr drei Eigenschaften: der Geladene wird dafür nicht zur Rechenschaft gezogen,

> Das gilt jedoch nicht nur für den Gast, sondern auch für den Gastgeber. Ḥasan al-Baṣrī: „Für alle Ausgaben, die einer für sich selbst und seine Eltern und für sonstwen macht, wird er zur Rechenschaft gezogen, nur nicht für seine Ausgaben für seine Brüder bei einem Mahl. Gott schämt sich, ihn darüber zu befragen." Makkī, *Qūt al-qulūb* 2, 182,23–25 / Kap. 40,20. Ein Altvorderer: „Der Mensch wird für das, was er mit seinen Brüdern ißt, nicht zur Rechenschaft gezogen." *Qūt al-qulūb* 2, 182,28–29 / Kap. 40,20.

der Gastgeber erhält (dafür im Jenseits) Lohn, der Geladene ist nicht mit der Zubereitung der Speisen abgelenkt. Die Einladung ist Brauch [64] der Gesandten und Propheten. Sie vereinigt (ich streiche *al-anbiyāʾ*) Eigenschaften wie: Freigebigkeit, Gutartigkeit, zu essen geben, den Hungrigen sättigen, den Brüdern dienen, Offenherzigkeit mit den Freunden, Verwirklichung der Vertrautheit.

2. Für die Sufis liegt in der Einladung eine erhabene Andeutung. Denn sie hörten Gott sagen: *Gott lädt ein in die Behausung des Heils* (Sure 10,26). Die Einladungen sind für sie ein Gegenstand der Erinnerung an die grundlegende Einladung, die von Gott an seine Freunde unter den Gläubigen ergeht.

3. Die Einladungen der Sufis schließen mancherlei ein, zum Beispiel Austausch von Erinnerungen, Erörterung des Wissens, Hören. Dazu kommt, daß sie dem gewöhnlichen Volk ein Beispiel geben (? *uswatu*), danach verlangen, die Bräuche der Gesandten und Propheten aufrechtzuerhalten, und den anderen Armen unter den Gläubigen das Essen spenden. Wenn aber einer glaubt, er finde sein Heil darin, daß er sich von Einladungen fernhält, weil die Zeit schlecht ist und man mit den Einladungen prahlt, und es das bessere sei, sie zu meiden, steht ihm das frei, vorausgesetzt, er erkennt an, daß sie ein fester Heiliger Brauch und ein alter Auftrag sind.

26

DIE ZWANGLOSIGKEIT DER SUFIS

1. Die Zwanglosigkeit (*inbisāṭ*) der Sufis beruht auf Vergnügtheit des Herzens, Umgänglichkeit, Fröhlichkeit des Gesichts, Gutartigkeit, Verbergen der Kümmernisse, die sie im Innersten fühlen, Wahrung der Geheimnisse, Übereinstimmung mit dem Heiligen Brauch. Denn der Prophet sagt: „Ich scherze und sage nur Wahres." Wahr am Scherzen ist, was mit Zwanglosigkeit verbunden ist. Der Prophet war immer bekümmert und von heiterem Äußeren, da er gutartig war und ein lächelndes Gesicht zeigte. „Er sagte: ‚Soll ich euch Kunde geben über die für das Paradies Bestimmten?' Sie sagten: ‚Ja, wer sind sie?' Er erwiderte: ‚Lauter Sanfte, Umgängliche, Fröhliche.'"

> Nach ᶜAbdallāh b. Masᶜūd: „Der Gesandte Gottes sagte: ‚Soll ich euch kundtun, wer für das Höllenfeuer verboten ist und für wen das Höllenfeuer verboten ist? Für alle (den Menschen) Nahen, Geringen, Umgänglichen.'" Tirmiḏī, *Al-ǧāmiᶜ* 4, 654, Nr. 2488 / Mubārakfūrī, *Tuḥfat al-aḥwaḏī* 7, 190, Nr. 2606. Dazu Aḥmad b. Ḥanbal, *Al-musnad* 1, 415,7–9 / 6, 18–19, Nr. 3938.

Ein fröhliches Gesicht, Lächeln und ein offenes Gesicht kommen den Gläubigen zugute. Sie werden darob froh und ihr Herz wird dadurch vergnügt. Welch ein herrliches Almosen ist doch ein offenes Gesicht! Die Sufis beschäftigen ja ihr Innerstes mit Gott. Darum verbergen sie darin, was Gottes ist, und daher ist ihre Andeutung ein Grund für die Traurigkeiten. Doch dann opfern sie sich den Gläubigen durch schöne Offenherzigkeit, ein lächelndes Gesicht und Eingehen auf die Menschen im Äußeren, soweit das religiöse Wissen es nicht untersagt und verbietet. Der Gesandte Gottes sagte in dem Ḥadīṯ des Abū Hurayra: „Ihr könnt die Menschen nicht mit eurem Geld gewinnen. Darum soll sie euer offenes [65] Gesicht und eure Gutartigkeit gewinnen."

> Dazu Munāwī, *Fayḍ al-qadīr* 2, 557, Nr. 2545; ders., *At-taysīr bi-šarḥ al-Ǧāmiᶜ aṣ-ṣaġīr* 1, 357; ᶜAzīzī, *As-sirāǧ al-munīr* 2, 39–40; Nabhānī, *Al-fatḥ al-kabīr* 1, 433; Ibn al-Aṯīr, *An-nihāya fī ġarīb al-ḥadīṯ wa-l-aṯar* 5, 184; Qurṭubī, *Al-ǧāmiᶜ li-aḥkām al-Qurᵓān* 7, 345.

2. Den Sufis sind in ihrer zwanglosen Offenheit (*inbisāṭ*) gegeneinander allerlei Zustände eigen. Der erste ist die Offenheit (*basṭ*) der Hände im Schen-

ken, dann kommt die Offenheit des Gesichts im Lächeln, dann die Offenheit der Zunge im Spaßen und Scherzen, dann die Offenheit aller Glieder und Organe zum Vergnügen der Brüder und zur Freude des Herzens der Gefährten. Das Herz der Sufis aber erträgt die Zwanglosigkeit nur von seinesgleichen. Wenn sich daher einer auf das zwanglose Benehmen und die Freuden der breiten Masse einläßt, dann rührt dies daher, daß er ihr im Innersten gleicht.

3. Die Zwanglosigkeit hat viele Aspekte, und es gibt bei der Zwanglosigkeit der Sufis zu allen Zeiten seltsame Formen. Für sie gibt es hierin bestimmte Zeiten, anerkannte Brüder und bekannte Orte. Al-Ǧunayd sagte: „Die Zwanglosigkeit erfordert drei Dinge: die Brüder, den Ort und die Zeit."

Sonst als Aussage über das Hören verbreitet. „Das Hören erfordert drei Dinge, andernfalls ist es besser, es zu lassen: die Brüder, die Zeit und den Ort." Sarrāǧ, *Al-lumaᶜ* 186,5–6 / Kap. 73,1. Auch *Al-lumaᶜ* 272,3–5 / Kap. 96,2. Dazu Qušayrī, *Risāla*, Kap. 51,11 / Anṣārī, *Šarḥ ar-Risāla al-Qušayrīya* 4, 131; Ġazzālī, *Iḥyāᵓ* 2, 298,20–21, kitāb as-samāᶜ, al-maqām aṯ-ṯāliṯ; Yāfiᶜī, *Rawḍ ar-rayāḥīn* 277, Nr. 178; Meier, *Ein Knigge* 519.

Für die Zwanglosigkeit ist es jedoch geboten, daß der, der sich zwanglos gibt, mitten in der Zwanglosigkeit die Kraft, sich zurückzuhalten, spürt und sich nicht an sie durch die Kraft der seelenhaften Natur gewöhnt und nach ihr wieder von ihr zu Gott zurückkehrt. Wenn aber einer sich durch die Seele für die Seele zwanglos verhält und sich durch seine Natur für andere rührt, dann ist sein Mannestum dahingegangen, seine Ehrfurcht ist gering und seine Seele hat sich seiner bemächtigt. Das führt ihn zu verwerflichem Zeitvertreib und Scherzen und hinterläßt das Gegenteil von dem, was die Zwanglosigkeit der Sufis hinterläßt. Denn die Zwanglosigkeit der Sufis dient der Vertrautheit und der Freude der Brüder. Wenn sie aber so ist, wie ich es beschrieben habe, dann hinterläßt sie Feindschaft und Kümmernisse. Alles, wie es sich gehört! Wenn aber etwas wahllos geschieht, ist die Wirklichkeit daraus geschwunden, und es ist für den, der es unternimmt und ausführt, ein Unheil.

27

DAS HÖREN DER SUFIS

1. Nun zum Hören (*samāʿ*) der Sufis. Damit sind die Sufis besonders ausgezeichnet. Nachdem sie auf das vergängliche Diesseits verzichtet, die Armut erwählt, Gott ihr Herzblut geopfert und nach der Erfüllung der Pflichten sich in freiwilligen Leistungen abgemüht haben, hat ihnen Gott die Augen des Herzens geöffnet, so daß sie mit reinem Streben schauen und mit scharfem Verstand und der ihnen von Gott im voraus zubestimmten Erkenntnis hören. Daher verwirklicht sich für sie das Hören, und sie nehmen die Andeutung aus den Gegebenheiten des Übersinnlichen auf und folgen dem Besten vom Koran: der Wirklichkeit, die sich ihnen im voraus ins Herz senkte, bestehend in Wirklichkeiten der Liebe, der Sehnsüchte, der ihnen [66] von Gott ins Innerste gelegten kostbaren Hulderweise und wunderbaren Gaben und der Rechtleitung, die Gott denen, die hören, bezeugt hat. Gott sprach: *Bring gute Nachricht meinen Dienern, die das Wort hören und dem Besten davon folgen* (Sure 39,17–18). Danach sprach er: *Das sind die, die Gott rechtgeleitet hat. Sie sind es, die Verstand haben* (Sure 38,18).

2. Das Hören ist eine der Wurzeln der Sufis. Mit ihm hängen viele Realitäten zusammen. Die erste ist das, was Gott gesagt hat: *Wenn Gott an ihnen etwas Gutes gefunden hätte, hätte er ihnen Gehör verliehen. Aber wenn er ihnen Gehör verliehen hätte, hätten sie (doch) den Rücken gekehrt* (Sure 8,23). Das ist das, was sich auf die im Ursprung vorausgegangene Rechtleitung bezieht. Es ist das Hören der Bekenner des Eingottglaubens. Dann das Hören der göttlichen Ermahnung, das sich auf das Gebot und Verbot und die Warnungen bezieht. Gott sprach: *Fürchtet Gott und hört!* (Sure 5,108). Dann das Hören dessen, was zu hören Gott zur Pflicht gemacht hat, nämlich des Wortes Gottes. Gott sprach: *Und wenn der Koran vorgetragen wird, dann hört zu und haltet Ruhe!* (Sure 7,204).

3. Das sind die Bedeutungsgehalte der Gepflogenheiten des Hörens in bezug auf die Wurzel seines Äußeren. Und zu jedem Hören gehört ein Inneres und zu jedem Inneren eine Wirklichkeit. Über die inneren Gegebenheiten des Hörens aber, die Arten seiner Wandlungen, die Gesetze seines Eintreffens, den Geschmack seiner Wahrnehmung und die Wirklichkeiten seiner Anwesenheit,

über sie wissen die Eingeweihten Bescheid, die Erkenner unter den Sufis nämlich, die auf die Wirklichkeiten der Erkenntnisse und auf die Wirklichkeit selber und auf die innere Erfahrung der Erwählten hinweisen.

4. Das Hören hat eine gesamthafte Wurzel und einen zusammenfassenden Namen. Zu ihm gehört eine Erscheinungsform, zu ihm gehört ein Innerstes, zu ihm gehört eine Wirklichkeit. Der Name bezeichnet nicht in jedem Fall das alles. Zum Hören gehört das Verstehen von Gott her, weiter der eigentliche im Zustand angedeutete Sinngehalt, weiter der eigentliche Vortrag, weiter etwas, was in der Andeutung zusammenfassend ist. Es gibt im Hören drei Arten von Hörenden: einen, der durch seinen Herrn hört, einen, der durch seinen Zustand hört, und einen, der durch sein Wissen hört. Bei dem, der durch seinen Herrn hört, gibt es drei Möglichkeiten: Hören durch Gott, Hören für Gott und Hören von Gott. Bei dem, der durch seinen Zustand hört, gibt es drei Möglichkeiten: Hören durch den Zustand infolge der Übermacht des Zustandes, Hören im Zustand durch das gesunde Erleben des Zustandes, Hören durch das Entwerden des Zustandes und die Macht (*šāhid*) dessen, auf den sich der Zustand im Zustand stützt. Bei dem, der durch sein Wissen hört, gibt es drei Möglichkeiten: Hören durch das vor dem Hören vorausgegangene Wissen, Hören im Wissen durch die Wirklichkeiten [67] des Hörens, Hören durch das reine Wissen des Hörens.

5. Zu jeder dieser Arten des Hörens gehören Hinterlassenschaften und innere Erfahrungen, die den Klugen unter den Sufis bekannt sind. Ich verzichte darauf, das zu erläutern, sonst würde das Buch zu umfangreich. Was aber das Statthaben des Hörens, wenn seine Mittel vorhanden sind und sein Brennen erfahren wird, in bezug auf das Grundsätzliche des bereits Beschriebenen betrifft, so gibt es drei Arten: ein Herzenshören, ein Geisthören und ein Seelenhören. Das Herzenshören führt zum Untergang in der reinen Verzückung (*waǧd*), das Geisteshören führt zur Anstrengung auf Grund des reinen Wissens, das Seelenhören führt zum Lustgenuß nach dem Willen der Seele.

6. Das (erste, das) reine Gedenken (des Herzens) führt dazu, daß man untergeht und dem Anteil an beiden Behausungen entwird, da der Hinweis auf die Gotteseinzigkeit (von allem anderen) losgeschält ist. Das sind die Losgeschälten, deren Streben sich mit dem Übersinnlichen verbunden hat. Vom Übersinnlichen hören sie, und vom Übersinnlichen trinken sie.

> Sarrāǧ erläutert: „Das Trinken (*širb*) besteht darin, daß der reine Geist und das reine Innerste die Gnadengaben, die auf sie herabkommen, aufnehmen und sich ihrer erfreuen. Man hat das mit dem Trinken verglichen, weil man es genießt und sich der Lichter der Schau der Nähe seines Herrn, die auf das Herz herabkommen, erfreut.“ *Al-lumaᶜ* 372,2–4 / Kap. 120,137.

Das zweite Hören, das dem Geist eigen ist, führt zum Ursprungsort der Geister in die Wesenswelt. Und es führt von der Unwissenheit zum Wissen und von der Gedankenlosigkeit zum Gedenken. Das ist den Bekennern des Eingottglaubens eigen, deren Geist rein ist. In der Wirklichkeit haben sie ihr Ziel und aus der Wesenswelt ihren Trank (*širb*). Das dritte Hören, das der Seele eigen ist, führt zum Gegenwärtigen vom Diesseits und zum Lustgenuß und zum Anteil an der vergänglichen Behausung. Durch dieses Hören wird die Seele in Erregung versetzt. Das ist den Verwirrten eigen, deren Seele erregt ist. Im Wohlgefühl haben sie ihr Ziel und aus dem Diesseits ihren Trank.

7. Das Hören nebst seinen Erfordernissen und Wirklichkeiten, mögen sie (ihm) vorausgehen oder folgen, ist den Eignern der Wirklichkeiten unter den Sufis vorbehalten.

Der das für das Hören Erforderliche Vorausstellende und es vorher aufrichtig durch die Lauterkeit seines Strebens, die Reinheit seines Innersten und die Öffnung seines Herzens Suchende ist der, der von seinem Äußeren die Anhänglichkeiten des Diesseits entfernt und sie durch die Einung seines Strebens abtrennt. So entwird er allem Hemmenden, das die Glieder und Organe in sich schließen. Sodann vertreibt er aus dem Herzen die Liebe zu dem, was von seinem Äußeren entfernt wurde. Dadurch entwird er dem Schauen auf das, was er abgetrennt und worauf er verzichtet hat. Im Zustand des dritten Entwerdens entwird er schließlich dem Schauen auf seine Entsagung. Dadurch macht er sein Streben frei für den Einbruch des vom Übersinnlichen Kommenden. Jetzt hat er das für das Hören Erforderliche vor dem Hören erfüllt. Das ist der Zustand des zielstrebigen Wollenden (*murīd*).

Nun zu dem das für das Hören Erforderliche Nachstellenden (ich lese *al-muʾaḫḫiru*). Ihn hat Gott von allem Nichtgöttlichen freigemacht, er hat sein Streben abgesondert von den auftauchenden Gedanken, er hat ihn in der gegenwärtigen Behausung zum Fremdling gemacht und ihn seinem Anteil entwerden lassen. Dann ließ er ihn dem Schauen auf sein Entwerden von seinem Anteil entwerden. Dann machte er ihn abwesend von den Erscheinungszeichen und verlieh ihm Sein im reinen Gottgehörigen in ihm. Er hat seinen Bestand im Hören und lädt zu ihm ein durch die verschiedenen Bestimmungen, die von Gott über ihn ergehen. Er ist Gottes Ziel und von ihm gewollt (*murād*).

Wenn aber einen seine Verzückung nicht wandelt und sein Hören ihn nicht in Werken des Gehorsams tätig macht und ihn nicht von den Lüsten der Seele in der (diesseitigen) Behausung fernhält, dann ist das Hören wider ihn, nicht für ihn, denn es ist für ihn ein Zuviel in seiner Lust und sein Verderben.

8. Das erste Erfordernis des Hörens ist der Haß auf das Diesseits. [68] Man fragte an-Nūrī – Abu l-Ḥusayn an-Nūrī –, was das Sufitum sei. Er antwortete: „Der Haß auf das Diesseits und die Liebe zum Hören."

In der bekannten Form wird Nūrī gefragt, wer ein Sufi sei, worauf er antwortete: „Wer das Hören übt und die Mittel wählt." Sarrāǧ, *Al-lumaʿ*

26,3–4 / Kap. 14,3. Dazu *Al-luma*ᶜ 272,12–13 / Kap. 96,3; Qušayrī, *Risāla*, Kap. 41,9 / Anṣārī, *Šarḥ ar-Risāla al-Qušayrīya* 4, 10; Kap. 51,12 / Anṣārī 4, 133.

Man berichtete mir von al-Ǧunayd: Er befand sich mit einer Schar seiner Gefährten auf dem Ṭūr Sīnā. Bei ihnen war ein Sänger (*qawwāl*), der vorsang, während sie sich bewegten und erregt wurden und ekstatisches Verhalten zeigten. Plötzlich rief da ein Mönch aus seiner Einsiedelei: „Ich beschwöre euch bei Gott, gebt mir eine Antwort!" Als sie aufgehört hatten und schwiegen, sagte einer der Gefährten al-Ǧunayds: „Meister, ein Mönch beschwört uns und ruft uns!" Nun gingen al-Ǧunayd und seine Gefährten zu ihm, während er ganz oben in seiner Einsiedelei war. Als sie sie betraten, fragte der Mönch: „Wer von euch ist ein Meister?" Sie wiesen auf al-Ǧunayd hin. Da fragte er: „Meister, ist das, was ihr getan habt, in eurer Religion ein Privileg oder etwas für alle?" Al-Ǧunayd antwortete ihm: „Nein, es ist (nicht für alle, sondern) vielmehr ein Privileg, das den Verzicht auf das Diesseits voraussetzt." Da sagte der Mönch: „So fand ich im Evangelium Jesu geschrieben: Privilegierte von der Gemeinde Muḥammads werden hören und sich bewegen. Sie sind die auf das Diesseits Verzichtenden." Dann erwähnte er noch ihre Kleidung und einige ihrer Zustände.

Die gleiche Geschichte in Sulamī, *Nasīm al-arwāḥ*, Hs. Ḫānaqāh-i Aḥmadī 83, 100–101, wiedergegeben am Schluß der Edition dieses Abschnitts über das Hören von Naṣrullāh-i Pūrǧawādī, *Ma*ᶜ*ārif* 5, 3, Teheran 1367š., S. 366. Besonderheiten dort: Die Sufis tanzen, der Mönch wird Christ, das Evangelium erwähnt die Wollkleidung der Sufis und ihr Zufriedensein mit einem Flickenrock und einem Stück Brot. Ebenso Yāfiᶜī, *Rawḍ ar-rayāḥīn* 276–277, Nr. 277.

Das Hören erfordert also den Verzicht auf das Diesseits, und zwar im Hinblick auf die Erfordernisse des Wissens und die Verhaltensweisen (in) der Trennung (*tafriqa*). Doch Gott verleiht darüber hinaus das Hören, wem er will. Wenn aber Gott einen in seinem Innersten hören läßt, treibt er ihn unbedingt zu Werken des Gehorsams in seinem Äußeren an und hält ihn durch seine hoheitsvolle Eifersucht von den Sünden fern.

9. Wir haben über das Hören ein eigenes Buch verfaßt. Das hier aber ist der Ort für die Kürze. Es ist eine Zusammenfassung. Der Eingeweihte kennt das Hören. Seine innere Erfahrung bezeugt es. Sodann wird seine innere Erfahrung von seiner Wirklichkeit bezeugt, seine Wirklichkeit von seinem Wissen und sein Wissen vom rechten Zustand seines Äußeren.

28

DAS FINDEN DER SUFIS

1. Das Finden (*wağd*) der Sufis besteht darin, daß das Übersinnliche das Übersinnliche antrifft.

> „Man erwähnte von al-Ğunayd, er habe, glaube ich, gesagt: ‚Das Finden (*wağd*) ist das Antreffen (*muṣāfada*), gemäß dem Wort Gottes: *Und sie finden vor, was sie* (*in ihrem Erdenleben*) *getan haben* (Sure 18,49).' Das heißt: Sie treffen es an." Sarrāğ, *Al-lumaᶜ* 301,1–3 / Kap. 107,1.

Das sind Wirklichkeiten, die sie im Innersten von Gott her kommend ohne Wie (das man beschreiben könnte) vorfinden. Das Wesen des Findens entzieht sich der Kennzeichnung und Beschreibung,

> ᶜAmr b. ᶜUṯmān al-Makkī (gest. wahrscheinlich 291/904): „Für das Wie des Findens trifft kein Ausdruck zu, denn es ist das Geheimnis Gottes bei den gewißheitsvollen Gläubigen." Sulamī, *Ṭabaqāt aṣ-ṣūfīya*, ed. Pedersen 195,5–6 / ed. Šarība 202,12–13; Sarrāğ, *Al-lumaᶜ* 300–301 / Kap. 107,1; Qušayrī, *Risāla*, Kap. 1,30 / Anṣārī, *Šarḥ ar-Risāla al-Qušayrīya* 1, 158. Ğullābī, *Kašf ul-maḥğūb* 175,2–4 / Übers. Nicholson 138; ᶜAṭṭār, *Taḏkirat ul-awliyā*ᵓ 2, 39,21–22; Ğāmī, *Nafaḥāt ul-uns* 84.

denn es ist eine der Wirklichkeiten der Überfüllen des Glaubens.

2. [69] Die sprachliche Wurzel des Findens ist zweifach. Du sagst: „Ich habe gefunden (ich lese *wağadtu*)", wenn du hast, und: „Ich habe gefunden (ich lese *wağadtu*)", wenn du antriffst und vor Augen hast. Gott sprach: *Und wenn einer keine Möglichkeit findet, hat er zwei Monate zu fasten* (Sure 4,92). Das ist ein Finden des Habens. Und er sprach: *Und sie finden vor, was sie* (*in ihrem Erdenleben*) *getan haben* (Sure 18,49). Das bedeutet: Sie treffen (es) an und haben (es) vor Augen. Das ist ein Finden des Antreffens.

> „Einer der alten Scheiche hat gesagt: ‚Es gibt zwei Arten von Finden: ein Finden des Habens und ein Finden des Antreffens. Denn Gott sprach: *Wer keine Möglichkeit findet* (Sure 2,196; 4,92), das heißt: wer (sie) nicht hat. Und er sprach: *Und sie finden vor, was sie* (*in ihrem Erdenleben*) *getan haben* (Sure 18,49), das heißt: sie treffen es an.'" Sarrāğ, *Al-lumaᶜ* 301,11–14 / Kap. 107,3.

Beide Arten des Findens können in der Andeutung der Sufis im Zustand des Findens (zugleich) vorkommen. Das ist das Finden der Liebe. Das (bloße) Finden des Antreffens aber schließt das Finden des Habens nicht ein. Für die Eingeweihten ist darin eine Andeutung enthalten.

Ich behalte das deutsche Wort Finden für *waǧd* im folgenden bei. Oft ist es gleichbedeutend mit Ekstase, Verzückung, innerem Angerührtsein u. dgl.

3. Für die Leute des Findens liegt in dessen Erscheinung ein Zeichen für die Verbindung der darin vorgefundenen Sache (mit ihnen). Es kommt in drei Zuständen vor: im Finden (*waǧd*), im Empfinden (*wuǧūd*) und im Gebaren des Findens (*tawāǧud*). Finden ist das Nomen für den Zustand des Findenden, Empfinden ist der Infinitiv für das Tun (*fiᶜl*) des Findenden, Gebaren des Findens ist das *tafāᶜul* dafür, weil noch ein Rest der Annehmlichkeit des Bewußtseins bleibt. Über das Wie des Findens zu sprechen ist Vielgötterei. Darum sagte al-Ǧunayd: „Sich über das Wesen des Findens zu äußern ist Vielgötterei." Eine Aussage über das Finden darf nur gemacht werden für seine Folgeerscheinungen, seine Regeln, seine Wirklichkeiten, das Wissen über es, seine Übermacht, seine Bewegungen, seine Andeutungen, seine Brände, seine Überfüllen, sein Entwerdenlassen, sein Bestehenlassen, seine Enthüllung, seine Veränderung, seine Vielfältigkeit. Manches davon bemächtigt sich der Glieder, manches davon bemächtigt sich des Innersten der Glieder, der Sinnesorgane, manches davon bemächtigt sich der Lust (lies *al-ḥaẓẓi*), indem es diese ändert, anderes davon bemächtigt sich des Herzens durch seine Vorherrschaft, wieder anderes davon bemächtigt sich des Innersten, indem dieses entwird, bis man schließlich zu dem gelangt, dessen Ort nicht beschreibbar ist und dessen Wege sich nicht ändern.

4. Was das Finden anfacht (ich lese *yuhayyiǧu*), sind zwei Gegebenheiten, eine Gegebenheit durch die Freilegung des reinen Gedenkens und eine Gegebenheit durch das Gedenken. Die erste Gegebenheit ist etwas, was durch den Willen Gottes und seine kostbare Absicht und seine huldvolle Enthüllung von vornherein in das Innerste eindringt. Die zweite Gegebenheit gründet auf der Gesundheit des Gedenkens und des Hörens und der Wirklichkeit der Zwischeninstanzen und Mittel. Als man al-Ǧunayd fragte, was das Finden sei, sagte er: „Das Abgeschnittenwerden der Eigenschaften, wenn das Merkmal des Wesens erscheint."

Dazu ᶜAṭṭār, *Taḏkirat ul-awliyā*ᵓ 2, 29,22–24.

Das Wesen ist das Wesen des Findens. Die Eigenschaften werden abgeschnitten, nicht aber sein Merkmal in der Wirklichkeit seines Wesens. Wenn aber das Merkmal des das Entwerden der Eigenschaften Bewirkenden (des Wesens des Findens) dem entwird, der es beschreiben möchte, wie sollten da nicht die Zeichen dem entwerden, der es findet und vor Augen hat?

5. Die Wirklichkeiten des Findens an den Orten seines Eintreffens, die Erklärung seines Statthabens, der Wechselfälle seiner Verfügungen und seiner unterschiedlichen Art, die Zustände zu regeln: all das ist Sache derer, die mit Gott verkehren, sich ihm allein widmen, auf seinem teuren Weg wandeln, indem sie allen Ablenkungen der (diesseitigen) Behausung entsagen, und auf ihn zugehen mit aufrichtiger Absicht und reiner Gesinnung. Das ist es, was vom Zeugnis des Religionsgesetzes, durch das Heilige Buch und den Heiligen Brauch, bestätigt wird.

6. [70] Die erste Wirklichkeit des Findens ist etwas, was den Findenden nicht aus dem Finden des Wissens heraustreten läßt. Dieses ist die Voraussetzung des Findens, denn das Wissen legt Zeugnis ab über alle Verrichtungen seiner Folgeerscheinungen. Die Folgeerscheinungen des Findens bestehen im Wandel vom ersten tadelnswerten Zustand weg durch die Vorherrschaft des Findens. Die Bestimmungen des Findenden sind der Verzicht auf das Diesseits und das Abschneiden der Hindernisse des Äußeren. Sein Wissen ist die Aufforderung Gottes, die Seele untergehen zu lassen. Seine Bewegungen weisen auf den Eingottglauben hin. Seine Andeutungen sind das Vergessen der beiden Behausungen. Seine Brände sind die Abweisung der Lüste, der guten und der schlechten. Seine Überfüllen sind der Loskauf vom Zustand, in dem er seinen Stand hatte. Sein Entwerden ist die Abweisung des Wählens durch das Nichtwählen. Sein Bestehen ist die Entschlackung des Strebens und die Aufrichtigkeit des Innersten in der Zweitlossetzung des Eigentlichen. Seine Enthüllung ist die Erbringung des Argumentes und des Nachweises der Geheimnisse des Weges. Sein Wandel und seine Vielfältigkeit sind die Stufen der darin Findenden.

7. Die Lauteren befinden sich auch aus Angst, sie könnten von Gott ins Verderben geführt und Opfer seiner Arglist werden, im (ekstatischen) Zustand. Von den Bewegungen (im Zustand) des Findens sind manche menschhafte Hilflosigkeit. Andere dienen der Reinigung, andere gereichen zur Strafe. Die Bewegungen können vielerlei Ursachen haben. Es gibt eine seelenhafte Bewegung, eine geisthafte Bewegung, ein Bewegung der Hilflosigkeit, eine Herzensbewegung, eine Bewegung durch das Innerste, eine Zwangsbewegung, eine Gewolltseinsbewegung. Die seelenhafte Bewegung ist die Gewohnheit der Natur angesichts der Geschöpfe. Die geisthafte Bewegung kommt vom Wohlgefühl angesichts des Wissens. Die Bewegung der Hilflosigkeit kommt von der menschhaften Hilflosigkeit bei der göttlichen Anwandlung angesichts der (eigenen) Schwäche. Die Herzensbewegung kommt von der Anwesenheit des Herzens im Raum der Nähe (Gottes) angesichts des Gunsterweises. Die Bewegung durch das Innerste kommt von der erfrischenden Brise der Erfahrung des reinen Sinngehaltes angesichts der (göttlichen) Zuneigung. Die Zwangsbewegung kommt vom Glücksgefühl des Findenden im Meer der Freu-

de angesichts der (göttlichen) Huld. Die Gewolltseinsbewegung kommt von Gott in seinem Finden angesichts Gottes. Das sind die Formen, in denen bei den Sufis die Bewegungen unter den einzelnen Aspekten des Findens geschehen.

29

(SCHLUSSWORT)

1. Den Sufis sind Zustände eigen, denen die Sprachen nicht gewachsen sind und die der sprachliche Ausdruck nicht erklären kann. Dieses Buch hier habe ich niedergeschrieben, damit es dazu verhelfe, daß die Verhaltensweisen der Sufis im Äußeren und Inneren bekannt werden, ich bin darin aber auf ihre Andeutungen und subtilen Geheimnisse nicht genauer eingegangen (lies *udanniq*), damit es für die, die sich damit befassen, besser verständlich sei und die Leute des Äußeren es in sich aufnehmen und die Wirklichkeiten der Könige begreifen können, die Gott mit den Kronen der Gnade gekrönt hat und auf den Thronen der Beaufsichtigung Platz nehmen ließ und zu Führern in der Religion und zu einem Vorbild der Gelehrten unter den Gläubigen gemacht hat. Ich will aber noch einige der verborgenen Dinge, die die Sufis erörtern und auf denen sich ihr Vorgehen in der Diskussion des Wissens von den Einfällen gründet, erwähnen, damit der gebildete vernunftbegabte Mensch erkennen kann, daß sie unter allen Menschen diejenigen sind, die sich [71] in den Feinheiten der Andeutungen und den hauptsächlichen äußerlichen Ausdrucksweisen am engsten an das Heilige Buch und den Heiligen Brauch halten. Gott aber ist der, der das Gelingen gewährt. Ihm gilt das Vertrauen.

2. Der erste Name Gottes, auf den die Sufis hinweisen, wenn sie ihr Wissen auf ihn anwenden und ihre Zustände deren Sinngehalte betreffend auf ihn beziehen, ist „die Wahrheit" (*al-Ḥaqq*). Dann kommen: die Wirklichkeit der Wahrheit, das Bestehen durch die Wahrheit für die Wahrheit, das Bestehen der Wahrheit für die Wahrheit. Weiter weisen sie hin auf die Vereinigung der Vereinigung, das Wesen der Vereinigung, die Vereinigung und die Trennung, die zweite Trennung nach der Vereinigung, die Trennung der Namen, das Entwerden und das Bestehen. Weiter weisen sie hin auf die Schauung, das Gott-vor-Augen-Haben, die Anwesenheit, das Gegenübersein, die Nähe, die Verbundenheit, die Vollkommenheit, die Gotteserfahrung, die Schau der Gotteseinzigkeit, die Entschlackung des Eingottglaubens. Weiter weisen sie hin auf das Finden, das Empfinden, die Enthüllung, die Übersinnlichkeit, die Verwirklichung des Strebens, die Zweitlosmachung des inneren Bewußtseins. Sodann erörtern sie die wohlbekannten, in der Sprache des Äußeren gekennzeichneten

Zustände: die Umkehr, die Selbstkontrolle, die Selbstprüfung, den Verzicht, die Gewissenhaftigkeit, die Zufriedenheit, die Geduld, das Wollen, die Zielstrebigkeit, die Dankbarkeit, die Wahrhaftigkeit, die Aufrichtigkeit, die Gewißheit und manches andere, was aufzuzählen zu weit führen würde. Das aber, womit die Sufis unter den Rechtschaffenen, Verzichtenden und Gottesfürchtigen in bezug auf ihre Andeutungen besonders ausgezeichnet sind, sind die bereits erwähnten auf dem Hinweis „die Wahrheit" gründenden Bezeichnungen.

3. Nun zu den besonders Ausgezeichneten unter den Erkennern. Die Sufis äußern sich über ihre Gedanken mittels der Andeutung und der Allegorie (*ramz*) und eifersüchtig wachsam und vor nicht darin Eingeweihten verhüllend, wenn ihr Wissen, (von dem sie sprechen wollen) göttlich (*ladunī*) ist. Dieses ist ein Gottesgeheimnis aus der Anwandlung des Übersinnlichen. Sie dürfen diese Gedanken nur Eingeweihten offenbaren. Wenn aber das Wissen durch die verborgene Andeutung verdunkelt ist, dann begreift es einer, wenn Gott will, daß er es begreife. Wer nicht dafür bestimmt ist, hat daran keinen Anteil. Von Ǧaᶜfar aṣ-Ṣādiq wurde berichtet, er habe gesagt: „Dieses Wissen Leuten, für die es nicht bestimmt ist, zu enthüllen wurde uns ebenso verboten wie die Hurerei. Aber nur durch dieses Wissen wird der Religion Gottes Bestand verliehen." Und man berichtet, er habe gesagt: „Gott deckt die Schande derer auf, die sein Geheimnis Leuten mitteilen, für die es nicht bestimmt ist." Von Abu l-ᶜAbbās b. ᶜAṭāᵓ wurde mir berichtet, man habe ihn gefragt: „Warum sprecht ihr in Allegorien und bedient euch in euren Wissenschaften der Andeutungen, statt euch klar auszudrücken?" Darauf habe er geantwortet: „Um die Wahrheit vor denen, für die sie nicht bestimmt ist, in Schutz zu nehmen."

> „Ein Theologe sagte zu Abu l-ᶜAbbās b. ᶜAṭāᵓ: ‚Was ist denn mit euch, ihr Sufis? Ihr habt Ausdrücke erfunden, die den Hörern fremd sind, und habt die gewohnte Sprache aufgegeben. Wollt ihr damit etwas anderes als die Dinge entstellen oder eine schändliche Lehre zudecken?' Abu l-ᶜAbbās antwortete: ‚Wir haben das nur getan, weil wir für das Gesagte eifern und es uns teuer ist, damit die, die nicht zu unserem Kreis gehören, die Worte nicht begreifen.'" Kalābāḏī, *At-taᶜarruf* 60,12–15 / Arberry, *The Doctrine of the Ṣūfīs* 77–78. Dazu ᶜAṭṭār, *Taḏkirat ul-awliyāᵓ* 2, 69,13–20.

Das nur, weil er sie vor den Uneingeweihten schützen und bewahren wollte. Wenn aber Gott einem dazu verhilft, sie zu verstehen, dann handelt er nach dem äußeren Wissen, indem er darin aufrichtig ist und wahrhaftig, wenn er die Gehorsamstaten mit ehrlicher Absicht und fester Entschlossenheit vollbringt. Er handelt nach dem, was er weiß, so daß Gott ihm das Wissen von dem, was er nicht wußte, zukommen läßt. Die (geistige) Aufnahme der Andeutung aus den Wirklichkeiten der geheimen Gedanken ist eine Folgeerscheinung der geistlichen Kämpfe. Gott sprach: *Diejenigen aber, die um unseretwillen kämpfen, werden wir unsere Wege führen* (Sure 29,69). (Das Prinzip:) „Der

Weg der Elite der Elite!“ [72] steht also gemäß meiner Darstellung mit dem Heiligen Buch und dem Heiligen Brauch in Verbindung, mag es auch subtil und verborgen sein. Doch die Eingeweihten verstehen es. Ich habe das nur zu Ehren der Sufis dargelegt, die bei den meisten Kopfgelehrten unbekannt sind, und um zu zeigen, daß sie in ihren Überzeugungen und Absichten, ihrem Ruhen und Sichregen, ihren Wissenschaften und Andeutungen auf der Seite des Heiligen Buches und des Heiligen Brauches stehen. Die Vertreter der Wirklichkeit unter den Sufis aber – ich habe sie nicht beschrieben. Erwähnt wurden sie bereits, und von ihren Zuständen war schon die Rede.

4. Wer behauptet, ein Sufi zu sein, es aber nicht unter Beweis stellt, dessen Behauptung ist falsch und sein Wort ist Lüge – Gott sprach: *Hat Gott euch Erlaubnis gegeben, oder heckt ihr gegen Gott Lügen aus?* (Sure 10,59) –, und seine Behauptung wird mit der Heimsuchung verknüpft sein. Wenn einer behauptet, er sei ein Sufi, ohne daß das Wissen für seinen äußeren Wandel, der Heilige Brauch für seine Gehorsamstaten und der Verzicht für seine innere Einstellung Zeugnis geben, dann prüfe ihn mit dem, was zu dem von ihm Behaupteten gehört! Das gereicht ihm zur Schande. Denen, die sich an die Natur und die Seele halten, und denen, die die vergängliche Behausung begehren, kommt in dieser Sache keine Wirklichkeit zu. Denn die Sufis sind Leute, die Gott allem anderen vorziehen, Gottes Heimsuchung von ihm annehmen und sich in seinem Sinn ihm zuwenden. Nach seiner Wahl regen sie sich, seinen Befehl führen sie aus. Sie neigen nicht zum Diesseits hin und nicht zu den Diesseitsmenschen und nicht zu ihrer Seele und deren Wählen. Sie betrachten das Diesseits als etwas Vorübergehendes und sich selber als vergänglich. Sie haben die Wahrheit durch die Wirklichkeiten der Gewißheit und die Schau des Glaubens vor Augen, und so macht die Schau sie abwesend von allem Augenfälligen. Sie lernen von Gott die rechte Art des Umgangs (mit ihm) und stehen mit der Weihe der Erkenntnis auf dem Teppich des Dienens. Von daher reden sie, und nach der Nähe zu Gott streben sie. Ihre Wissenschaften sind Andeutungen, ihre inneren Erfahrungen Einfälle. Und das alles ist verborgen, nur nicht vor den Erkennern, die sich nach der Forderung der Wirklichkeit und nach der Wahrheit des Religionsgesetzes richten. Jede Wirklichkeit, der keine gesetzgemäße Lebensführung folgt, ist Vielgötterei. So sagte Abū Saʿīd al-Ḫarrāz: „Wer auf die Wissenschaften des Sufitums und die Wissenschaften des Verkehrs mit Gott hinweist, für den ist es verboten, daß in seinem Herzen Liebe zum Diesseits wohnt, selbst wenn er viel äußeres Wissen besitzen sollte. Die Wissenschaften der Sufis sind nämlich das Wissen von den Pflichten, die Gott den Herzen auferlegt hat, und das Wissen von der Reise des Herzens zu Gott in den Übersinnlichkeiten. Daneben kann keine Liebe zu Nichtgöttlichem bestehen.“

Gott hat in seinen auserwählten Dienern Geheimnisse, die sie von Gott durch Eingebung ohne Zwischeninstanz kennengelernt haben. Sie erkennen durch das Licht der Eingebung die Zustände der Herzen und die übersinnlichen Einfälle.

5. Sämtliche Vertreter der verschiedenen Wissenschaften über das Äußere – der Rechtsgelehrsamkeit, der Traditionswissenschaft, der Koranauslegung, der Literatur – sind auf eine davon spezialisiert. Sie alle genießen auf dem Weg des Heiligen Buches und des Heiligen Brauches das Leben und essen und trinken und häufen (Besitztümer) an. Ihr Wissen nimmt zu durch Memorieren, und durch Forschen, Studieren und Lernen kommt immer mehr dazu. Sie suchen damit [73] diesseitiges Ansehen, Selbsterhöhung, Führerschaft und Bedeutsamkeit. Die Wissenschaften der Sufis aber kann man sich weder durch äußerliches Forschen aneignen noch durch Bücher und Studium. Sie sind ein Geschenk, dem Handeln folgt. Und das geht nicht ohne Armut, Leid, Heimsuchung und Anstrengung. Man berichtete von Mālik b. Anas, man habe ihm über diese Sache eine Frage vorgelegt, und er habe darauf geantwortet: „Das ist eine Wissenschaft, die aus Lumpen und Läusen hervorgeht."

6. Die Sufis sind die Herzensmenschen, denen das Erzgerechtentum vorbehalten ist. Sie bestehen durch Gott und für Gott und empfangen den Sinngehalt von Gott. Dadurch kennen sie die Anwandlungen des Innersten, die Gefühlserlebnisse des Herzens und die Gedankenvorstellungen der Brust. Wer die Eingebung (*ilhām*) nicht von den Einredungen (*hawāǧis*) und die Einsprechung (*lamma*) nicht von der Einflüsterung (*waswasa*) unterscheiden kann und dennoch von den Wissenschaften der Sufis redet, der geht zugrunde und ist verloren. Die Zustände der Sufis kommen über das Innerste unter dem Zeichen der Gedankenvorstellungen der vier Instanzen. Die Eingebung kommt von Gott ohne Zwischeninstanz, die Einredung kommt speziell von der Seele, die Einsprechung kommt vom Engel, die Einflüsterung kommt vom Teufel. Ihr (jeweiliges) Vorhandensein kann bei all ihrer Wandelbarkeit und unmerklichen Vieldeutigkeit einer nur dann erkennen, wenn Gott ihm das Gelingen schenkt, ihm liebevoll entgegenkommt und ihm den Sinn läutert. Dann erkennt er durch die Einblicke (*mulāḥaẓāt*) die Übel des gemeinen Diesseits und seiner verborgenen Verhängnisse, die von Gott ablenken, und er erkennt durch die Einfälle (*ḫaṭarāt*) die Wirklichkeiten der Zustände, die undurchsichtigen Anwandlungen, die über das Herz kommen, und die in der Tiefe der Seele verborgenen Gedankenvorstellungen, die das Herz in Beschlag nehmen, und er erkennt durch die Andeutungen (*išārāt*) die erhabenen Wirklichkeiten Gottes, die aus dem Übersinnlichen in das Innerste gelangen.

Dazu die Ausführungen in Kap. 0,26.

So wird er zum Gefangenen Gottes in seinem Land, zum Fremdling inmitten der meisten seiner Knechte, zum Boten an die Freunde Gottes im Jüngerverhältnis, denen er Nachricht bringt über das, was ihnen in bezug auf ihre Zustände unklar ist. Sufis sind im Diesseits seltener als der rote Schwefel. Sie sind die Großen, die Gelehrten, die Gotteserkenner. Sie treten für ihn unter seinen Knechten an seine Stelle. Gott behütet sie im Sichregen und Ruhen, im Sichtbaren und Verborgenen. Wenn aber Gott durch besondere Erwählung jemandes Hüter auf seinem Weg ist, behütet er sein Innerstes und gibt ihm die Makel der Seelen und die Ursprünge der Sinnesempfindungen zu erkennen. Er schaut durch Gott für Gott, er spricht durch ihn für ihn, er entwird seinem Ich für ihn durch ihn. Auf ihn trifft der Name Sufi zu. Bei alledem aber hat er Angst vor Gottes Arglist, fürchtet er sich vor der Wandelbarkeit seines Herzens, stellen sich an ihn Forderungen in bezug auf seine Regungen, empfindet er Pein in seinen Einblicken, schwindet er dahin in seinen Andeutungen, verbleibt er in seinem Wissen, strengt er sich an auf seinem Weg, gibt er Gottes Geschöpfen freundschaftlichen Rat und wahrt Gottes Satzungen. Wer aber in seinem Schalten und Walten sich auf Marktgeschäfte einläßt, ist in bezug auf sein Sufitum ein (Träger von) Leihgut. Er ziert sich mit dem Schmuck der Reinen, schmückt sich mit der Tracht der Guten und stellt den Erdenbewohnern die Armut zur Schau. Damit gewinnt er die Glücksgüter des Diesseits und hängt an dessen Nichtigkeiten und bedient sich an seinen feinsten Dingen. Er lebt unter den Leuten, aber was er behauptet, ist falsch, und was er sagt, ist Lüge. Die Armut wird am Tag der Auferstehung sein Widersacher sein, die Leute werden die Gefälligkeiten, die sie ihm erwiesen haben, von ihm zurückverlangen, und seine Behauptung wird ihn verfluchen. Dann bleibt seine Sache Gott überlassen. Wenn er will, straft er ihn, und wenn er will, vergibt er ihm. Von einem Sufi wurde berichtet, er habe gesagt: „Manche von denen, die falsche Behauptungen aufstellen, werden am Tag der Auferstehung angeprangert wie die Räuber vorgeführt. Über sie ergeht der Ruf: ‚Diese haben die Ware [74] der Gottesfürchtigen – gemeint ist: der Armen – gestohlen!'" Wenn aber einer in seinem Hinweis wahrhaftig und in seinem Wollen wirklichkeitshaft ist und auf sein Diesseits verzichtet und nach seinem Jenseits verlangt und wenn er lauter ist in seinen Gedanken und seinen Eingottglauben in der Zweitlossetzung Gottes läutert, dann wird er für die Lügner ein Fürsprecher sein.

7. Gott ist der, der Gutes erweist und Macht hat und Wohltaten spendet. Möge Gott uns seinen Auserwählten beigesellen, die er in der Urewigkeit erwählt und auf den echten Weg gestellt hat! Und möge er uns bewahren vor dem Aushecken von Lügen, den Einredungen der Seele und allem Schlechten der Dinge! Er ist ja nah und erhört.

Lob sei Gott dem Herrn der Menschen (Sure 1,2), und die Segnungen seien über seinem Propheten Muḥammad und seiner ganzen Familie. Gott allein genügt. Welch ein trefflicher Sachwalter ist er!

Das Buch ist vollendet mit Gottes Hilfe und seinem schönen Beistand.

LITERATURVERZEICHNIS

ᶜAbdallāh b. al-Mubārak, Abū ᶜAbd ar-Raḥmān b. Wāḍiḥ al-Marwazī al-Ḥanẓalī. *Az-zuhd wa-r-raqāᵓiq*. Ed. Ḥabīb ar-Raḥmān al-Aᶜẓamī. Malegaon 1966.

ᶜAbd al-Ǧabbār al-Ḫawlānī. *Taᵓrīḫ Dārayyā*. Ed. Saᶜīd al-Afġānī. Damaskus 1369/1950.

Abū ᶜAlī al-Qālī, Ismāᶜīl b. al-Qāsim al-Baġdādī. *Al-amālī*. 1–2. Al-maktab at-tiǧārī. Beirut o.J.

Abū Dāwūd Sulaymān b. al-Ašᶜaṯ as-Siǧistānī. *As-sunan*. 1–4. Kairo 1369–70/1950–51.

Abū Nuᶜaym al-Iṣfahānī, Aḥmad b. ᶜAbdallāh. *Ḥilyat al-awliyāᵓ wa-ṭabaqāt al-aṣfiyāᵓ*. 1–10. Kairo 1351–57/1932–38.

Abu š-Šayḫ, ᶜAbdallāh b. Muḥammad b. Ǧaᶜfar al-Iṣbahānī al-Anṣārī. *Aḫlāq an-nabī wa-ādābuh*. 2. Aufl. Kairo 1972.

-ᶜAǧlūnī, Abu l-Fidāᵓ Ismāᶜīl b. Muḥammad al-Ǧarrāḥī. *Kašf al-ḫafāᵓ wa-muzīl al-ilbās ᶜammā ištahara min al-aḥādīṯ ᶜalā alsinat an-nās*. 2. Aufl. Beirut 1399/1979.

Aḥmad b. Ḥanbal. *Kitāb az-zuhd*. Beirut 1398/1978.

Aḥmad b. Ḥanbal. *Al-musnad*. Ed. Ḥalabī. 1–6. Kairo 1313. Photomechanischer Nachdruck Beirut 1398/1978. – Ed. Aḥmad Muḥammad Šākir. Kairo 1368/1949 ff.

Algar, Hamid. *The Path of God's Bondsmen from Origin to Return*. Persian Heritage Series 35. New York 1982.

ᶜAlī al-Qārī = Nūr ad-dīn ᶜAlī b. Muḥammad al-mašhūr bi-Mullā ᶜAlī al-Qārī. *Al-asrār al-marfūᶜa fī al-aḫbār al-mawḍūᶜa al-maᶜrūf bi-l-Mawḍūᶜāt al-kubrā*. Beirut 1391/1971.

-ᶜĀmilī, Bahāᵓ ad-dīn Muḥammad b. Ḥusayn b. ᶜAbd aṣ-Ṣamad. *Al-miḫlāt*. Kairo 1377/1957.

Anṣārī-i Harawī, ᶜAbdullāh. *Ṭabaqāt uṣ-ṣūfīya*. Ed. ᶜAbd ul-Ḥayy-i Ḥabībī-i Qandahārī. Kabul 1340.

-Anṣārī, Zakarīyā. *Šarḥ ar-Risāla al-Qušayrīya*. Am Rand von al-ᶜArūsī, *Natāᵓiǧ al-afkār al-qudsīya fī bayān maᶜānī Šarḥ ar-Risāla al-Qušayrīya*. 1–4. Būlāq 1290.

Arberry, A. J. *The Doctrine of the Ṣūfīs*. 2. Aufl. Cambridge 1977.

Arberry, A. J. *Pages from the Kitāb al-Lumaᶜ of Abū Naṣr al-Sarrāj*. Being the lacuna in the edition of R. A. Nicholson. Edited from the Bankipore MS., with Memoir, Preface, and Notes by A. J. Arberry. London 1947.

-ᶜArūsī, Muṣṭafā. *Natāᵓiǧ al-afkār al-qudsīya fī bayān maᶜānī Šarḥ ar-Risāla al-Qušayrīya*. 1–4. Būlāq 1290.

ᶜAṭṭār, Farīd ud-dīn Muḥammad. *Taḏkirat ul-awliyāᵓ*. Ed. Reynold A. Nicholson. 1–2. London–Leiden 1905–07.

ᶜAyn ul-quḍāt-i Hamadānī. *Muṣannafāt-i ᶜAyn ul-quḍāt-i Hamadānī*. Ǧild-i yakum: *Zubdat ul-ḥaqāᵓiq, Tamhīdāt, Šakwa l-ġarīb*. Ed. ᶜAfīf ᶜUsayrān. Teheran 1341. Intišārāt-i Dānišgāh-i Tihrān 695.

-ᶜAẓīmābādī, Abu ṭ-Ṭayyib Muḥammad Šams al-Ḥaqq. *ᶜAwn al-maᶜbūd. Šarḥ Sunan Abī Dāwūd.* 1–14. Medina 1388–89/1968–69.
-ᶜAzīzī, ᶜAlī b. Aḥmad aš-Šāfiᶜī. *As-sirāǧ al-munīr (= Šarḥ ᶜalā Al-ǧāmiᶜ aṣ-ṣaġīr fī aḥādīṯ al-bašīr an-naḏīr*, li-s-Suyūṭī). 1–3. Kairo 1377/1957.
Baḫarzī, Abu l-mafāḫir Yaḥyā. *Awrād ul-aḥbāb wa fuṣūṣ ul-ādāb.* 2. Teil. Ed. Īraǧ-i Afšār. Teheran 1345.
-Buḫārī, Abū ᶜAbdallāh Muḥammad b. Ismāᶜīl. *Al-adab al-mufrad.* Ed. Fuʾād ᶜAbd al-Bāqī. Kairo 1375.
-Buḫārī, Abū ᶜAbdallāh Muḥammad b. Ismāᶜīl. *Aṣ-ṣaḥīḥ.* – Siehe Ibn Ḥaǧar, *Fatḥ al-bārī* und Houdas-Marçais.
-Ḏahabī, Šams ad-dīn Abū ᶜAbdallāh Muḥammad b. Aḥmad b. ᶜUṯmān. *Mīzān al-iᶜtidāl fī naqd ar-riǧāl.* Ed. Muḥammad Badr ad-dīn an-Naᶜsānī. 1–3. Kairo 1325. – Ed. ᶜAlī Muḥammad al-Biǧāwī. 1–4. Kairo 1382.
-Ḏahabī, Šams ad-dīn Abū ᶜAbdallāh Muḥammad b. Aḥmad b. ᶜUṯmān. *Siyar aᶜlām an-nubalāʾ.* Edd. Šuᶜayb Arnāʾūṭ und andere. 1–25. Beirut 1401–09/1981–88.
-Dārimī, Abū Muḥammad ᶜAbdallāh b. ᶜAbd ar-Raḥmān. *As-sunan.* Ed. ᶜAbdallāh Hāšim Yamānī al-Madanī. 1–2. Medina 1386/1966.
-Daylamī, Abu l-Ḥasan ᶜAlī b. Muḥammad. *Sīrat-i Ibn-i Ḫafīf.* Ed. A. Schimmel-Tarı. Ankara 1955.
-Dīnawarī, Abū Bakr b. Marwān b. Muḥammad al-Mālikī. *Al-muǧālasa wa-ǧawāhir al-ᶜilm.* Publications of the Institute for the History of Arabic-Islamic Science. Ed. Fuat Sezgin. Series C, volume 38. Frankfurt 1986.
Dīwān Abī Bakr aš-Šiblī. – Siehe -Šiblī, Abū Bakr.
Freytag, G. W. *Arabum Proverbia.* 1–3. Reproductio phototypica editionis 1838–43. Osnabrück 1968.
-Ǧāḥiẓ (Pseudo-). *Amal al-āmil.* Ed. Ramaḍān Šišin. Beirut 1387/1968. (Mit gleichem Text vom selben Herausgeber unter dem Titel *Al-āmil wa-l-maʾmūl*, Beirut 1983.)
-Ǧāḥiẓ, Abū ᶜUṯmān ᶜAmr b. Baḥr. *Al-bayān wa-t-tabyīn.* Ed. ᶜAbd as-Salām Muḥammad Hārūn. 1–4. Kairo 1405/1985.
Ǧāmī, Nūr ud-dīn ᶜAbd ur-Raḥmān. *Nafaḥāt ul-uns min ḥaḍarāt ul-quds.* Ed. Tawḥīdī Pūr. Teheran 1336.
-Ġazzālī, Abū Ḥāmid Muḥammad. *Iḥyāʾ ᶜulūm ad-dīn.* 1–4. Kairo 1358/1939. Teilübersetzung: *Muḥammad al-Ġazzālīs Lehre von den Stufen zur Gottesliebe.* Die Bücher 31–36 seines Hauptwerkes eingeleitet, übersetzt und kommentiert von Richard Gramlich. Freiburger Islamstudien, Band 10. Wiesbaden 1984. (Wird nach Kapiteln und Abschnitten zitiert).
-Ġazzālī, Abū Ḥāmid Muḥammad. *Ilǧām al-ᶜawāmm ᶜan ᶜilm al-kalām.* Am Rand von: ᶜAbd al-Karīm al-Ǧīlī, *Al-insān al-kāmil.* 1–2. Kairo 1328. Teil 1.
-Ġazzālī, Abū Ḥāmid Muḥammad. *Al-maqṣad al-asnā fī šarḥ maᶜānī asmāʾ Allāh al-ḥusnā.* Ed. Faḍluh Šiḥādah. Beirut 1971.
Gramlich, Richard. *Die Wunder der Freunde Gottes. Theologien und Erscheinungsformen des islamischen Heiligenwunders.* Freiburger Islamstudien, Band 11. Wiesbaden 1987.
-Ǧullābī, Abu l-Ḥasan ᶜAlī b. ᶜUṯmān al-Huǧwīrī. *Kašf ul-maḥǧūb.* Ed. V. Žu-

kowsky. Photomechanische Wiedergabe, Teheran 1336. – Übersetzung Nicholson: siehe Nicholson.
-Ǧunayd, Abu l-Qāsim. *Kitāb al-fanāʾ*. In: Abdel-Kader, *The Life, Personality and Writings of al-Junayd*. Gibb Memorial Series. New Series 22. London 1962.
-Ḫarrāz, Abū Saʿīd. *Kitāb aṣ-ṣidq*. – Siehe -Ḫarrāz, Abū Saʿīd. *The Book of Truthfulness*.
-Ḫarrāz, Abū Saʿīd. 1. *The Book of Truthfulness* (*Kitāb aṣ-ṣidq*). Edited and translated by Arthur J. Arberry. Oxford 1937. 2. *Aṭ-ṭarīq ilā Allāh aw Kitāb aṣ-ṣidq*. Ed. ʿAbd al-Ḥalīm Maḥmūd, Kairo o.J.
-Ḫaṭīb al-Baġdādī, Abū Bakr Aḥmad b. ʿAlī. *Al-buḫalāʾ*. Edd. Aḥmad Maṭlūb, Ḫadīǧa al-Ḥadīṯī, Aḥmad Nāǧī al-Qaysī. Bagdad 1384/1964.
-Ḫaṭīb al-Baġdādī, Abū Bakr Aḥmad b. ʿAlī. *Ar-riḥla fī ṭalab al-ḥadīṯ*. Ed. Nūr ad-dīn ʿItr. Damaskus 1395/1975.
-Ḫaṭīb al-Baġdādī, Abū Bakr Aḥmad b. ʿAlī. *Taʾrīḫ Baġdād*. 1–14. Kairo 1349/1931.
-Hayṯamī, Nūr ad-dīn ʿAlī b. Abī Bakr. *Maǧmaʿ az-zawāʾid wa-manbaʿ al-fawāʾid*. 1–10. Maktaba al-Qudsī. Kairo 1352–53.
Houdas-Marçais. *El-Bokhâri. Les Traditions Islamiques*. 1–4. Paris 1903–14.
Ibn ʿAbd al-Barr, Abū ʿUmar Yūsuf b. ʿAbdallāh b. Muḥammad b. ʿAbd al-Barr. *Al-istīʿāb fī maʿrifat al-aṣḥāb*. 1–4. Kairo 1380/1960.
Ibn ʿAbd Rabbih, Abū ʿUmar Aḥmad b. Muḥammad. *Al-ʿiqd al-farīd*. Ed. Aḥmad Amīn u.a. 1–7. Kairo 1359–72/1940–53.
Ibn Abi d-Dunyā, Abū Bakr ʿAbdallāh b. Muḥammad b. ʿUbayd al-Qurašī al-Baġdādī. *Ḏamm ad-dunyā*. Ed. E. Almagor. Jerusalem 1984.
Ibn Abi l-Ḥadīd. *Šarḥ Nahǧ al-balāġa*. Ed. Muḥammad Abu l-Faḍl Ibrāhīm. 1–18. Kairo 1959–63.
Ibn al-ʿArabī, Muḥyī ad-dīn Muḥammad b. ʿAlī b. Muḥammad al-Ḥātimī. *Al-futūḥāt al-Makkīya*. 1–4. Kario 1329. – Ed. ʿUṯmān Yaḥyā. Kairo 1392/1972 ff.
Ibn al-ʿArabī (Pseudo-), Muḥyī ad-dīn Muḥammad b. ʿAlī b. Muḥammad al-Ḥatimī. *Muḥāḍarāt al-abrār wa-musāmarāt al-aḫyār*. 1–2. Kairo 1324/1906 / 1–2. Beirut 1388/1968.
Ibn ʿAsākir, Abu l-Qāsim ʿAlī b. al-Ḥasan b. Hibatallāh ad-Dimašqī. *At-taʾrīḫ al-kabīr* (= *Taʾrīḫ Dimašq*): *Tahḏīb Taʾrīḫ Ibn ʿAsākir*, von ʿAbd al-Qādir a d-Dūmī ad-Dimašqī al-maʿrūf bi-Ibn Badrān. 1–7. Damaskus 1329–51.
Ibn al-Aṯīr, Abu s-Saʿādāt Maǧd ad-dīn al-Mubārak b. Muḥammad b. Muḥammad aš-Šaybānī al-Ǧazarī. *An-nihāya fī ġarīb al-ḥadīṯ wa-l-aṯar*. Edd. Ṭāhir Aḥmad az-Zāwī und Maḥmūd Muḥammad aṭ-Ṭanāḥī. 1–5. Kairo 1383/1963.
Ibn al-Aṯīr, ʿIzz ad-dīn ʿAlī b. Muḥammad. *Usud al-ġāba fī maʿrifat aṣ-ṣaḥāba*. 1–5. Kairo 1280. Photomechanischer Neudruck. Teheran 1377.
Ibn Badrān. – Siehe Ibn ʿAsākir, *At-taʾrīḫ al-kabīr*.
Ibn ad-Dabbāġ, ʿAbd ar-Raḥmān b. Muḥammad al-Anṣārī. *Mašāriq anwār al-qulūb wa-mafātiḥ asrār al-ġuyūb*. Ed. H. Ritter. Beirut 1379/1959.
Ibn al-Ǧawzī, Abu l-Farağ ʿAbd ar-Raḥmān b. ʿAlī. *Kitāb al-quṣṣāṣ wa-l-muḏakkirīn*. Ed. M. L. Swartz. Beirut 1971.
Ibn al-Ǧawzī, Abu l-Farağ ʿAbd ar-Raḥmān b. ʿAlī. *Manāqib amīr al-muʾminīn ʿUmar b. al-Ḫaṭṭāb*. Ed. Zaynab Ibrāhīm al-Qārūṭ. Beirut 1400/1980.

Ibn al-Ǧawzī, Abu l-Farağ ᶜAbd ar-Raḥmān b. ᶜAlī. *Al-muntaẓam fī taᵓrīḫ al-mulūk wa-l-umam*. 5, 2–10. Ḥaydarābād 1357–62.

Ibn al-Ǧawzī, Abu l-Farağ ᶜAbd ar-Raḥmān b. ᶜAlī. *Ṣifat aṣ-ṣafwa*. 1–4. Ḥaydarābād 1355–56.

Ibn al-Ǧawzī, Abu l-Farağ ᶜAbd ar-Raḥmān b. ᶜAlī. *Talbīs Iblīs = Naqd al-ᶜilm wa-l-ᶜulamāᵓ*. Kairo, Munīrīya o.J. / Ed. Ḫayr ad-dīn ᶜAlī. Beirut o.J.

Ibn al-Ǧawzī, Abu l-Farağ ᶜAbd ar-Raḥmān b. ᶜAlī. *Taᵓrīḫ ᶜUmar b. al-Ḫaṭṭāb*. Ed. ᶜAbd al-Karīm ar-Rifāᶜī. Damaskus–Ǧudda 1394.

Ibn Ḥağar al-ᶜAsqalānī, Šihāb ad-dīn Abu l-Faḍl Aḥmad b. ᶜAlī. *Fatḥ al-bārī bi šarḥ al-Buḫārī*. 1–17. Kairo 1378–83/1959–63.

Ibn Ḥağar al-ᶜAsqalānī, Šihāb ad-dīn Abu l-Faḍl Aḥmad b. ᶜAlī. *Al-iṣāba fī tamyīz aṣ-ṣaḥāba*. 1–4. Kairo 1358/1939.

Ibn Ḥağar al-ᶜAsqalānī, Šihāb ad-dīn Abu l-Faḍl Aḥmad b. ᶜAlī. *Lisān al-mīzān*. 1–7. Ḥaydarābād 1329–31. Photomechanische Wiedergabe Beirut 1390/1971.

Ibn al-Ḥāğğ, Abū ᶜAbdallāh Muḥammad b. Muḥammad b. Muḥammad b. al-Ḥāğğ al-ᶜAbdarī al-Fāsī al-Mālikī. *Al-mudḫal*. 1–4. Kairo 1348/1929.

Ibn Ḫaldūn, ᶜAbd ar-Raḥmān. *Šifāᵓ as-sāᵓil li-tahḏīb al-masāᵓil*. Ed. Muḥammad b. Tāwīt aṭ-Ṭanğī. Istanbul 1958.

Ibn Ḫallikān, Abu l-ᶜAbbās Šams ad-dīn Aḥmad b. Muḥammad. *Wafayāt al-aᶜyān wa-anbāᵓ az-zamān*. Ed. Iḥsān ᶜAbbās. 1–8. Beirut 1397/1977. – Englisch: *Ibn Khallikans Biographical Dictionary*. Translated from the Arabic by Bn Mac Gukkin de Slane. 1–4. Paris 1842–43. Photomechanische Wiedergabe. Beirut 1970.

Ibn Ḥazm al-Andalusī aẓ-Ẓāhirī, Abū Muḥammad ᶜAlī b. Aḥmad b. Saᶜīd. *Rasāᵓil Ibn Ḥazm al-Andalusī*. Ed. Iḥsan ᶜAbbās. 1–2. Beirut 1401/1980.

Ibn Ḥazm al-Andalusī aẓ-Ẓāhirī, Abū Muḥammad ᶜAlī b. Aḥmad b. Saᶜīd. *Ṭawq al-ḥamāma*. – Siehe Ibn Ḥazm, *Rasāᵓil*. – Übersetzung siehe Weisweiler, *Halsband der Taube*.

Ibn ᶜIrāq, Abu l-Ḥasan Nūr ad-dīn ᶜAlī b. Muḥammad b. ᶜAlī b. ᶜAbd ar-Raḥmān b. ᶜIrāq al-Kinānī. *Tanzīh aš-šarīᶜa al-marfūᶜa ᶜan al-aḫbār aš-šanīᶜa al-mawḍūᶜa*. Edd. ᶜAbd al-Wahhāb ᶜAbd al-Laṭīf und ᶜAbdallāh Muḥammad aṣ-Ṣiddīq. 1–2. Kairo 1378.

Ibn Kaṯīr, ᶜImād ad-dīn Abu l-Fidāᵓ Ismāᶜīl. *Al-bidāya wa-n-nihāya*. 1–14. Kairo 1348–58.

Ibn Kaṯīr, ᶜImād ad-dīn Abu l-Fidāᵓ Ismāᶜīl. *Šamāᵓil ar-rasūl wa-dalāᵓil nubūwatihī wa-faḍāᵓiluhū wa-ḫaṣāᵓiṣuh*. Ed. Muṣṭafā ᶜAbd al-Wāḥid. Kairo 1386/1967.

Ibn Māğa, Abū ᶜAbdallāh Muḥammad b. Yazīd al-Qazwīnī. *As-sunan*. Ed. Muḥammad Fuᵓād ᶜAbd al-Bāqī. 1–2. Kairo 1372–73/1952–53.

Ibn al-Mubārak. – Siehe ᶜAbdallāh b. al-Mubārak.

Ibn al-Mulaqqin, Abū Ḥafṣ Sirāğ ad-dīn ᶜUmar b. ᶜAlī b. Aḥmad al-Miṣrī. *Ṭabaqāt al-awliyāᵓ*. Ed. Nūr ad-dīn Šarība. Kairo 1393/1973.

Ibn Qayyim al-Ǧawzīya, Abū ᶜAbdallāh Šams ad-dīn Muḥammad b. Abī Bakr al-Ḥanbalī ad-Dimašqī. *Madāriğ as-sālikīn bayna manāzil Iyyāka naᶜbudu wa-iyyāka nastaᶜīn*. 1–3. Kairo 1375/1956.

Ibn Qutayba, Abū Muḥammad ᶜAbdallāh b. Muslim. *ᶜUyūn al-aḫbār*. 1–4. Kairo 1383/1963. Nachdruck der Ausgabe Dār al-kutub 1343–49/1924–30.

Ibn Raǧab, Abu l-Faraǧ Zayn ad-dīn ʿAbd ar-Raḥmān b. Šihāb ad-dīn al-Ḥanbalī al-Baġdādī. *Ǧāmiʿ al-ʿulūm wa-l-ḥikam*. 3. Aufl. Kairo 1382/1962.
Ibn Saʿd, Muḥammad. *Kitāb aṭ-ṭabaqāt al-kabīr*. Ed. E. Sachau. 1—9. Leiden 1904—40.
-ʿIrāqī, Zayn ad-dīn Abu l-Faḍl ʿAbd ar-Raḥmān b. al-Ḥusayn. *Al-muġnī ʿan ḥaml al-asfār fi l-asfār fī taḫrīǧ mā fi l-Iḥyāʾ min al-aḫbār*. Am Fuß von Gazzālī, *Iḥyāʾ*. 1—4. Kairo 1358/1939.
-Kalābāḏī, Abū Bakr Muḥammad b. Isḥāq. *At-taʿarruf li-maḏhab at-taṣawwuf*. Ed. A. J. Arberry, Kairo 1934. — Übersetzung siehe Arberry, *The Doctrine*.
Kāšānī, ʿIzz ud-dīn Maḥmūd b. ʿAlī. *Miṣbāḥ ul-hidāya wa miftāḥ ul-kifāya*. Ed. Ǧalāl ud-dīn-i Humāʾī. Teheran 1323š.
-Kinānī, Abu l-Ḥasan Nūr ad-dīn ʿAlī b. Muḥammad. — Siehe Ibn ʿIrāq.
-Kubrā, Naǧm ad-dīn. *Fawāʾiḥ*. — Siehe Meier, *Die Fawāʾiḥ*.
Le Strange, G. *The Lands of the Eastern Caliphate*. Reprint Cambridge 1930.
Lisān al-ʿArab. Von Abu l-Faḍl Ǧamāl ad-dīn Muḥammad b. Mukarram b. Manẓūr. 1—15. Beirut 1374—76/1955—56.
Madelung, Wilferd. *The assumption of the title Shāhānšāh by the Būyids and „The Reign of Daylam (dawlat ad-Daylam)"*. Journal of Near Eastern Studies 28 (April 1969), 84—108; 28 (July 1969) 168—183.
Maḥmūd-i Kāšānī. — Siehe Kāšānī, ʿIzz ud-dīn Maḥmūd.
Maḥmūd b. ʿUṯmān. *Firdaws ul-muršidīya fī asrār iṣ-ṣamadīya*. Die Vita des Scheich Abū Isḥaq al-Kāzarūnī. Herausgegeben und eingeleitet von Fritz Meier. Bibliotheca Islamica 14. Leipzig 1948.
-Makkī, Abū Ṭālib Muḥammad b. Abi l-Ḥasan ʿAlī. *Qūt al-qulūb*. 1—2. Kairo 1310 / 1—4. Kairo 1351 (1932). — Deutsch: *Die Nahrung der Herzen*. Abū Ṭālib al-Makkīs Qūt al-qulūb eingeleitet, übersetzt und kommentiert von Richard Gramlich. In Vorbereitung. (Kapitel und Abschnitte sind nach dieser Übersetzung zitiert.)
Mālik b. Anas b. Mālik al-Aṣbaḥī, Abū ʿAbdallāh. *Al-muwaṭṭaʾ*. Ed. Muḥammad Fuʾād ʿAbd al-Bāqī. 1—2. 1370/1951.
-Maqrīzī, Taqī ad-dīn Aḥmad b. ʿAlī. *Kitāb as-sulūk li-maʿrifat duwal al-mulūk*. Ed. Muḥammad Muṣṭafā Ziyāda. 1—2. Kairo 1934—42.
Massignon, Louis, *Recueil de Textes inédits concernant l'histoire de la mystique en pays d'islam*. Paris 1929.
-Maydānī, Abu l-Faḍl Aḥmad b. Muḥammad an-Naysābūrī. *Maǧmaʿ al-amṯāl*. Ed. Dār Maktabat al-ḥayāt. 1—2. Beirut 1961—62.
Meier, Fritz. *Die Fawāʾiḥ al-ǧamāl wa-fawātiḥ al-ǧalāl des Naǧm ad-dīn al-Kubrā*. Wiesbaden 1957.
Meier, Fritz. *Ein Knigge für Sufi's*. Rivista degli studi orientali 32 (1957). Scritti in onore di Giuseppe Furlani, S. 485—524.
-Mubārakfūrī, Abu l-ʿAlī Muḥammad b. ʿAbd ar-Raḥmān. *Tuḥfat al-aḥwaḏī bi-šarḥ Ǧāmiʿ at-Tirmiḏī*. Ed. ʿAbd al-Wahhāb ʿAbd al-Laṭīf. 3. Aufl. 1—10. Kairo 1399/1979.
Muǧmal-i Faṣīḥī. taʾlīf-i Aḥmad b. Ǧalāl ud-dīn Muḥammad-i Ḫwāfī. Ed. Maḥmūd-i Farruḫ. 1—3. Mašhad 1339—41.
Muḥammad b. Munawwar. *Asrār ut-tawḥīd fī maqāmāt iš-šayḫ Abī Saʿīd*. Ed.

Ḏabīḥullāh-i Ṣafā. Teheran 1332š. – Ed. Muḥammad Riḍā-i Šafīʿī-i Kadkanī. 1–2. Teheran 1366–67š.

-Munāwī, ʿAbd ar-Raʾūf. *Fayḍ al-qadīr*. (*Šarḥ al-Ǧāmiʿ aṣ-ṣaġīr*, von Suyūṭī). 1–6. Kairo 1356–57/1938.

-Munawī, ʿAbd ar-Raʾūf. *Al-itḥāfāt as-sanīya bi-l-aḥādīṯ al-qudsīya*. Ed. Muḥammad ʿAfīf az-Ziʿbī. Beirut o. J.

-Munawī, ʿAbd ar-Raʾūf. *Al-kawākib ad-durrīya fī tarāǧim as-sāda aṣ-ṣūfīya*. Ed. Maḥmūd Ḥasan Rabīʿ. 1–2. Kairo 1357/1938.

-Munawī, ʿAbd ar-Raʾūf. *At-taysīr bi-šarḥ al-Ǧāmiʿ aṣ-ṣaġīr*. Photomechanischer Nachdruck o. J. der Ausgabe Būlāq 1286.

Muslim b. al-Ḥaǧǧāǧ. *Aṣ-ṣaḥīḥ*. Ed. Muḥammad Fuʾād ʿAbd al-Bāqī. Nachdruck der Ausgabe Kairo 1375/1956. 1–5. Beirut 1972.

-Nabhānī, Yūsuf b. Ismāʿīl. *Al-fatḥ al-kabīr fī ḍamm Az-ziyāda ilā al-Ǧāmiʿ aṣ-ṣaġīr*. 1–3. Kairo 1350.

Naǧm ud-dīn-i Rāzī-i Dāya, Abū Bakr b. Muḥammad. *Mirṣād ul-ʿibād*. Ed. Muḥammad Amīn-i Riyāḥī. Teheran 1352.

Nāma-i dānišwarān-i Nāṣirī. Verfaßt von einer Gruppe von Gelehrten. 2. Aufl. 1–9. Qum 1379 (1338) ff.

-Nasāʾī, Abū ʿAbd ar-Raḥmān Aḥmad b. ʿAlī b. Šuʿayb. *As-sunan*. *Wa-maʿahū Zahr ar-rubā ʿala l-Muǧtabā*, von Suyūṭī. 1–8. Kairo 1383/1964. (Verweise nach dieser Ausgabe.)

-Nawawī, Muḥyī ad-dīn Abū Zakarīyā Yaḥyā b. Šaraf aš-Šāfiʿī. *Ṣaḥīḥ Muslim bi-šarḥ an-Nawawī*. 1–18. Kairo 1349.

-Naysābūrī, Abū ʿAbdallāh Muḥammad b. ʿAbdallāh al-Ḥākim. *Al-mustadrak*. 1–4. Photomechanische Wiedergabe der Ausgabe Ḥaydarābād 1334–42. Riyāḍ o. J.

-Naysābūrī, Abu l-Qāsim al-Ḥasan b. Muḥammad b. Ḥabīb. *ʿUqalāʾ al-maǧānīn*. Kairo 1343/1924. 2. Aufl. Naǧaf 1387/1968.

Nicholson, Reynold A. *The Kashf al-mahjub. The oldest Persian Treatise on Sufiism*. Gibb Memorial Series 17. Reprint 1959.

Pūrǧawādī, Naṣrullāh. *Du aṯar-i kuhan dar samāʿ*. Maʿārif 5, 3, 1367š., S. 291–366.

-Qurṭubī, Abū ʿAbdallāh Muḥammad b. Aḥmad. *At-tafsīr = Al-ǧāmiʿ li-aḥkām al-Qurʾān*. 1–20. Kairo 1354–69/1935–50.

-Qušayrī, Abu l-Qāsim ʿAbd al-Karīm b. Hawāzin. *Laṭāʾif al-išārāt*. Ed. Ibrāhīm Basyūnī. 1–6. Kairo ?–1390/1971.

-Qušayrī, Abu l-Qāsim ʿAbd al-Karīm b. Hawāzin. *Ar-risāla*. Edd. ʿAbd al-Ḥalīm Maḥmūd und Maḥmūd b. aš-Šarīf. 1–2. Kairo 1972–74. Deutsch: *Das Sendschreiben al-Qušayrīs*. Übersetzt, eingeleitet und kommentiert von Richard Gramlich. Freiburger Islamstudien, Band 12. Wiesbaden 1989. (Kapitel und Abschnitte sind nach dieser Übersetzung zitiert.)

Radtke, Bernd. *Adab al-mulūk. Ein Handbuch zur islamischen Mystik aus dem 4./10. Jahrhundert*. Herausgegeben und eingeleitet von Bernd Radtke. Beirut–Stuttgart 1991.

-Rāġib al-Iṣfahānī, Abu l-Qāsim Ḥusayn b. Muḥammad. *Muḥāḍarāt al-udabāʾ wa-muḥawarāt aš-šuʿarā wa-l-bulaġāʾ*. 1–4. Beirut 1961.

-Rāzī, Abū ᶜAbdallāh Faḫr ad-dīn Muḥammad b. ᶜUmar. *At-tafsīr al-kabīr*. 1–32. Kairo 1352/1933 ff.

Ritter, Hellmut. *Das Meer der Seele*. Mensch, Welt und Gott in den Geschichten des Farīduddīn ᶜAṭṭār. Leiden 1955. 2. Aufl. Leiden 1978.

Ritter, Hellmut. *Studien zur Geschichte der islamischen Frömmigkeit. I. Ḥasan al-Baṣrī*. Der Islam 21 (1933).

Robson, James. *Mishkat Al-Masabih*. English translation with explanatory notes. 1–4. Lahore 1963–65. – Siehe Tibrīzī.

Rūzbihān-i Baqlī-i Šīrāzī. *Šarḥ-i šaṭḥīyāt*. Commentaire sur les paradoxes des soufis. Ed. Henry Corbin. Teheran–Paris 1966. Bibliothèque Iranienne 12.

-Saḫāwī, Abu l-Ḫayr Šams ad-dīn Muḥammad b. ᶜAbd ar-Raḥmān. *Al-maqāṣid al-ḥasana*. Edd. ᶜAbdallāh Muḥammad aṣ-Ṣadīq und ᶜAbd al-Wahhāb ᶜAbd al-Laṭīf. Beirut 1399/1979.

Ṣaḥīḥ Muslim bi-šarḥ an-Nawawī. – Siehe -Nawawī, Muḥyī ad-dīn.

-Šaᶜrānī, ᶜAbd al-Wahhāb. *Lawāqiḥ al-anwār al-qudsīya fī bayān al-ᶜuhūd al-Muḥammadīya*. Kairo 1321 und Kairo 1381/1961.

-Šaᶜrānī, ᶜAbd al-Wahhāb. *Aṭ-ṭabaqāt al-kubrā*. Oder: *Lawāqiḥ al-anwār fī ṭabaqāt al-aḫyār*. 1–2. Kairo 1343/1925.

-Šarīf ar-Raḍī, Abu l-Ḥasan Muḥammad b. al-Ḥasan al-Mūsawī. *Nahǧ al-balāġa*. Ed. Muḥammad ᶜAbduh. 1–4. Kairo o. J.

-Sarrāǧ, Abū Naṣr ᶜAbdallāh b. ᶜAlī aṭ-Ṭūsī. *Al-lumaᶜ fī at-taṣawwuf*. Ed. Reynold A. Nicholson. Gibb Memorial Series 22. London–Leiden 1914. – Deutsch: *Schlaglichter über das Sufitum*. Abū Naṣr as-Sarrāǧs Kitāb al-lumaᶜ eingeleitet, übersetzt und kommentiert von Richard Gramlich. Freiburger Islamstudien, Band 13. Stuttgart 1990. (Kapitel und Abschnitte sind nach dieser Übersetzung zitiert.) – Siehe auch Arberry, *Pages*.

-Šaybānī, ᶜAbd ar-Raḥmān b. ᶜAlī. *Tamyīz aṭ-ṭayyib min al-ḫabīṯ fī-mā yadūru ᶜalā alsinat an-nās min al-ḥadīṯ*. Neuausgabe Beirut o. J. nach Druck von 1324.

-Šiblī, Abū Bakr. *Dīwān Abī Bakr aš-Šiblī*. Ed. Kāmil Muṣṭafā aš-Šaybī. Bagdad 1386/1967.

Smith, Margaret. *Rabiᶜa the mystic and her fellow-saints in Islam*. London 1928. Photomechanische Wiedergabe. Amsterdam 1974.

-Suhrawardī, Abū Ḥafṣ ᶜUmar. *ᶜAwārif al-maᶜārif*. Kairo 1358/1939. Deutsch: *Die Gaben der Erkenntnisse des ᶜUmar as-Suhrawardī*. Übersetzt und eingeleitet von Richard Gramlich. Freiburger Islamstudien, Band 6. Wiesbaden 1978.

-Sulamī, Abū ᶜAbd ar-Raḥmān. *Kitāb al-arbaᶜīn fī at-taṣawwuf*. Ḥaydarābād 1369/1950.

-Sulamī, Abū ᶜAbd ar-Raḥmān. *Nasīm al-arwāḥ*. Hs. Ḫānaqāh-i Aḥmadī 83, 95 ff.

-Sulamī, Abū ᶜAbd ar-Raḥmān. *Ṭabaqāt aṣ-ṣūfīya*. Ed. J. Pedersen. Leiden 1960. – Ed. Nūr ad-dīn Šarība. Kairo 1372/1953.

-Suyūṭī, Ǧalāl ad-dīn ᶜAbd ar-Raḥmān b. Abī Bakr b. Muḥammad b. Sābiq ad-dīn al-Ḫuḍayrī. *Al-ḥāwī li-l-fatāwī*. 1–2. Kairo 1378/1959.

-Suyūṭī, Ǧalāl ad-dīn ᶜAbd ar-Raḥmān b. Abī Bakr b. Muḥammad b. Sābiq ad-dīn al-Ḫuḍayrī. *Ḥusn al-muḥāḍara fī aḫbār Miṣr wa-l-Qāhira*. 1–2. Kairo 1299. – Ed. Muḥammad Abu l-Faḍl Ibrāhīm: *Ḥusn al-muḥāḍara fī taʾrīḫ al-Miṣr wa-l-Qāhira*. 1–2. Kairo 1387/1967–68.

-Suyūṭī, Ǧalāl ad-dīn ᶜAbd ar-Raḥmān b. Abī Bakr b. Muḥammad b. Sābiq ad-dīn al-Ḫuḍayrī. *Al-laᵓāliᵓ al-maṣnūᶜa fī al-aḥādīṯ al-mawḍūᶜa*. 1–2. Beirut 1401/1981.
-Ṭabrisī, Abū Naṣr Ǧalīl ad-dīn al-Ḥasan b. al-Faḍl b. al-Ḥasan. *Makārim al-aḫlāq*. Teheran 1376.
-Tahānawī. *Kaššāf iṣṭilāḥāt al-funūn. A Dictionary of the Technical Terms used in the Sciences of the Musalmans*. Edd. Muḥammad Waǧīh, ᶜAbd al-Ḥaqq and Ġulām Qādir, under the superintendence of A. Sprenger and W. Nassau Lees. 1–2. Calcutta 1862.
-Ṭaḥāwī, Abū Ǧaᶜfar Aḥmad b. Muḥammad b. Salāma b. ᶜAbd al-Malik b. Salama al-Azdī al-Ḥaǧrī al-Miṣrī. *Muškil al-āṯār*. 1–4. Ḥaydarābād 1333. Photomechanische Wiedergabe. Beirut o. J.
Tāmir, ᶜĀrif. *Al-ḥikam al-Ǧaᶜfarīya*. Beirut 1957.
-Tibrīzī, Abū ᶜAbdallāh Walī ad-dīn Muḥammad b. ᶜAbdallāh al-Ḫaṭīb. *Miškāt al-maṣābīḥ*. Ed. Muḥammad Nāṣir ad-dīn al-Albānī. 1–3. Damaskus 1380–81/1961. – Siehe auch Robson, James.
-Tirmiḏī, Abū ᶜAbdallāh Muḥammad b. ᶜAlī b. al-Ḥasan al-Ḥakīm. *Sīrat al-awliyāᵓ*. In: *Drei Schriften des Theosophen von Tirmiḏ*. Herausgegeben, übersetzt und erläutert von Bernd Radtke. Bibliotheca Islamica 35a. Erster Teil. Beirut–Stuttgart 1992.
-Tirmiḏī, Abū ᶜĪsā Muḥammad b. ᶜĪsā. *Al-ǧāmiᶜ aṣ-ṣaḥīḥ, wa-huwa Sunan at-Tirmiḏī*. Edition begonnen 1357/1938 von Aḥmad Muḥammad Šākir. Fortgesetzt von Muḥammad Fuᵓād ᶜAbd al-Bāqī und Ibrāhīm ᶜAṭwa ᶜIwaḍ. 1–5. Beirut o. J.
-Tirmiḏī, Abū ᶜĪsā Muḥammad b. ᶜĪsā. *Aš-šamāᵓil al-Muḥammadīya*. 2. Aufl. Ḥimṣ 1396/1976.
Wāᶜiẓ-i Balḫī, Abū Bakr ᶜAbdallāh b. ᶜUmar b. Muḥammad b. Dāwūd. *Faḍāᵓil-i Balḫ*. Ed. ᶜAbd ul-Ḥayy-i Ḥabībī. Teheran 1350š.
Weisweiler, Max. *Halsband der Taube. Über die Liebe und die Liebenden*, von Abū Muḥammad b. ᶜAlī ibn-Ḥazm al-Andalusī. Aus dem Arabischen übersetzt. Leiden 1944.
Wensinck, A. J. *Concordance et Indices de la Tradition Musulmane*. 1–7. Leiden 1936–69.
Wörterbuch der klassischen arabischen Sprache. Herausgegeben durch die Deutsche Morgenländische Gesellschaft. Wiesbaden 1957 ff.
-Yāfiᶜī, Abū Muḥammad ᶜAbdallāh b. Asᶜad ᶜAfīf ad-dīn. *Našr al-maḥāsin al-ġāliya fī faḍl al-mašāyiḫ aṣ-ṣūfīya aṣḥāb al-maqāmāt al-ᶜāliya*. Kairo 1381/1961.
-Yafiᶜī, Abū Muḥammad ᶜAbdallāh b. Asᶜad ᶜAfīf ad-dīn. *Rawḍ ar-rayāḥin fī ḥikāyāt aṣ-ṣāliḥīn (al-mulaqqab bi-)Nuzhat al-ᶜuyūn an-nawāẓir wa-tuḥfat al-qulūb al-ḥawāḍir fī ḥikāyāt aṣ-ṣāliḥīn wa-l-awliyāᵓ al-akābir*. 2. Aufl. Kairo 1374/1955.
Yāqūt. *Muᶜǧam al-buldān*. 1–5. Beirut 1374–76/1955–57.
-Zabīdī, Murtaḍā. *Itḥāf as-sāda al-muttaqīn bi-šarḥ asrār Iḥyāᵓ ᶜulūm ad-dīn*. 1–10. Photomechanische Wiedergabe der Ausgabe Kairo 1311. Beirut o. J.
-Zabīdī, Murtaḍā. *Tāǧ al-ᶜarūs min ǧawāhir al-Qāmūs*. 1–10. Kairo 1306.
-Zamaḫšarī, Abu l-Qāsim Maḥmūd b. ᶜUmar. *Asās al-balāġa*. Beirut 1385/1965.

VERZEICHNIS DER KORANSTELLEN
(nach Kapiteln)

Sure	*Adab al-mulūk*
1,2	29,7.
2,15	0,16.
2,83	13,2.
2,155	12,1.
2,173	2,4.
2,177	12,1.
2,196	28,2.
2,235	8,1.
2,273	1,2.
3,17	12,1.
3,92	14,3.
3,103	15,3.
3,110	16,1.
3,159	10,8. 13,2.
4,69	0,1.
4,92	28,2.
5,20	0,24.
5,108	27,2.
6,52	1,2. 4,1. 5,1.
6,68	17,2.
7,8–9	2,2.
7,12	3,7.
7,172	15,2.
7,199	13,2.
7,204	27,2.
8,23	27,2.
8,63	15,1.
9,45	0,16.
9,111	10,5. 14,4.
10,26	25,2.
10,59	0,28. 4,7. 29,4.
12,53	3,2.
14,12	10,8.
15,98–99	11,2.
16,125	13,2.
16,127	12,1.
18,28	1,2. 4,1. 23,1.
18,49	28,1. 28,2.
18,65	9,1.
18,110	20,1.
20,131	1,4.
22,41	16,1.
22,46	21,1.
22,47	23,1.
23,102–103	2,2.
24,37	11,2.
25,58	10,1.
25,75	1,1.
26,89	0,29.
26,217–218	10,1.
27,20	2,1.
27,69	21,1.
28,60	11,2.
28,83	1,1. 19,1.
29,2	12,2.
29,3	12,2.
29,69	3,1. 29,3.
31,17	16,1.
35,29	11,3.
36,77	3,2.
37,84	0,29.
38,18	27,1.
39,3	20,1.
39,10	1,1.
39,17–18	27,1.
42,20	2,1.
43,71	4,3.
47,7	17,1.
47,31	12,3.
49,10	15,4.
50,37	0,26. 0,29.
52,48	8,8. 12,4.
54,55	21,3.
59,9	13,1. 14,2. 24,1.
62,11	11,2.
65,2–3	10,4. 11,2.
65,3	10,1.
68,4	13,1.
75,12	21,3.
79,24	3,7.
93,9–11	13,2.
98,5	20,1.
101,6–8	2,2.

NAMEN UND WÖRTER
(nach Kapiteln)

ᶜAbda bt. Abī Šuwāl: 6,3.
Abdāl: siehe Austauschmänner.
ᶜAbdallāh b. ᶜAbbās: 0,17; 1,1.
ᶜAbdallāh b. ᶜAmr b. al-ᶜĀṣ: 0,14.
ᶜAbdallāh b. Masᶜūd: 2,2; 26,1.
ᶜAbdallāh b. al-Mubārak: 0,3; 0,22; 1,1; 4,4; 14,5.
ᶜAbdallāh b. ᶜUkaym: 2,6.
ᶜAbdallāh b. ᶜUmar b. al-Ḫaṭṭāb: 7,1; 22,2; 23,3.
ᶜAbd al-Ǧabbār al-Ḫawlānī: 15,5.
ᶜAbd al-Malik: 15,5.
ᶜAbd ar-Raḥmān b. ᶜAwf: 15,4.
ᶜAbd ar-Raḥmān b. Ziyād b. Anᶜum: 1,1.
ᶜAbd al-Wāḥid b. Zayd: 4,1; 13,3.
Abdel-Kader: 0,24.
Ablenkung, Ablenken, Ablenkendes: 2,6; 4,2; 25,1; 28,5.
Abraham: 13,5.
Abrogierendes und Abrogiertes: 0,7.
Absicht: 8,1–2.
Abū ᶜAbdallāh al-Maġribī: siehe -Maġribī, Abū ᶜAbdallāh.
Abū ᶜAlī al-Qālī: 1,2.
Abū Bakr b. Ḥaṣṣān: 0,22.
Abū Bakr ᶜImrān b. Muslim al-Minqarī: 0,11.
Abū Bakr al-Miṣrī: 8,9; 10,2.
Abū Bakr aṣ-Ṣiddīq: 0,29; 1,2.
Abū Burda ᶜĀmir b. Abī Mūsā al-Ašᶜarī: 1,2.
Abū Burda b. Niyār: 11,2.
Abu d-Dardāʾ: 1,3; 14,5; 22,1.
Abū Ḏarr: 10,4.
Abū Dāwūd as-Siǧistānī: 0,5; 1,2; 8,2; 13,2; 15,2; 16,1; 19,1; 23,1; 23,3.
Abū Ḥamza al-Baġdādī: 8,5; 8,9.
Abū Hāšim aṣ-Ṣūfī: 20,3.
Abu l-Ḫayr al-Aqṭaᶜ: 6,6.
Abū Ḥāzim Salama b. Dīnār: 6,1.
Abū Hurayra: 0,17; 0,23; 1,4; 17,3; 21,3; 26,1.
Abū Idrīs al-Ḫawlānī: 15,5.
Abū Mālik al-Ašᶜarī: 3,2.
Abū Mūsā al-Ašᶜarī: 2,2.
Abū Nuᶜaym al-Iṣfahānī: 0,11; 0,13; 0,17; 0,19; 0,22; 1,6; 2,2; 2,6; 3,8; 4,1; 4,4–5; 6,2; 8,6; 9,6; 10,3–4; 12,5; 13,5; 15,2; 15,5; 17,3; 19,2; 20,3.
Abū Saᶜīd-i Abu l-Ḫayr: 0,29.
Abu š-Šayḫ al-Iṣfahānī: 5,1–2.

Abū Umāma al-Bāhilī: 1,4.
Abū ᶜUṯmān al-Ḥīrī: 21,4.
Abū Yaᶜlā Šaddād b. Aws: 1,1.
Abū Yaᶜqūb as-Sūsī: 8,9.
Abū Yazīd al-Basṭāmī: 3,9.
Adam: 5,1; 7,3; 10,6; 15,2; 16,1.
-ᶜAğlūnī: 0,19; 4,1; 14,2.
Aḥkām: 12,1.
Ahl al-ḥaqāᵓiq: 0,1.
Ahl aṣ-ṣuffa: siehe Schattenläubler.
Ahl at-tağrīd: 4,2.
Aḫlāq: 13,1.
Aḥmad, der Prophet: siehe Muḥammad.
Aḥmad b. Abi l-Ḥawārī: 3,8.
Aḥmad b. ᶜAṭāᵓ, Abu l-ᶜAbbās: 18,5; 19,2; 29,3.
Aḥmad b. Ġassān: 9,2.
Aḥmad b. Ḥanbal: 0,5; 0,14; 0,19; 1,2–6; 2,2; 2,6; 3,1; 4,4; 6,1; 7,1; 8,1–2; 10,3; 11,2; 11,6; 12,5; 13,2; 14,5; 15,2–5; 16,1; 21,3; 23,1–3; 26,1.
ᶜAlī b. Abī Ṭālib: 0,17; 0,22; 1,2; 4,1; 6,2; 11,2; 11,6.
ᶜAlī al-Qārī: 0,19; 4,1; 4,4; 14,2; 17,3.
Allegorie (*ramz*): 3,6; 9,1; 29,3.
Alleinsein: 8,3–4.
Almosen: 11,6; 26,1.
Altruismus, Altruist: 13,1; 24,1; 24,6.
-ᶜĀmilī, Bahāᵓ ad-dīn: 6,5.
ᶜAmr b. Murra: 2,2.
ᶜAmr b. ᶜUṯmān al-Makkī: 28,1.
Amulett: 2,6.
Anas b. Mālik: 1,6; 15,4; 22,2.
Andeutung, Hinweis (*išāra*): 0,26; 1,1; 3,10; 4,1; 4,5; 4,7; 5,2; 6,2; 6,4; 6,6; 7,6; 9,1; 10,5; 12,9; 18,1; 20,4–5; 23,2; 25,2; 28,6; 29,1; 29,3; 29,6.
Anṣārī, ᶜAbdullāh: 0,22; 2,6; 10,2; 18,2; 20,3.
-Anṣārī, Abū Ayyūb: 5,2; 18,5.
-Anṣārī, Zakarīyā: 0,24; 1,1; 2,3; 2,5; 4,4; 9,2; 10,2; 11,4; 13,1; 14,2; 17,3; 18,2; 19,2; 21,4–5; 24,5; 26,3; 27,8; 28,1.
Antreffen (*muṣādafa*): 28,1–2.
Anwandlung: 29,6.
Anwesenheit: 29,2.
Arberry: 0,3; 9,2; 24,5; 29,3.
Arglist: 28,7; 29,6.
Arm, Arme: 0,22; 1,1–7; 29,6.
Armut: 1,1–7; 17,1; 17,3; 27,1; 29,5–6.
-ᶜArūsī: 7,4.
Atem, Atemzug: 20,8.
ᶜAṭṭār, Farīd ud-dīn: 0,22; 0,29; 2,2; 2,5; 3,9; 4,4; 6,2; 7,4; 8,6; 10,2; 11,4; 19,2; 28,1; 28,4; 29,3.

Aufrichtigkeit (*iḫlāṣ*), aufrichtig: 5,7; 8,1; 9,2; 20,1; 20,3–10; 28,6.
Aufrichtigkeit übend – A. erfahrend (*muḫliṣ* – *muḫlaṣ*): 20,5; 29,2.
Auge: 9,3.
Augendienerei (*riyāʾ*): 8,2; 20,2–3; 20,6.
Äußeres – Inneres (– Innerstes; siehe auch: Wissen des Äußeren, Wissen des Inneren): 4,2; 7,5–6; 8,1–3; 9,2; 9,5; 14,3; 14,6; 19,1; 23,3; 27,3; 29,1.
Austauschmänner (*abdāl*): 6,2; 6,5.
Awtād: siehe Pflöcke.
Awṭān: siehe Heimatorte.
-ʿAẓīmābādī: 0,5; 8,2; 13,2; 23,1; 23,3.
-ʿAzīzī: 0,11; 0,16; 0,19; 0,23; 1,1; 1,3; 1,5–6; 2,2; 2,6; 4,1; 5,1; 13,3; 13,5; 14,2; 17,3; 21,3.
Bāb Muḥawwal: 8,7.
Babylon: 2,2.
Baḏl: siehe Spenden.
Badr: 0,3.
Bagdad: 6,3; 8,4; 8,6.
Bāḫarzī, Abu l-mafāḫir: 0,24; 2,5; 3,9; 5,1; 6,1–4; 8,6; 18,5; 20,3; 24,5.
-Bannāʾ, Abū Isḥāq Ibrāhīm: 8,4.
Banū Qaynuqāʾ: 15,4.
Barmherzig: 13,3.
Bau: 23,2.
Beigesellung: 20,2; 20,6.
Beschwörung: 0,23; 27,8.
Besitz, Besitzen: 10,2; 18,4; 24,3.
Besitzdeklaration: 12,8.
Betteln: 6,1; 11,4–6; 24,2.
Bišr al-Ḥāfī: 11,4.
Blau: 6,4–5.
Bleiglanzfarben (*kuhlī*): 6,4.
Boten: 0,15; 8,3; 8,9; 10,6; 29,6.
Brot: 2,5.
Brüderlichkeit, Brüderschaft (*uḫūwa*): 15,4–6.
-Buḫārī, Abū ʿAbdallāh Muḥammad: 0,24; 1,3; 1,5; 5,1; 6,1; 7,1; 8,2; 11,6; 14,1; 15,2; 15,4–5; 22,2; 23,1–2; 25,1.
Burda: 6,1.
Charaktereigenschaft, Moralqualität (*ḫuluq, aḫlāq*): 13,1; 13,3; 13,6; 14,1–6.
Chosrau: 0,19.
-Ḏahabī, Šams ad-dīn: 3,8; 8,5–6; 13,3.
-Dāmaġānī, Abu l-Ḥusayn al-Ḥasan b. ʿAlī: 8,9.
Damaskus: 15,5.
Dankbarkeit, Dank: 18,3–4; 29,2.
Dār (Stamm): 6,2.
-Dārānī, Abū Sulaymān: 3,8.
-Dārimī: 10,4; 11,6.
Ḍarr: 15,2.

Ḏātīya: 3,5.
David: 1,4; 3,2; 13,3.
Daᶜwā Pl. *daᶜāwā*: 7,1; 12,8.
Dāwūd aṭ-Ṭāʾī: 4,4.
Daylamī, Abu l-Ḥasan: 8,6.
Dayr Ḥarmala: 3,8.
Demut (*tawāḍuᶜ*): 5,5; 19,1–4.
Dienstbarkeit: siehe Gottesdienertum.
Diesseits (Auswahl): 0,11; 0,19; 0,23–25; 1,4; 2,1–7; 4,1; 4,3; 4,6; 7,1; 13,5; 14,4–5; 17,3; 19,3; 27,1; 27,8; 29,4.
Diesseits und Jenseits: 2,1–2; 4,2; 4,5; 6,6; 19,4; 29,6.
-Dīnawarī, Abū Bakr al-Mālikī: 0,22.
-Dīnawarī, Abū Bakr Muḥammad b. Dāwūd ad-Duqqī: 8,9; 12,7; 20,10; 21,5.
Disput (*munāqara*): 17,1; 18,1–2; 18,5–6.
Ḏu n-nūn al-Miṣrī: 19,2; 21,4.
-Duqqī: siehe -Dīnawarī, Abū Bakr Muḥammad.
Eden: 14,2.
Ehrlich: siehe Wahrhaftig.
Eifersucht: 9,3; 13,5; 18,5; 24,4; 29,3.
Eigenschaft: 8,5; 13,4; 28,4.
Einblick (*laḥẓa*): 0,26; 9,1; 18,1; 29,6.
Einfall, Einfälle: 0,26; 9,1; 18,1; 19,4; 20,8; 29,1; 29,4; 29,6.
Einflüsterung (*waswasa*): 0,26; 9,1; 10,1; 18,1; 29,6.
Eingebung (*ilhām*): 0,26; 9,1; 29,4; 29,6.
Eingottglaube (*tawḥīd*): 0,27–29; 2,7; 4,1; 4,6; 7,4; 20,5; 27,2; 28,6; 29,2; 29,6.
Einladung (*daᶜwa*): 25,1–3.
Einredung (*hāǧis*): 0,26; 0,27; 18,1; 29,6.
Einsiedelei: 27,8.
Einsprechung (*lamma*): 29,6.
Eintracht (*muwāfaqa*): 15,1–2; 15,6.
Engel: 3,3–4; 3,8; 4,4; 6,3; 9,2; 22,2; 23,3; 29,6.
Enthüllung: 28,6; 29,2.
Entwerden: 0,29; 12,3; 13,5; 18,5; 20,5; 27,7; 28,4; 28,6; 29,2.
Erben der Propheten: 0,5; 0,13.
Erkenntnis, Erkenner (Auswahl): 10,3; 10,7; 12,5; 20,8; 27,1; 29,3.
Erwerb: siehe Selbsterwerb.
Erzgerecht (*ṣiddīq*), Erzgerechtentum (*ṣiddīqīya*): 0,1; 6,2; 29,6.
Esel: 5,1.
Essen: 24,1–6.
Euphrat: 6,3.
Eva: 5,1.
Evangelium: 27,8.
Faḍāla b. ᶜUbayd: 1,6; 3,1.
Fallenlassen (*isqāṭ*): 5,2; 5,7; 6,2; 6,6; 10,2; 20,1–4; 20,6; 20,9–10.
Faqd: 7,2.
Farqad as-Sabaḫī: 0,11.

Fāṭima bt. al-Yamān: 12,5.
Fessel: 4,3–5.
Finden, Verzückung, innere Erfahrung, Erleben, Empfinden, Erregung (*waǧd, wuǧūd*): 0,29; 5,8; 7,2; 8,3; 9,3; 14,6; 16,3; 19,4; 24,4–5; 27,5; 27,7; 28,1–7.
Flickenmütze (*ḫirqa*): 11,6.
Flickenrock, Flickenkleid (*ḫirqa, muraqqaᶜa*): 5,1; 6,1–6; 7,6; 11,6.
Frauen: 20,3.
Freigebigkeit (*saḫāʾ*): 13,1–6; 25,1.
Fremdlingschaft, Fremdsein (*ġurba*), Fremdling (*ġarīb*): 6,6; 7,1–6; 21,1–2; 29,6.
Freundschaft (*muʾālafa, ulfa*): 15,1–6.
Freytag: 4,5.
Fröhlichkeit: 26,1.
-Fuḍayl b. ᶜIyāḍ: 0,19; 19,2; 20,3.
Führerschaft, führende Stellung, führende Rolle, Vorrangstellung: 0,11; 0,15–16; 0,19–20; 5,5; 5,7; 20,3.
Furcht: 18,3.
Ǧābir b. ᶜAbdallāh: 0,17.
Gabriel: 5,1; 8,2; 9,2; 14,1.
Ǧaᶜfar al-Ḫuldī: 8,5.
Ǧaᶜfar aṣ-Ṣādiq: 3,3; 29,3.
-Ǧāḥiẓ: 0,23.
Ǧāmī, ᶜAbd ur-Raḥmān: 0,22; 10,2; 18,2; 20,3; 28,1.
-Ġazzālī, Aḥmad: 5,1.
-Ġazzālī, Muḥammad: 0,3; 0,11; 0,16–17; 0,29; 1,1; 1,6; 2,2; 3,9; 5,1; 8,6; 9,2; 10,8; 11,4; 24,5; 26,3.
Geduld, Standhaftigkeit (*ṣabr*), geduldig: 4,5; 11,4; 12,1–10; 13,3; 18,3–4; 23,1; 29,2.
Gefangenschaft, Gefangen: 0,29; 29,6.
Gefängnis: 4,3–5.
Gegenübersein: 29,2.
Geheimnis, Geheimhaltung: 29,3.
Geist: 3,8; 4,4; 14,6; 15,2; 27,5–6; 28,7.
Geistlicher Kampf (*muǧāhada*): 3,1; 3,9–10; 8,10; 9,3; 24,3; 29,3.
Geiz: 14,2; 14,4; 14,6.
Gelehrt, Gelehrter: 0,11–12; 0,17–20; 29,5.
Gelehrte des Diesseits: 0,12.
Gelehrte des Jenseits: 0,12.
Gelehrt(er) in der Religion: 0,11; 0,26.
Genügsam: 18,3–4.
Gespräch (*muḥāwara*): 17,1.
Gewaltherrlichkeit: 3,3; 3,7; 13,4; 19,1.
Gewerbe (*ḥirfa*; siehe auch: Handel): 11,1.
Gewissenhaftigkeit (*waraᶜ*): 2,4; 29,2.
Gewißheit (*yaqīn*): 0,29; 8,3; 9,5; 10,3; 10,7; 11,2; 12,5; 21,3; 29,2; 29,4.
Ǧinn: 3,3.

Glaube, gläubig: 8,3; 9,6; 10,2; 10,8; 12,2; 15,3; 16,3; 21,3; 28,1; 29,4.
Glaubenskrieg, Glaubenskampf, Glaubenskämpfer: 3,1; 3,10.
Gleichgültigkeit: 7,5; 24,5.
Gold: 1,4.
Gottesdienertum, Dienstbarkeit, Knechtsein (*ᶜubūdīya*): 3,8; 13,4.
Gottesfreundschaft, Gottesfreund: 9,2–3; 17,3.
Gottesthron: 1,7.
Gottgedenken, Gottesgedenken: siehe Gedenken.
Gottverhaßtheit: 5,7.
Gottvertrauen (*tawakkul*), gottvertrauend: 10,1–8; 11,2–3; 18,3–4; 21,2; 24,3.
Gott-vor-Augen-Haben: 8,10; 14,6; 29,2.
Grab, Gräber: 2,5; 7,1; 8,6.
Gramlich: 6,6; 8,5; 11,2; 17,3.
Grammatik: 0,8; 0,16.
Gregorius: 3,8.
Großmut (*ǧūd*), großmütig: 9,5; 14,4–5.
Ġulām Ḫalīl: 8,6.
Ǧullābī: 0,3; 0,24; 0,29; 1,4; 1,7; 3,1; 5,1; 6,2; 6,4; 10,2; 14,2; 21,2; 28,1.
-Ǧunayd b. Muḥammad, Abu l-Qāsim: 0,24; 0,29; 2,6; 4,6; 6,5; 8,4–9; 18,5; 19,2; 24,5; 27,8; 28,1; 28,3–4.
Ǧurayǧ: 3,8.
-Ǧurayrī, Abū Muḥammad: 2,7; 6,3; 8,5; 8,9; 13,1.
Ġurba: siehe Fremdlingschaft.
Gutartigkeit (*ḥusn al-ḫuluq*): 13,1–6; 25,1; 26,1.
Ḥadīṯ: 14,6.
Hāǧis: siehe Einredung.
Ḫālid b. Maᶜdān: 9,3.
Hamadānī, ᶜAyn ul-quḍāh: 0,29.
Handel, Handelsgeschäft, Erwerbstätigkeit: 11,1–7.
Ḥaqīqa: siehe Wirklichkeit.
-*Ḥaqq*: 29,2.
Harim b. Ḥayyān: 6,2.
Ḥāriṯa b. Mālik: 0,3.
-Ḫarrāz, Abū Saᶜīd: 0,3; 0,28; 8,9; 9,5; 10,3; 18,5; 29,4.
Hārūt: 2,2.
-Ḥasan al-Baṣrī: 0,11; 0,18; 3,1; 9,2; 11,2; 19,1; 25,1.
Haß: 27,8.
Hast: 3,3.
-Ḫaṭīb al-Baġdādī: 0,5; 8,5–6; 8,8; 14,2; 15,2.
Hautrose: 2,6.
Hawā: 3,1.
-Ḫawwāṣ, Abū Isḥāq Ibrāhīm: 4,5; 7,6; 10,6–7.
-Hayṯamī: 4,4.
Heiliger Brauch (*sunna*, Auswahl): 0,21; 1,2; 1,7; 2,3; 3,10; 5,2; 6,1; 7,1; 17,1–2; 19,1; 19,5; 23,3; 24,1; 25,1; 25,3; 29,1; 29,3.
Heiliges Buch: siehe Koran.

Heimatorte (*awṭān*): 22,1–3.
Heimsuchung: 12,2–9; 29,4–5.
Herrschaftlichkeit, Herrsein (*rubūbiya*): 3,4; 3,7–8; 13,4; 19,4.
Herz: 0,26; 1,3; 2,1; 5,8; 8,1–2; 9,2; 11,4; 18,3; 21,2; 27,1; 27,5–6; 28,3; 28,7; 29,6.
Herzenstiefe (*ṭawīya*): 0,24; 1,4; 4,1; 5,8; 8,1.
Heuchler: 0,14.
Himmel: 6,4–5; 18,1.
Ḫirqa: siehe Flickenrock; Flickenmütze.
Hoffnung: 18,3.
Hölle, Höllenfeuer: 14,2; 26,1.
Höllenbrücke: 22,1.
Hören (*samāᶜ*): 24,5; 25,3; 26,3; 27,1–9.
Houdas-Marçais: 0,24; 1,3; 1,5; 5,1; 6,1; 7,1; 8,2; 11,6; 14,1; 15,2; 15,4–5; 22,2; 23,1–2; 25,1.
Ḥuḏayfa b. al-Yamān: 0,22; 9,2; 12,5.
-Ḫudrī, Abū Saᶜīd Saᶜd b. Mālik: 1,5; 23,1.
-Huǧaymī, Aḥmad: 9,2.
Hunger, Hungern: 1,4; 2,4–5; 10,5; 22,2; 24,1.
Ḫurāsān: 4,4.
Hurerei: 29,3.
Ḥusayn der Klausner: 8,7.
-Ḥuṣrī, Abu l-Ḥasan: 0,29.
Ḫuṣūṣīya: 7,5; 9,3.
Ibn ᶜAbbās: siehe ᶜAbdallāh b. ᶜAbbās.
Ibn ᶜAbd al-Barr: 1,1.
Ibn ᶜAbd Rabbih: 0,23.
Ibn Abi d-Dunyā: 0,19; 0,22; 2,2; 4,4.
Ibn Abi l-Ḥadīd: 0,22.
Ibn al-ᶜArabī: 0,29.
Ibn ᶜAṭāᵓ: siehe Aḥmad b. ᶜAṭāᵓ.
Ibn al-Aṯīr, Abu s-Saᶜādāt Maǧd ad-dīn: 0,22; 3,3.
Ibn al-Aṯīr, ᶜIzz ad-dīn ᶜAlī: 0,3; 1,1; 15,4.
Ibn Badrān: 0,17; 0,22; 6,2.
Ibn ad-Dabbāǧ: 8,5.
Ibn al-Ǧawzī: 2,2; 5,1; 6,2–3; 7,4; 8,6; 8,8; 20,3; 24,5.
Ibn Ḥaǧar al-ᶜAsqalānī: 0,3; 0,23–24; 1,3; 5,1; 6,1; 7,1; 8,2; 11,6; 13,3; 14,1; 15,2; 15,4–5; 22,2; 23,1–2; 25,1.
Ibn al-Ḥāǧǧ: 3,1.
Ibn Ḫaldūn: 0,29.
Ibn Ḫallikān: 6,3.
Ibn Ḥazm: 15,5.
Ibn Kaṯīr: 1,5; 8,6.
Ibn Māǧa: 0,5; 0,23; 1,5; 4,4; 5,1; 6,1; 7,1; 8,1–2; 10,3–4; 11,2; 11,6; 12,5; 14,5; 17,3; 19,1.
Ibn al-Mubārak: siehe ᶜAbdallāh b. al-Mubārak.

Ibn al-Mulaqqin: 8,6; 17,3.
Ibn Qayyim al-Ǧawzīya: 9,2; 10,2.
Ibn Qutayba: 0,22–23; 2,2; 22,2.
Ibn Raǧab: 10,3.
Ibn Saᶜd: 0,11; 1,2; 4,5; 6,2; 15,4; 22,2.
Ibn Šaybān: siehe Ibrāhīm b. Šaybān.
Ibn ᶜUmar: siehe ᶜAbdallāh b. ᶜUmar.
Ibrāhīm b. Adham: 0,25.
Ibrāhīm b. ᶜĪsā: 16,3.
Ibrāhīm b. Šaybān, Abū Isḥāq: 2,5; 8,9.
Ichsagen: 3,7–8.
Iḥsān: siehe Religiosität.
ᶜIkrima: 0,17.
Iktisāb: siehe Selbsterwerb.
Ilhām: siehe Eingebung.
ᶜIlm al-bāṭin: siehe Wissen des Inneren.
ᶜIlm ladunī: 9,1; 29,3.
ᶜIlm al-maḫṣūṣ: 9,1.
ᶜIlm as-sirr: siehe Wissen des Innersten.
ᶜIlm aẓ-ẓāhir: siehe Wissen des Äußeren.
ᶜImrān b. Muslim: siehe Abū Bakr ᶜImrān b. Muslim.
Inbisāṭ: siehe Zwanglosigkeit.
Innerstes (*sirr*): 4,3; 5,8; 7,5; 8,1–2; 8,5; 8,7; 9,2; 11,4; 11,6; 18,2–3; 20,8–10; 24,4; 26,1; 27,1; 27,8; 28,1; 28,3–4; 28,6; 29,6.
Irāda: siehe Wollen.
-ᶜIrāqī, Abu l-Faḍl Zayn ad-dīn: 1,1.
ᶜĪsā b. ᶜAbd ar-Raḥmān b. Abī Laylā: 2,6.
Išāra: siehe Andeutung.
Isqāṭ: siehe Fallenlassen.
Israeliten, israelitisch: 8,1; 13,5.
Išrāf ᶜala l-asrār: 8,7.
ᶜIyāḍ b. Ḥimār b. Abī Ḥimār: 19,1.
Jesus: 0,19; 2,2; 5,1; 22,2; 27,8.
Johannes der Täufer: 5,1.
Kaᶜb al-Aḥbār: 0,17.
Kaiser: 0,19.
-Kalābāḏī: 0,3; 9,2; 24,5; 29,3.
Kalb: 14,2.
-Kattānī, Abū Bakr: 8,9; 21,5.
-Kinānī, Ibn ᶜIrāq: 1,1.
Kleidung: 5,6; 7,6.
Knöchel: 25,1.
König, Könige: 0,22–26; 14,2; 29,1.
Koran, Heiliges Buch: 0,12; 0,14–15; 8,8; 23,1; 27,1; 29,1; 29,3.
Koranausleger: 0,7; 0,15.
Koranleser: 0,6; 0,14.

Kreis: 23,1–3.
Kūfa: 8,5; 10,6.
Laḥẓa: siehe Einblick.
Landgut: 2,2.
Läuse: 29,5.
Lebensunterhalt, Wegzehrung (*rizq*): 10,4–6; 11,3–4.
Leib, Körper: 3,8; 4,4; 23,2.
Le Strange: 8,7.
Lexikographie: 0,8; 0,16.
Liebe: 5,2; 5,4; 10,8; 15,1–2; 15,5; 18,3; 23,2; 27,1–2.
Lisān al-ᶜArab: 0,22; 2,2.
Literatur: 0,8; 0,16.
Lohn: 4,1–3; 5,3; 7,5; 19,3; 25,1.
Löwe, Löwen: 8,6; 10,7.
Lukkām: 6,6.
Luqmān: 16,1.
Lust, Lustanteil, Anteil (*ḥaẓẓ*, *ḥuẓūẓ*): 4,2–3; 5,5; 7,5; 9,3–4; 14,3; 27,7; 28,3.
Lustverlangen, Lust (*hawā*): 3,1–3; 3,5–6; 3,8; 4,3–4.
Maᶜbad al-Ǧuhanī: 2,6.
-Maġribī, Abū ᶜAbdallāh: 2,5; 8,9; 10,2.
-Maġribī, Abū Sulaymān: 8,9.
Maḥmūd-i Kāšānī: 0,24; 10,2; 11,4; 19,2; 20,3; 21,2.
Maḥmūd b. ᶜUṯmān: 5,1.
-Makkī, Abū Ṭālib: 0,11; 0,16–17; 0,22; 0,29; 1,1; 1,4; 1,6; 2,2; 2,5; 3,1; 3,3; 3,8–9; 4,1; 5,1; 6,2; 9,2; 10,3; 10,8; 11,2; 11,4; 13,4–5; 14,2; 15,2; 18,2; 24,5; 25,1.
Malakūt: siehe Wesenswelt.
Mālik b. Anas: 0,11; 11,6; 15,1; 15,5; 29,5.
Mālik b. Aštar: 6,2.
Mālik b. Dīnār: 2,2.
-Mālikī, Abu l-Ḥusayn: 8,9.
Maᶜrūf: siehe Rechte.
Maᶜrūf al-Karḫī: 16,3.
Mārūt: 2,2.
Massignon: 5,1; 8,6.
Maṭar: 0,11.
-Maydānī, Abu l-Faḍl: 4,5.
Medina: 15,4.
Mehrleistungen, freiwillige Leistungen: 0,26; 27,1.
Meier: 5,1; 18,2; 21,2; 26,3.
Mekka: 1,6; 6,6; 21,2.
Mittellosigkeit (*taǧrīd*): 21,5.
Mönch: 3,8; 27,8.
Moralqualität: siehe Charaktereigenschaft.
Moschee: 21,5; 22,1–3.
Mose: 3,6; 3,8; 5,1; 13,5; 14,2.

Muᶜāḏ b. Ǧabal: 1,1; 15,5.

Muʾālafa: siehe Freundschaft.

Muᶜāwiya b. Abī Sufyān: 0,11.

Mubāḥ: 10,2.

Mubārakfūrī: 0,5; 1,4–6; 2,2; 2,6; 3,1; 3,3; 4,4; 5,1; 7,1; 8,2; 11,6; 14,2; 14,5; 15,4–5; 16,1; 26,1.

Mückenflügel: 14,5.

Muǧāhada: siehe Geistlicher Kampf.

Muǧāhid b. Ǧabr: 0,27; 3,1.

-Muġīra b. Šuᶜba: 5,1.

Muǧmal-i Faṣīḥī: 0,29.

Muḥammad / Aḥmad, der Prophet (Auswahl): 0,1; 0,11; 0,16–17; 0,19; 0,22; 0,24; 1,1; 1,4; 1,6; 2,2; 3,1–3; 4,1; 5,1; 6,1–2; 7,1; 8,2; 9,2; 10,4; 11,2; 13,1–3; 14,1; 21,2.

Muḥammad-i Munawwar: 0,29.

Muḥammad b. Wāsiᶜ: 0,22.

Muḥāwara: siehe Gespräch.

Muḫliṣ – muḫlaṣ: siehe Aufrichtigkeit übend.

Munāqara: siehe Disput.

-Munāwī, ᶜAbd ar-Raʾūf: 0,11; 0,16; 0,19; 0,22–23; 1,1; 1,3; 1,5–6; 2,2; 2,5–6; 3,3; 3,8–9; 4,1; 5,1; 8,6; 9,6; 10,2; 13,3; 13,5; 14,2–3; 15,5; 17,3; 18,2; 21,3; 22,2; 23,3; 24,5.

Munāẓara: siehe Debatte.

-Muqriʾ, Abū ᶜAbdallāh Muḥammad b. Aḥmad: 10,2.

Muraqqaᶜa: siehe Flickenrock.

Murīd – murād: siehe Wollend – gewollt.

-Murtaᶜiš: 8,9; 11,6.

Muṣādafa: siehe Antreffen.

Mušāhada: siehe Schau.

Mušāhadat al-ḥaqq: 12,4.

Muslim b. al-Ḥaǧǧāǧ: 1,3; 4,4; 5,1; 8,1–2; 11,6; 13,3; 14,1; 15,2; 17,3; 19,1; 23,2.

Muwāfaqa: siehe Eintracht.

-Muzayyin, Abu l-Ḥasan ᶜAlī b. Muḥammad aṣ-Ṣaġīr: 18,2; 21,5.

-Muzayyin al-Kabīr: 8,9.

-Muzayyin aṣ-Ṣaġīr: 8,9.

-Nabhānī: 0,11; 0,16; 0,19; 0,23; 1,1; 1,5–6; 2,2; 2,6; 4,1; 5,1; 13,3; 13,5; 14,2; 17,3.

Nachbarn Gottes: 22,2.

Nächstähnliche: 12,5.

Nadel: 5,1.

Nafas: 7,5.

Naǧm ud-dīn-i Rāzī: 0,24; 18,2.

Nähe: 28,7; 29,2; 29,4.

Nāma-i dānišwarān-i Nāṣirī: 10,2; 20,3.

Narzisse: 10,6.

-Nasā'ī: 6,1.
Naṣīḥa: 16,1.
-Nawawī: 1,3; 15,5; 17,3.
Naysābūr: 11,6.
-Naysābūrī, Abū ʿAbdallāh al-Ḥākim: 1,2; 2,2; 4,4; 5,1; 6,2; 12,5.
-Naysābūrī, al-Ḥasan b. Muḥammad: 6,2.
Neinsagen: 14,1.
Neuerer, Neuerung: 17,1–3.
Nicholson: 0,3; 0,24; 0,29; 1,4; 1,7; 3,1; 5,1; 6,4; 10,2.
Nichtgöttliches: 0,1; 1,4; 1,7; 2,3; 2,7; 4,1.
Nu, geistige Verfassung, Augenblicksverfassung (*waqt*): 0,28; 4,5; 5,8; 7,5; 10,1; 10,7; 18,3; 20,8; 24,3.
Nurgottglaube (*taǧrīd*): 0,28; 4,2; 4,5; 4,7.
-Nūrī, Abu l-Ḥusayn: 8,5–6; 8,9; 10,2; 27,8.
Nussāk: siehe Strengfromme.
Offenheit: 26,1–2.
Paradies: 4,5; 6,3; 10,5; 13,3; 14,2–4; 26,1.
Paradiesbewohner: 0,27; 4,5.
Pferde: 15,2.
Pflöcke (*awtād*): 6,2.
Pharao: 3,7; 14,5.
Planen: 10,2; 24,3.
Prophet: siehe Muḥammad, der Prophet.
Pseudo-Ǧāḥiẓ: 3,3.
Pseudo-Ibn al-ʿArabī: 6,5.
-Qannād, Abu l-Ḥasan: 8,6.
Qawwāl: siehe Sänger.
Qirmīsīn: 2,5.
-Qurṭubī, Abū ʿAbdallāh: 4,1.
-Qušayrī: 0,3; 0,23–24; 1,1; 2,3; 2,5; 4,4; 8,6–7; 9,2; 10,2; 11,4; 13,1; 14,2; 17,3; 18,2; 18,5; 19,2; 21,4–5; 24,5; 26,3; 27,8; 28,1.
Rābiʿa al-ʿAdawīya: 6,3.
Radtke: 18,2; 20,3.
Rāfiʿ b. Ḫadīǧ: 11,2.
-Rāġib al-Iṣfahānī: 14,2.
Ramaḍān: 14,1.
Ramz: siehe Allegorie.
Raqqa: 8,6.
-Raqqām: 8,9.
Räuber: 29,6.
-Rāzī, Faḫr ad-dīn: 0,23.
Rāzī, Naǧm ud-dīn: siehe Naǧm ud-dīn-i Rāzī.
Rechenschaft: 25,1.
Rechte, das (*maʿrūf*): 16,1–4.
Rechtleitung: 0,26; 27,1.
Rechtsgelehrte, Rechtsgelehrsamkeit: 0,4; 0,11–12.

Regen: 6,5.
Reiche: 23,1.
Reise, reisen: 7,2; 8,1; 9,3; 9,5; 18,2–3; 21,1–6; 22,1.
Religion: 17,1; 17,3.
Religionsgesetz: 24,4; 28,5; 29,4.
Religiosität, Guttun (*iḥsān*): 8,2; 14,2.
Ritter: 5,1.
Ritualgebet: 23,3.
Riyāḍa: siehe Selbstdisziplin.
Robson: 1,6.
Rubūbīya: siehe Herrschaftlichkeit.
Rusūm: 3,1.
Ruwaym b. Aḥmad (oder b. Muḥammad): 8,8–9; 10,2; 18,5.
Rūzbihān-i Baqlī: 0,29.
-Šaᶜbī, ᶜĀmir b. Šarāḥīl: 5,1.
Ṣabr: siehe Geduld.
Saᶜd b. Abī Waqqāṣ: 12,5.
Saᶜd b. Masᶜūd al-Kindī: 1,1.
Saᶜd b. ar-Rabīᶜ: 15,4.
Šaddād b. Aws: siehe Abū Yaᶜlā Šaddād.
Saḫāʾ: siehe Freigebigkeit.
-Saḫāwī, Abu l-Ḫayr: 1,5–6; 3,3; 10,3.
Šāhid: 7,5; 27,4.
Sahl b. ᶜAbdallāh at-Tustarī: 3,3; 3,6; 10,8; 11,4.
Sahl b. Saᶜd as-Sāᶜidī: 6,1.
Šahwa, šahawāt: 3,1.
Saᶜīd b. al-Musayyib: 14,5; 22,1.
Salmān al-Fārisī: 22,1.
-Sāmirī: 14,2.
Šamla: 6,1.
Samnūn al-Muḥibb: 9,2.
Sandalen: 5,1; 7,6.
Sänger (*qawwāl*): 27,8.
Šaqīq al-Balḫī: 0,17; 6,4.
-Šarīf ar-Raḍī: 0,22.
-Šaᶜrānī: 0,11; 0,29; 10,2; 18,2; 18,5; 24,5.
-Sarrāǧ, Abū Naṣr: 0,3; 0,23–24; 0,29; 1,1–2; 1,5; 4,1; 6,3; 7,4; 8,5–8; 9,2; 10,2–3; 11,2; 11,4; 13,1; 15,2; 18,5; 20,2; 21,5; 22,2; 24,5; 26,3; 27,6; 27,8; 28,1–2.
Sawīq: 8,6.
Ṣawmaᶜa: 8,7.
-Šaybānī, ᶜAbd ar-Raḥmān b. ᶜAlī: 1,5; 2,2; 4,4; 14,2.
Schatten: 3,6; 7,1; 15,5.
Schattenläubler, Leute der Schattenlaube: 1,2; 1,6; 5,1; 22,1; 22,3; 23,1.
Schau, Schauung (*mušāhada*): 0,29; 3,9; 8,2–3; 8,8; 8,10; 9,1; 12,4; 27,6; 29,2; 29,4.

Scherzen: 26,1–3.
Schlangen: 10,6.
Schlüssel: 1,4; 8,4.
Schulterblatt: 1,2.
Schwarz: 6,4–5.
Schwefel, roter: 29,6.
Schwert: 17,2.
Seele, Ich (Auswahl): 1,3; 2,6; 3,1–10; 4,3–5; 5,7; 9,4; 10,5; 13,5; 14,3–4; 19,1–3; 20,2–3; 20,5; 24,1–2; 26,3; 27,5–6; 28,7; 29,6.
Sehen: 8,5.
Sehkraft, geistige: 0,29.
Sehnsucht: 18,3; 27,1.
Selbstdisziplin, Selbstdisziplinierung (*riyāḍa*): 5,2; 5,6; 10,5; 20,9; 21,2; 24,3.
Selbsterwerb, Erwerb, Aneignung (*iktisāb*): 15,2.
Selbstkontrolle, Rechenschaftsforderung (*muḥāsaba*): 9,4; 14,6; 24,5; 29,2.
Selbstprüfung: 29,2.
Selbstwählen, Wählen, Wahl (*iḫtiyār*): 0,29; 1,4; 3,6; 10,2; 12,6; 19,1; 19,5; 24,4; 28,6.
-Šiblī, Abū Bakr: 0,29; 1,7; 2,3; 6,5; 7,4–5; 8,5; 8,9; 10,5; 11,2; 21,4.
Sicherinnern, Erinnerung (*taḏkār*): 7,5; 8,1; 21,3; 25,2.
Ṣiddīq, ṣiddīqīya: siehe Erzgerecht.
Sinnesorgane: 9,3; 28,3.
-Sīrawānī, Abu l-Ḥasan (oder Abu l-Ḥusayn) ᶜAlī b. Ǧaᶜfar: 0,22; 20,3.
Sitzen: 23,1–3.
Smith: 6,3.
Sonderrechte: 0,11; 0,17; 7,5.
Sorge: 15,5.
Spenden (*baḏl*): 14,1; 14,3–4.
Standplatz: 8,3; 9,1; 13,6; 18,1; 24,3; 24,5.
Strengfromme (*nussāk*): 5,5; 20,3.
Sterne: 6,5; 18,1.
Stundengebet (*wird*): 20,10.
Šuᶜba b. al-Ḥaǧǧāǧ: 0,13.
Ṣubḥ as-Saqqāʾ: 8,9.
Suchend – Gesucht (*ṭālib – maṭlūb*): 18,1; 20,5; 20,9.
Sufi (Auswahl): 0,21–29; 1,7; 2,4; 4,6; 10,1; 11,5; 13,5; 14,3; 17,3; 20,7–8; 22,1; 22,3; 29,4.
Sufyān aṯ-Ṯawrī: 20,3.
-Suhrawardī, Abū Ḥafṣ ᶜUmar: 0,24; 0,29; 1,4; 2,5; 5,1; 6,3; 9,2; 10,2; 11,4; 13,1; 19,2; 20,2; 21,5; 24,5.
-Sulamī, Abū ᶜAbd ar-Raḥmān: 4,4; 9,6; 10,2; 11,4; 13,5; 18,2; 18,5; 19,2; 27,8; 28,1.
Sunayd b. Dāwūd al-Miṣṣīṣī: 0,22.
Šūnīzīya: 8,6.
-Suyūṭī, Ǧalāl ad-dīn: 0,17; 1,5; 9,3; 17,3.
Syrien: 8,8.

Ta^c^abbud: 8,1.
-Ṭabrisī, Abū Naṣr: 5,1–2; 6,2.
Taḏkār: siehe Sicherinnern.
Tafrīd: 7,4.
Tafriqa: 23,2; 27,8.
Taǧrīd: 0,28; 21,5.
Taǧrīd al-hamm: 0,27; 4,7.
Taḫalluq bi-aḫlāq Allāh: 13,3.
Tahānawī: 10,2.
-Ṭaḥāwī, Abū Ǧa^c^far: 12,5.
Ṭālib – maṭlūb: siehe Suchend – gesucht.
Tanz: 27,8.
-Ṭarāsūsī, Abū Bakr: 2,5.
Tark: 11,4.
Tarsus: 6,6.
Tarwiya: 6,5.
Teufel: 3,3; 23,3; 29,6.
-Tibrīzī, Abū ^c^Abdallāh: 1,6.
Tigris: 16,3.
-Tirmiḏī, Abū ^c^Abdallāh al-Ḥakīm: 0,24; 13,3.
-Tirmiḏī, Abū ^c^Īsā: 0,5; 1,4–6; 2,2; 2,6; 3,1; 3,3; 4,4; 5,1; 7,1; 8,2; 11,6; 14,1–2; 14,5; 15,4–5; 16,1; 26,1.
Traditionsgelehrte: 0,5; 0,13.
Traum: 2,5; 6,3; 11,6.
Traurig, Traurigkeit, Trauer: 6,4.
Trennung: siehe Vereinigung und Trennung.
Trinken (*širb*): 27,6.
Turban: 6,2.
Ṭūr Sīnā: 27,8.
Übersinnlich: 24,2–3; 27,1; 27,5; 27,7; 28,1; 29,2–3.
Überwältigung, Übermacht, Vorherrschend, Beherrschend (*ġalaba, ġālib*): 0,28; 3,7; 8,2; 10,2; 16,3; 18,2.
^c^Ubūdīya: siehe Gottesdienertum.
^c^Ufayr: 5,1.
Uḫūwa: siehe Brüderlichkeit.
^c^Umar b. ^c^Abd al-^c^Azīz: 4,5.
^c^Umar b. al-Ḫaṭṭāb: 2,2; 6,2; 10,3.
Umdeutungen: 0,17.
Umkehr: 29,2.
Unfähigkeit (*^c^aǧz*): 0,29.
Unglaube: 1,6.
Unterhalt: siehe Lebensunterhalt.
Unwissend: 14,2.
^c^Uqba b. ^c^Āmir al-Ǧuhanī: 0,14.
Urewigkeit: 15,2; 29,6.
^c^Urwa b. al-Muġīra b. Šu^c^ba: 5,1.

ᶜUṯmān b. ᶜAffān: 13,3.
Uways al-Qaranī: 6,2.
Verbundenheit: 29,2.
Vereinigung – Trennung (*ǧamᶜ – tafriqa*): 23,2; 29,2.
Vergnügtheit (*ṭība*): 26,1.
Verrücktheit, verrückt: 20,6.
Vertrautheit: 9,1; 9,5; 25,1; 25,3.
Verzicht (*zuhd*): 0,17; 0,22; 0,25; 0,30; 2,1–7; 5,2; 5,5; 27,8; 28,6; 29,2; 29,4; 29,6.
Verzückung: siehe Finden.
Vielgötterei: 28,3; 29,4.
Vögel: 10,3.
Vollkommenheit: 29,2.
Voraus, vorausbestimmt, Vorausbestimmung: 14,1–4.
Vorzeitig (*qadīm*): 15,2.
Waage: 8,2.
Waǧd: siehe Finden.
Waǧd – wuǧūd – tawāǧud: 28,3.
Wahb b. Munabbih: 13,5.
Wahl, Wählen: siehe Selbstwählen.
Wahrhaftig, Wahrhaftigkeit, Ehrlichkeit: 12,8; 29,2.
Wahrheit: 17,3–4; 19,1; 29,2.
Wāᶜiẓ-i Balḫī: 6,4.
-Wāsiṭī, Abū Bakr al-Farġānī: 8,9.
Wallfahrt: 6,6.
Wassersack: 7,6.
Waswasa: siehe Einflüsterung.
Wegstation: 21,5.
Weisheit (*ḥikma*): 9,3–5.
Weisweiler: 15,5.
Weizenbrot: 1,5.
Wensinck: 1,4–5; 12,5; 13,3; 23,2.
Wesen: 28,4.
Wesenswelt, Reich (der Himmel, *malakūt*): 3,8; 4,4.
Wie: 28,1; 28,3.
Wiǧdān: 4,1.
Wird: siehe Stundengebet.
Wirklichkeit, Verwirklichung (*ḥaqīqa, taḥqīq,* Auswahl): 0,3; 0,17; 1,4; 2,1; 5,2; 5,5; 5,8; 7,5; 8,1; 9,2–3; 14,3; 17,3; 18,2; 24,3; 27,1.
Wissen, Wissenschaft (Auswahl): 0,2; 0,18; 0,26; 0,29; 5,2–3; 7,5; 8,9; 9,5; 16,3; 18,1; 19,4; 21,3; 24,3; 27,4; 28,6; 29,3–5.
Wissen des Äußeren, äußeres Wissen (*ᶜilm aẓ-ẓāhir*): 0,17; 9,4; 17,1.
Wissen der Eingebung (*ᶜilm al-ilhām*): 9,1.
Wissen des Inneren (*ᶜilm al-bāṭin*): 9,1–2.
Wissen des Innersten (*ᶜilm as-sirr*): 9,3–4.
Wissen ohne Lernen: 4,1; 9,1.

Wolle, Wollkleid: 5,1–8.
Wollen, Jüngerschaft, Novizentum (*irāda*): 4,1; 29,2.
Wollend – gewollt (*murīd* – *murād*): 18,1; 20,5; 27,7.
Wunder: 10,6.
Wüste: 8,4–5; 8,8; 10,5–6; 21,5.
-Yāfiᶜī, Abū Muḥammad ᶜAbdallāh b. Asᶜad: 0,23; 0,25; 2,3; 6,3; 11,4; 26,3; 27,8.
Yaᶜfūr: 5,1.
Yāqūt, Abū ᶜAbdallāh: 8,7.
Yūsuf b. al-Ḥusayn ar-Rāzī: 14,6; 18,5.
-Zabīdī, Murtaḍā: 0,29; 1,6; 2,2.
-Zamaḫšarī, Abu l-Qāsim: 4,5.
-Zaqqāq, Abū Bakr: 8,9; 9,6.
-Zaqqāq, Abū Bakr Aḥmad b. Naṣr al-Kabīr: 17,3.
-Zaqqāq, Abū Bakr Muḥammad b. ᶜAbdallāh aṣ-Ṣaġīr: 17,3.
Zauberin: 2,2.
Ziegel, Ziegelstein: 0,22; 22,2.
Zorn: 3,7.
Zuflucht: 1,5–6; 4,5; 12,6.
Zufriedenheit (*riḍā*), zufrieden: 10,1; 12,2; 18,3–4; 29,2.
Zügel: 1,1; 4,5.
Zuhd: siehe Verzicht.
Zunge: 9,3; 18,4; 26,2.
Zustand (*ḥāl*): 5,8; 7,2–3; 8,3–4; 8,10; 9,1; 10,2; 12,9–10; 13,6; 16,3; 18,1–2; 20,7; 24,5; 27,4; 29,4.
Zwanglosigkeit, Offenheit, Gelöstheit (*inbisāṭ*): 26,1–3.
Zweitlosigkeit: 13,4.
Zweitlosmachung des Bewußtseins: 29,2.
Zweitursachen: 0,26–28; 4,1; 4,3; 11,1.
Zwischeninstanz: 9,1; 11,4; 24,2; 28,4; 29,4; 29,6.